Peter Dahl

Radio

Sozialgeschichte des Rundfunks für Sender und Empfänger

W0189805

ro
ro
ro

Rowohlt

Kulturen und Ideen

Herausgegeben von Johannes Beck,
Heiner Boehncke, Wolfgang Müller,
Gerhard Vinnai

Redaktion Wolfgang Müller
Umschlagentwurf Stolle Wulfers

Originalausgabe
Veröffentlicht im Rowohlt Taschenbuch Verlag GmbH,
Reinbek bei Hamburg, Dezember 1983
Copyright © 1983 by Rowohlt Taschenbuch Verlag GmbH,
Reinbek bei Hamburg
Satz Sabon (Linotron 404)
Gesamtherstellung Clausen & Bosse, Leck
Printed in Germany
1480-ISBN 3 499 17804 4

Inhalt

der
Rundfunk
dient   der
Allgemeinheit!

Verlange von ihm nicht
Berücksichtigung deiner
Sonderwünsche. Bedenke:
Viele Köpfe – viele Sinne!

FUNK-STUNDE A.-G., BERLIN W 9

Programmvorschau

Stellen wir uns vor, wir erfinden ein neues Medium. So ähnlich wie Fernsehen, bloß ohne Bild. Der Gedanke hat einiges für sich; dieses Medium, das wir gerade erfinden, wäre konkreter, weil der Umweg über die Technik kürzer ist; abstrakter, weil es Aussagen ermöglichen wird, für die nicht gleich ein optischer Beleg zu finden ist; schneller sowieso; journalistischer aus den genannten Gründen und außerdem, weil Meinung das Bild nicht unbedingt braucht.

Unser neues Medium würde auch ein grundsätzlich anderes Verhältnis zu seinem Hörer haben. Es ließe ihn – bis zu einem gewissen Grad – frei, es besetzt ihn nicht total, sogar beim Autofahren könnte einer noch etwas mitkriegen. Und: Weil es mit dem alltäglichen Sprechen umgeht, kann es allen, die es hören, auch zum Sprechen offenstehen. Außerdem wäre unser neues Medium von einer ungeahnten Vielfalt. Weil sein Produktionsaufwand vergleichsweise niedrig ist – niedriger als bei einer kleinen Zeitung –, könnte sich seiner jede interessierte gesellschaftliche Gruppe bedienen.

Unser neues Medium wäre das schnellste und aktuellste, das konkreteste und abstrakteste, das einfachste und vielfältigste – es wäre schlechthin demokratisch.

Und genauso muß es erfunden worden sein.

Das Gegenteil ist der Fall.

Der Rundfunk in Deutschland wurde technisch entwickelt im Interesse des Militärs, er wurde zuerst eingesetzt im Dienst der Wirtschaft, und er wurde zum Massenmedium im politischen Interesse des Staates. Der zielstrebige Ausbau des staatlichen Einflusses bestimmte seine Geschichte gleich zweimal: bis er am Ende der Weimarer Republik so gründlich zum Staatsfunk ausgebaut worden war, daß die Nationalsozialisten ihn ohne wesentliche Veränderungen übernehmen konnten, und dann, als er sich nach seiner Neugründung nach dem Muster der jeweiligen Besatzungsmacht den staatstragenden Parteien der Bundesrepublik auslieferte.

Erst heute könnte das Radio neu erfunden werden. Längst ermöglicht die Technik eine denkbar einfache Produktionsweise und eine Vielfalt von überregionalen, regionalen und lokalen Sendern. Und während in allen Nachbarländern – in Frankreich und Belgien, in Holland, Schweden, der Schweiz und Italien – mit der Demokratisierung des Rundfunks experimentiert wird, Bürgerradios der unterschiedlichsten Konzeption entstanden sind und entstehen, kündigt sich in der Bundesrepublik ein Kampf der kommerziellen Mediengiganten gegen das öffentlich-rechtliche Monopol an, das längst ein Monopol der Parteien geworden ist.

Bürgerinteresse an einem Bürgerradio artikuliert sich hier erst zögernd. Vielleicht, weil der Rundfunk in Deutschland kaum demokratische Traditionen besitzt.

Sie lesen ein Buch:
Medienspezifische Anmoderation

Sie lesen ein Rowohlt-Buch. Liebe Leser zu Hause hinter den Buchdeckeln, zunächst mal ein Blick auf unsere anderen Seiten: Auf Seite 5 informiert Sie das Inhaltsverzeichnis, und auf den Abendseiten lesen Sie heute in unserer Reihe «Menschen wie du und ich» die Folge «Die schwarze Madonna von Tschenstochau». Und nun erst mal ein Bild.

Liebe Leser und Leserinnen zu Hause hinter den Buchdeckeln, an der Schreibmaschine sitzt für Sie heute Peter Dahl. Und wenn ich so aus meinem Arbeitszimmerfenster gucke: nichts als trübes Wetter, fast ein bißchen regnerisch. Da stimmt es denn doch heiter, daß wir hier ein Bild haben, das an Frühling erinnert, an Sonne und an Strand.

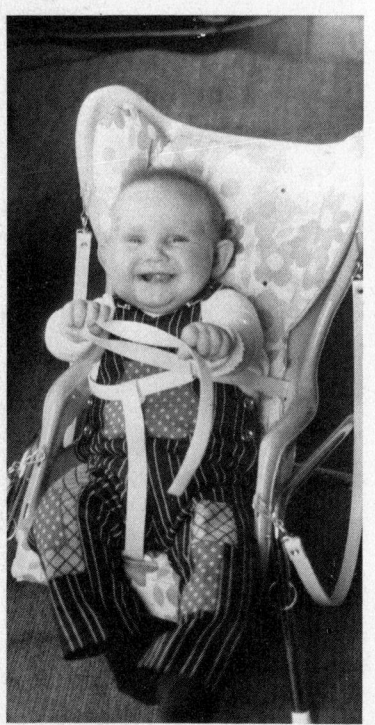

Da fühlt man sich doch gleich ganz anders. Und ich glaube, ich habe heute viele flotte Bilder auf meinen Seiten.

Apropos Bilder. Viele Leserinnen und Leser beschweren sich, daß wir zuwenig deutsche Bilder bringen, und es gibt ja auch wirklich viele und gute deutsche Bilder, und vielleicht sind englische Bilder auch nur deswegen so beliebt, weil viele sie nicht so gut verstehen. Mein Vorschlag: Machen wir mal was Internationales. Ich habe hier ein Foto, das im vorigen Jahr drüben in Amerika ein großer Erfolg war, und ich zeige es Ihnen heute in einer bemerkenswerten deutschen Interpretation.

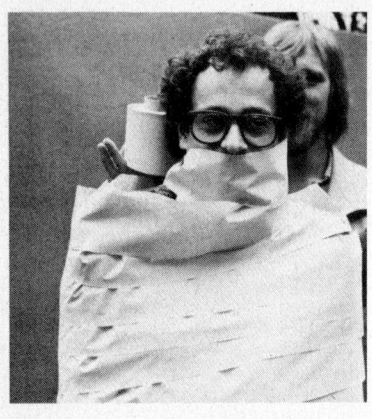

Auch das folgende Bild werden Sie sicher wiedererkennen; heute aber sehen Sie es von einem weniger bekannten Maler, und außerdem als Landschaft. Klassik in neuem Gewand, sozusagen.

Tja, Sie werden es sicher gemerkt haben, dieses Bild haben wir mit der falschen Geschwindigkeit gedruckt. Tja, eine Panne, eine Unachtsamkeit. Oder besser: keine Panne, sondern eine Unachtsamkeit. Früher war das einfach: Da gab es nur die kleinen schnellen und die großen langsamen Bilder, jetzt gibt es auch die großen schnellen, da kann das schon mal vorkommen. Ich glaube, inzwischen ist die Druckmaschine richtig eingestellt; wir versuchen es noch einmal.

Eben wird mir etwas Wichtiges aufgetippt: Unser Leser Heinz Werner Hübner möchte sich in der Verkehrs-Abteilung unseres Verlages melden. Nun aber zurück zu unserem Bild.

Sie lesen ein Rowohlt-Buch. Und weiter geht's mit einem Bild. Es ist aus meinem privaten Bildarchiv, hat schon ein paar Flecken, aber ich meine, es ist ein schöner Beweis dafür, daß auch plattdeutsche Bilder ihren Reiz haben. Ein Bild zum Entspannen.

Ja, ich meine, das ist eine erfreuliche Entwicklung, wenn jetzt, wie bei dem Bild, das Sie gerade gesehen haben, immer mehr Bildermacher zu Live-Bildern zurückkehren.

Aber jetzt sind wir schon auf unserer aktuellen Seite, und durch die Seiten führt Sie Peter Dahl. Sie werden sicher schon auf einer anderen Seite gelesen haben, daß man sich in München fragt, was da eigentlich los ist. An der Schreibmaschine in München sitzt jetzt Heiner Boehnle, um uns diese Frage aktuell zu beschreiben. Herr Boehnle, Sie haben die Auseinandersetzungen verfolgt, gehen in München die Uhren anders?

Krzm mgnuh umikastgr krrg qwert bm …

Herr Boehnle, ich kann Sie nur sehr schlecht lesen, ich glaube, wir drucken erst noch mal ein

Bild und versuchen inzwischen, ob wir für Sie nicht eine bessere Schreibmaschine bekommen können.

Tja, das war mehr ein Verlegenheitsbild, aber mit hat's gefallen. Nun zurück zu Heiner Boehnle in München. Herr Boehnle, man hat manchmal den Eindruck, in München gingen die Uhren anders. Wie, Herr Boehnle, sehen Sie das?

Ich kann Sie nur ganz schlecht lesen.

Aber ich lese Sie jetzt ganz gut. Ich hatte Ihnen geschrieben, die Uhren, Herr Boehnle, gehen die in München anders?

Urz krmpfg meuhg trewq uih! Ich lese Sie ganz schlecht. Deswegen nur noch eine letzte Frage: Was können Sie uns jetzt schon über die Reaktionen schreiben?

11

Krkhrr...

Da haben wir wohl eine ziemlich schlechte Schreibmaschine erwischt. Vielleicht versuchen wir es nach dem nächsten Bild noch einmal. Zwar hat es mit unserem Thema wenig zu tun, aber es hat doch eine beträchtliche Tiefenschärfe, auch wenn man von diesem Fotografen schon bessere Brennweiten gesehen hat.

So, jetzt geht auch diese Seite zu Ende, aber auf den folgenden Seiten dieses Rowohlt-Buches finden Sie noch viel Interessantes und Unterhaltsames. Leider reicht der Platz nicht mehr, das letzte Bild noch ganz abzudrucken. An der Schreibmaschine verabschiedet sich von Ihnen schon mal Ihr Peter Dahl.

Tja, auf dieser Seite heißt es jetzt «Oft gesehen, gern gesehen». Und mein besonderer Gruß gilt allen kranken Lesern und allen Lesern, die jetzt arbeiten müssen, zum Beispiel den Tankwarten. Und für die Damen der hannoverschen Fernsprechauskunft hat sich ein Leser ein Bild gewünscht aus dem Film «Die Drei von der Tankstelle». Hier ist es. Ein Bild, nach dem man auch gut tanzen kann.

Vorgeschichte:
Hier spricht die Wirtschaft

Die technischen Voraussetzungen für den Rundfunk, für ein von jedem zu empfangendes Radioprogramm, waren schon vor dem Ersten Weltkrieg gegeben. Im Jahr 1909 gab es in Deutschland erste Versuche mit «drahtloser Telephonie» – was ja nur ein anderer Begriff für die gleiche Sache war –, und 1913 begann die deutsche Firma Telefunken in New York eine erste Versuchssendung mit Musikdarbietungen.

Auch die juristischen Voraussetzungen waren längst geklärt. Schon die Reichsverfassung von 1871 begründete die Hoheitsgewalt des Reiches über alle Fernmeldeanlagen; das «Gesetz betreffend das Telegraphenwesen des Deutschen Reiches» von 1892 schrieb die Staatshoheit fest, 1908 wurde sie ausdrücklich auf den Funk ausgeweitet: «Elektrische Telegraphenanlagen, welche ohne metallische Leitungen Nachrichten vermitteln, dürfen nur mit Genehmigung des Reiches errichtet oder betrieben werden.» Das Recht auf Errichtung und Betrieb von Sendestationen wurde dem Reichspostamt übertragen; während des Ersten Weltkrieges wurde es faktisch von der Militärbürokratie ausgeübt.

Zu Beginn des Krieges, 1914, war die funktechnische Entwicklung in Deutschland der ausländischen, speziell der englischen, deutlich unterlegen. Aber der Krieg trieb die Entwicklung an, der Funk wurde zum strategischen und taktischen Kampfmittel. Die «Telegraphentruppe», später in «Nachrichtentruppe» umbenannt, wurde auf etwa das Achtfache ihrer ursprünglichen Mannschaftszahl verstärkt und als selbständige Waffengattung anerkannt. Die Funkindustrie erlebte im Ersten Weltkrieg einen ersten sprunghaften Aufschwung; im wesentlichen machten drei große Firmen das Geschäft: Lorenz, Huth und Telefunken, letztere eine gemeinsame Tochtergesellschaft von AEG und Siemens & Halske.

Es gab während des Ersten Weltkrieges auch schon – als Vorläufer dessen, was wir heute unter «Rundfunk» verstehen – eine publizistische Nutzung des neuen Mediums. Die «Hauptfunkstelle Königswusterhausen» verbreitete den täglichen Heeresbericht; ab 1917 strahlte sie drahtlose Musiksendungen und Lesungen aus Zeitungen und Büchern aus; ein «drahtloser Kriegsnachrichtendienst» war praktisch ein Vorläufer psychologischer Kriegführung. Über die Übersee-Funkstationen Nauen und Norddeich wurde – manchmal mehrmals täglich –

Eine Vorahnung
des Rundfunks.
Zeichnung aus dem
Jahr 1873

ein Pressedienst des Auswärtigen Amtes an amerikanische und asiati-
sche Zeitungen gesendet, und zwei Dienste der deutschen Nachrichtenagentur «Wolff'sches Telegraphen-Bureau» (WTB) für die Presse
des neutralen Auslandes. Die Meldungen wurden zuvor im Reichs-
marineamt beziehungsweise im Auswärtigen Amt überarbeitet und
zensiert.

Die Erfolge dieser Auslandspropaganda waren allerdings dürftig;
die der Kriegsgegner war besser organisiert oder einfach glaubwürdi-
ger. Eine zeitgenössische Untersuchung (Emil Sax: Verkehrsmittel in
Volk und Staatswirtschaft, 1920) beklagt: «Diese Verkehrsmittel wurden aber auch seitens unserer Feinde zur Einwirkung auf die Völker
benutzt auf eine Weise, die vorauszusehen dem ehrlichen deutschen
Gemüt nicht gegeben war. Der Ruhm jeder neuen Gewalttat Englands,
jede Fanfaronade der feindlichen Staatsmänner, jede Lüge ihrer Helfershelfer in der Öffentlichkeit, die Einlage jeder amerikanischen
Speckschwarte in die Falle für die ideologischen Mäuse, wurde bis in
die fernsten Winkel des Erdkreises verbreitet, um einzuschüchtern und
Verwirrung in die Geister zu bringen.»

Mit dem Ende des für Deutschland verlorenen Krieges begann auch die
soziale Auseinandersetzung um eine demokratische Nutzung des
Rundfunks. Die Monarchie in Deutschland und – wie es schien –
auch die sozialen Kräfte, die sie trugen, hatten abgewirtschaftet. Ausgehend von meuternden Matrosen in Kiel, die sich in einem längst

verlorenen Krieg nicht mehr verheizen lassen wollten, verbreitete sich die Revolution gegen Kaiserreich und Militärregiment über ganz Deutschland. Auf den Schiffen der Kaiserlichen Kriegsmarine wehten rote Fahnen. Am 4. November 1918 besetzten die Matrosen in Kiel die Funkanlagen, dort empfingen sie einen Funkspruch der russischen Sowjetregierung: «An alle Arbeiter-, Soldaten- und Matrosenräte Deutschlands! Wir haben Radio von Kiel erhalten, daß Arbeiter, Soldaten und Matrosen Deutschlands die Macht erlangt haben. (...) Verbindet euch mit uns durch Funkspruch, ruft die Moskauer und Zarskoje Seloer Funkstation an und teilt mit, was in Deutschland geschieht.»

Am 9. November riefen revolutionäre Obleute und der Spartakusbund in Berlin den Generalstreik aus. Hunderttausende marschierten ins Zentrum der Stadt. Das Schloß und die meisten Regierungsgebäude wurden besetzt; die Soldaten, die die Heeresleitung gegen die revoltierende Bevölkerung aufmarschieren ließ, verbündeten sich mit den Arbeitern.

Die deutsche Republik wurde gleich zweimal ausgerufen: als sozialistische Republik durch Karl Liebknecht, als sozialdemokratische durch Philipp Scheidemann. Die Räte hatten in den meisten Städten des Reichs die Macht erobert, die sozialdemokratische Regierung des «Rates der Volksbeauftragten» sollte dann diese Macht erben.

Am selben Tag, dem 9. November, besetzten revolutionäre Arbeiter und Soldaten auch den zentralen Nachrichtenknotenpunkt des Deutschen Reichs, die offiziöse Nachrichtenagentur «Wolff'sches Telegraphen-Bureau» (WTB) in Berlin. Und zwar wurde das WTB – und das charakterisiert den Verlauf dieser deutschen Revolution – gleich zweimal besetzt. Zuerst von Spartakisten und dann noch einmal von Beauftragten des mehrheitlich sozialdemokratisch geführten Arbeiter- und Soldatenrats.

Selbstverständlich hatte ich keinen Auftrag, nicht einmal irgendeinen bestimmten Plan, es war mehr der Einfall eines Augenblicks – ich marschierte mit meiner Gruppe, der sich unterwegs noch aus der herumstehenden Menge auf der Straße etwa ein halbes Dutzend Soldaten angeschlossen hatte, ich marschierte mit dieser Gruppe durch die Leipziger Straße bis zur Friedrichstraße und in die Charlottenstraße hinein zum amtlichen Wolff'schen Telegraphen-Bureau. Es dürfte sehr aufreizend ausgesehen haben und sehr martialisch – jedermann wird davon überzeugt gewesen sein, daß hier eine wichtige Wendung sich vorbereitete.

Vor dem Hause, das sich über zwei Stockwerke ausdehnte, der Oberstock war Privatwohnung des Direktors, eines Geheimrats, dessen Namen sich zu erinnern es sich nicht verlohnt, ließ ich halt machen, erklärte den Landwehrsoldaten, daß wir das Büro zu besetzen hätten, und wir polterten die Treppe zum ersten Stock hinauf.

Dort fielen wir in den großen Sendesaal ein. An den Wänden die Telephonkojen, die Mitte des Raumes füllte ein langer Tisch aus – die Nachrichtenredakteure pflegten auf diesem Tisch zu schlafen, die amtlichen Bulletins in Bündeln als Kopfkissen –, in einem der Hinterzimmer tickten die Fernschreiber. Aus den Seitenzimmern strömten jetzt die Stenotypistinnen, das sonstige Büropersonal und die Aufwartefrauen in den Saal.

Ein besonders vertrauenserweckender Alter, er hätte der Vater der gesamten Gesellschaft sein können, wurde zum Besatzungskommandanten ernannt. Die Fernschreiber hatte ich unterbrechen lassen; die Bedienung unterdessen war ohnehin verschwunden.

Zwei Redakteure meldeten sich, ein älterer, ein Beamtentyp und ziemlich ängstlich, sowie ein jüngerer wohlgenährter, zweifellos durch Beziehungen zu einem Abgeordneten hier untergekrochen, weiterhin einige Studenten, die stundenweise hier beschäftigt waren.

Die Redakteure waren aus dem oberen Stockwerk nach unten gekommen. Der eine hielt eine wohl vorbereitete Rede nach geschichtlichen Vorbildern: sie seien bereit, dem neuen Regime zu dienen, aus freiem Willen und aus innerster Überzeugung – zustimmendes Echo bei den andern im Raum.

«Das Haus bleibt abgeriegelt. Wachen unten an den Eingang. Sämtliche Angestellte haben sich im unteren Saal zu versammeln. Jeder bekommt einen Ausweis.»

Ich nahm mir zwei Mann und stieg die Treppe zu dem Oberstock hinauf. Wir waren noch nicht ganz oben angelangt, da stand der Geheimrat schon in der offenen Tür. Hier wurden wir bereits erwartet. «Meine Herren», empfing uns der Mann, «ich weiche der Gewalt.» (. . .)

Eigentlich wollte ich jetzt unten etwas aufräumen, dazu kam es nicht. Es bot sich mir ein idyllisches Bild. Die Frauen hatten aus den anliegenden Zimmern Stühle herbeigeschleppt. Um den Tisch saßen meine Landser in Strickjacken und Wollwesten, der Uniformrock hing über der Stuhllehne, die Gewehre waren in die Telephonzellen abgestellt. Die beiden Aufwartefrauen erschienen mit großen Kannen Kaffee, die Mädchen brachten Tassen. Die Herren Redakteure sahen schmunzelnd zu. Es wurde gemütlich warm. Die beiden Öfen im Saal waren gut geheizt.

Die deutsche Revolution hatte begonnen. (. . .)

Von der neuen Regierung, die sich im Hofe des Reichskanzlerpalais etabliert hatte und die ihre Befehle aus den Wandelgängen des Reichstages erhielt, wurde eine andere Kolonne zur Besetzung des Wolff-Büros auf den Weg geschickt. Diesmal mit jemandem an der Spitze, der einen von Mitgliedern der provisorischen Regierung unterzeichneten Ausweis bei sich trug. Der Mann hörte auf den Namen Kuttner und hat später in einem Buch, Memoiren über die Eroberung Berlins durch die Revolutionsregierung, seine Heldentaten bei der Übernahme des Wolff-Büros beschrieben.

Die Wachen unten an der Tür wurden beiseite geschoben, und meine Land-

wehrleute sahen sich plötzlich echten und drohend auf sie gerichteten Gewehr-
läufen gegenüber.

Die Neuen benahmen sich recht aufgeregt, und Herr Kuttner schien große
Lust zu haben, zur allgemeinen Abschreckung und zur Hebung der Ordnung und
Moral ein Exempel zu statuieren. (...) Er lasse schießen, schrie er herum, wenn
ich nicht sofort mit meinen Leuten abziehe; die Operation lief unter dem Namen:
Säuberung der Ämter und Reichsstellen von Saboteuren und Plünderern, Aus-
räucherung der Spartakistennester.

(Franz Jung: Der Weg nach unten, in: Franz Jung: Gesammelte Werke, Bd. 1, 1981, S. 325 ff, Verlag
Petra Nettelbeck)

〰〰〰〰〰〰〰〰〰〰〰〰〰〰〰〰〰〰〰〰〰〰〰

Die neuen Besetzer ließen im WTB als einen der Vertrauensmänner des
Arbeiter- und Soldatenrats und zur Kontrolle der ein- und ausgehenden
Nachrichten Erich Rossmann zurück, der später, von 1948 bis 1949,
Intendant von Radio Stuttgart war. Als erstes setzten die Räte über
WTB folgenden Aufruf ab: «An Alle! Hier hat die Revolution einen
glänzenden, fast ganz unblutigen Sieg errungen. Der am Morgen ausge-
brochene Generalstreik führte zu einer vollständigen Stillegung sämtlicher Betriebe. (...) In der Stadt herrscht vollkommene Ruhe und Ordnung. (...) Es herrscht ungeheurer Jubel und große Begeisterung.»

An alle!, das war die Formel, mit der Lenin das Friedensangebot der
Sowjetunion über Funk und damit öffentlich, eben nicht durch die di-
plomatischen Kanäle, unterbreitete. Unter der Adresse *An Alle!* war
der Funk ein wesentliches Kommunikations- und Koordinationsin-
strument der Räte, die zunächst in den Städten und Regionen dezentral
organisiert waren.

Über das Wolff'sche Telegraphen-Bureau verbreiteten die Arbeiter-
und Soldatenräte vier Wochen lang Proklamationen, Aufrufe und
amtliche Bekanntmachungen des Vollzugsrats an die lokalen Räte
und Amtsstellen im Reich; zwar erhielten auch die Zeitungen die
Nachrichten des WTB, nur waren bei denen die Besitzverhältnisse
meist nach wie vor so, daß sie von den Meldungen der Räte wenig
Notiz nahmen.

Nach diesen vier Wochen präsentierte das Telegraphen-Bureau, das
wohl auf den Satz Lenins baute, daß deutsche Revolutionäre vor dem
Sturm auf einen Bahnhof Bahnsteigkarten lösen, eine Rechnung
über 30 000 Mark. Der Vollzugsrat war zwar der Überzeugung, mit der
kostenfreien Übermittlung seiner Nachrichten ein Regierungsprivileg
genutzt zu haben wie andere Regierungen vor ihm, weigerte sich aber
nicht einfach, die vorgelegte Rechnung zu bezahlen, sondern wandte
sich um Vermittlung an den Rat der Volksbeauftragten. Der, mittlerweile damit beschäftigt, eine zentrale bürokratische Regierung aufzu-

17

bauen und den Einfluß der Mehrheits-SPD zu sichern, nutzte die Gelegenheit, die Arbeiter- und Soldatenräte seine wachsende Macht fühlen zu lassen: Der Rat der Volksbeauftragten lehnte die Bezahlung der WTB-Rechnung ab und erklärte, das sei Sache der Räte.

Aus dem Krieg zurückgekehrte Soldaten der Nachrichtentruppen hatten einen Zentralsoldatenrat ihrer Waffengattung gegründet und über den Sender Königswusterhausen verbreitet, daß dieser «Zentralsoldatenrat der Funker» die Kontrolle über alle Sendeanlagen übernommen habe. Es begann ein zähes Tauziehen zwischen diesem «Zentralfunkrat» und der Regierung des Rates der Volksbeauftragten um die Verfügung über die Sendeanlagen. Der schließliche Sieger behielt das Sendemonopol während der Weimarer Republik, zur Zeit der Naziherrschaft und in der Bundesrepublik: die Post.

Jedenfalls weisen mehrere Anzeichen darauf hin, daß es tatsächlich den der Spartakusgruppe nahestehenden «Unabhängigen» gelungen ist, sich durch eine Art Putsch, als der die Bildung der «Zentralfunkleitung» außerhalb der Behörden wohl bezeichnet werden kann, der Funkentelegraphie für ihre eigenen Zwecke zu versichern. (...) In Wirklichkeit handelt es sich nur darum, zu verhindern, daß die Funkleitung wieder zu den Regierungsbehörden kommt und daß der Vollzugsrat oder – was noch schlimmer ist – eine bestimmte Partei eine Diktatur über den Regierungsfunkendienst ausüben kann. (...) Gegen diese unhaltbaren Zustände muß mit allen Mitteln vorgegangen werden, da die Ausübung des Nachrichtenverkehrs selbstverständlich eine Regierungsmaßnahme ist.

(Hans Bredow, 1918 Direktoriumsvorsitzender der Firma Telefunken, 1919 Ministerialdirektor und Leiter der Reichsfunkbetriebsverwaltung, in: Im Banne der Ätherwellen, Bd. 2, Stuttgart 1956, S. 89 f)

Man erledigte das Problem der Selbstverwaltung der Funker dadurch, daß man die «Zentralfunkleitung» in eine Kommission eingliederte, zusammen mit Vertretern verschiedener Reichsämter und Berufsvereinigungen. Schon im Januar 1919 löste sich diese «Reichsfunkkommission» wieder auf. Die Reichspost gründete eine eigene Abteilung für die Funktelegrafie und berief als deren Leiter den früheren vorsitzenden Direktor bei Telefunken, Hans Bredow; gleichzeitig wurde Bredow zum Leiter einer neugegründeten «Reichsfunkbetriebsverwaltung» ernannt. Die wurde unmittelbar der Reichsregierung unterstellt, so daß sich jetzt zwei Behörden mit der Vorbereitung des Rundfunks beschäftigten, die beide dem gleichen Beamten unterstanden.
Im April 1919 wurde die Reichsfunkbetriebsverwaltung dem Post-

Sonntagskonzert, probeweise, aus der Hauptfunkstelle
der Reichspost in Königswusterhausen, 1920

ministerium angegliedert und gleichzeitig das Postministerium zur
Zentralbehörde für das gesamte Funkwesen erklärt. Der Funk befand
sich wieder, wie im Kaiserreich, vollständig in den Händen der Bürokratie, und zwar, nach dem Urteil des Kommunikationswissenschaft-
lers Friedrich Knilli (Deutsche Lautsprecher, 1970), «mit Hilfe der
Mehrheits-Sozialdemokraten, die die Restaurierung der alten sozialen
Führungsschicht in Verwaltung, Justiz und Wirtschaft gefördert und
die Verankerung der Räte in der Verfassung mit militärischen Mitteln
verhindert hatten».

Das Postministerium erweckte von nun an den Anschein, als wäre
mit dem öffentlichen Rundfunk bald zu rechnen. Noch aber hatte der
Staat daran kein rechtes Interesse – im Gegensatz zur Funkwirtschaft,
die sich vom öffentlichen Radio ihr Nachkriegsgeschäft versprach.
Und einen Vertreter der Funkindustrie hatte sich das Postministerium
ja mit Hans Bredow ins Haus geholt. Und Bredow hat nie verheim-
licht, daß er sich selbst eher als Interessenvertreter der Wirtschaft
denn als Beamter eines demokratischen Staates verstand. In seinen
Memoiren (Im Banne der Ätherwellen, Bd. 1, 1954) erklärte er:
«Auch ich war 1919 noch Anhänger der Monarchie geblieben und
habe noch heute eine gewisse Sympathie für diese Staatsform in zeitgemäßer Abwandlung (...). Meine Anschauung war nämlich damals
und ist es auch noch heute, daß die Wirtschaft eine Schlüsselstellung

19

Wirtschaft und Rundfunk

Kurz nach Börsenschluss
kennt der Kaufmann u. der Landwirt an der Wasser-
kante u. im Binnenlande durch den Sprecher der Norag,
Herrn v.d. Burchard den Verlauf der **Produkten**-
der **Devisenbörse** und der **Viehmärkte**.

ohne Rundfunk   mit Rundfunk

einnimmt und für das menschliche Zusammenleben eine der wichtigsten Grundlagen bildet.»

Und bei der Vorbereitung des Rundfunks in Deutschland handelte Bredow eher wie ein freier Unternehmer denn als ein weisungsgebundener Staatsdiener. Schon auf einer Tagung der Reichs-Rundfunk-Gesellschaft im Februar 1926 schilderte er seine Rolle so: «Bei der Einrichtung des Rundfunks – heute, nachdem die Organisation völlig abgeschlossen ist, darf ich es ja zugeben – habe ich eigentlich niemand um Erlaubnis gefragt, sondern auf meine persönliche Verantwortung hin das getan, was ich damals für notwendig hielt. Es ist mir noch in letzter Zeit von hervorragender Seite bestätigt worden, daß ich bei der Einrichtung des Rundfunks meine Befugnisse in der unangemessensten Weise überschritten habe. Hätte ich aber im Jahre 1923, als alle Vorbedingungen für den Aufbau des Rundfunks und die schnelle Entwicklung nach langer Vorarbeit vorlagen, nicht gehandelt, so würden wir noch heute verhandeln. Und deshalb nehme ich aus dem Gefühl heraus, gewissermaßen in der Notwehr gehandelt zu haben, diesen Vorwurf auf mich.»

Vorerst aber, nachdem die Staatsbürokratie sich die Verfügung über den Funk gesichert hatte, und vor der Einrichtung eines «öffentlichen Unterhaltungsrundfunks» sollte der Rundfunk der Wirtschaft noch in einer viel direkteren Weise dienen.

Gründung:
Hier spricht der Staat

In der Presse – namentlich der des Auslandes – mehren sich neuerdings die Nachrichten über eine ganz ungewöhnliche Ausbreitung einer Abart der drahtlosen Telephonie in Nordamerika in der Form, daß von einer oder mehreren Sendestellen funktelephonisch allgemein interessierende Vorträge, Gesang- und Musikübertragungen usw. verbreitet und von jedermann, der in der Lage ist, sich die – verhältnismäßig nicht große – Ausgabe für einen einfachen Empfangsapparat zu leisten, in seinem eigenen Heim mitgehört werden. Die betreffenden Sendestationen geben nur mit geringer Energie und niedriger Welle, sodaß sich die Wirkung meist auf einen kleineren Kreis (Bezirk) beschränkt. Die Inhaber der Empfangsapparate hören die Vorträge usw. mit, ohne hinsichtlich des Bezugs der Mitteilungen in irgend welchem Vertragsverhältnis zu der Sendestelle zu stehen. Die Leistungen der Sendestationen (in technischer Hinsicht und bezüglich des Inhalts) machen sich für deren Inhaber (große private Funkgesellschaften) dadurch bezahlt, daß recht viele Personen Empfangsapparate bei denselben Funkfirmen bestellen. Die Entwicklung dieser neuen Einrichtung, der in Amerika mangels gesetzlicher Vorschriften keinerlei Hemmungen im Wege stehen und die denn auch schon zu chaotischen Zuständen geführt hat, greift jetzt auf Europa über und man wird mit ihr auch in Deutschland zu rechnen haben.

Tatsächlich liegen schon Anträge auf Freigabe der drahtlosen Telephonie für ähnliche Zwecke hier vor und die beteiligten Reichsbehörden werden nunmehr Stellung nehmen müssen zu der Frage, ob und unter welchen Vorsichtsmaßnahmen ein derartiger drahtloser Empfangsapparat jedem Interessenten in die Hand gegeben werden soll. (...)

Nach dem Vorgehen der anderen Länder (...) wird eine völlige Ablehnung der ganzen Idee aber kaum möglich sein; man wird sich vielmehr darauf beschränken müssen, die Sache in Deutschland von vornherein so aufzuziehen, daß die Interessen des Reichs gewahrt bleiben und eine Entwicklung, wie sie Amerika erlebt, unmöglich gemacht wird.

(Bericht des Reichspostministeriums vom 9. Juni 1922, zitiert nach: Winfried B. Lerg: Die Entstehung des Runkfunks in Deutschland, Frankfurt/Main 1965, S. 367)

Die bürokratische Verwunderung darüber, anderswo würden Bürger Rundfunk empfangen dürfen, ohne «in irgend welchem Vertragsverhältnis zu der Sendestelle zu stehen», wurde von Berichten aus dem Ausland genährt: 1920 strahlte der englische Sender Chelmsford ein Programm aus Wort- und Musikbeiträgen aus, ab 1922 gab es in England regelmäßige Radiosendungen; der Sender Pittsburgh in den USA berichtete 1920 über die Präsidentschaftswahlen, 1921 wurden in Amerika die ersten Lizenzen an private Radiostationen vergeben. Auch in der Sowjetunion gab es schon 1921 so etwas Ähnliches wie Rundfunk, als sozialistische Variante: Auf einem moskauer Platz wurden Nachrichten öffentlich durch dort aufgestellte Empfänger mit Lautsprechern übertragen.

In Deutschland ging die Entwicklung einen Umweg, der bestimmt war von der inflationären Wirtschaftspolitik nach dem Ersten Weltkrieg: «Erst nachdem (...) den Bedürfnissen des Handels und Verkehrs Rechnung getragen und der Fortgang des Funkverkehrs in allen seinen Zweigen für Wirtschaftszwecke hinreichend gesichert war, konnten die maßgebenden Stellen der Frage nähertreten, ob und in welchem Umfang es möglich sei, Ätherwellen auch für den Zweck der Unterhaltung und Belehrung freizugeben.» (Heinrich Giesecke: Entwicklung und Aufbau des deutschen Rundfunks, 1927)

In einem bald wieder abgebrochenen Vorspiel war in Verhandlungen zwischen Nachrichtenagenturen, Zeitungsverlagen und den zuständigen Reichsstellen ohne endgültigen Erfolg versucht worden, einen Nachrichtendienst *für* die Presse auf dem Funkweg zu etablieren. Das wäre zwar noch lange kein öffentliches Radio gewesen, hätte aber möglicherweise dem späteren Rundfunk – nach dem Motto: wer zuerst kommt, mahlt zuerst – zu einer ganz anderen Struktur verholfen. Hans Bredow – der als Ministerialdirektor im Postministerium mit jedem verhandelte, von dem er meinte, daß er ihm zu einem seinem Amt entsprechenden Arbeitsgebiet verhelfen könnte –, Bredow jedenfalls schätzte die abgebrochenen Verhandlungen mit den deutschen Nachrichtenagenturen und Zeitungsverlegern als einen Verlust der Presse ein. Und erst heute, gut 60 Jahre später, merkt die so recht, wie weh ihr der tut. Bredow 1929 in einem Rückblick: «Die Presse konnte sich nicht über ein gemeinsames Vorgehen verständigen, wenn auch einige Zeitungen für sich allein das Unternehmen durchgeführt haben würden. Wenn diese Verhandlungen damals zum Ziel geführt hätten, würde der Rundfunk heute wahrscheinlich ein Unternehmen der deutschen Presse sein.»

Statt dessen wurde 1920 eine andere Sendegesellschaft gegründet, und zwar zu einem ganz speziellen Zweck: die «Eildienst für amtliche und private Handelsnachrichten GmbH». Diese Gesellschaft war hervorgegangen aus der Nachrichtenabteilung des Auswärtigen Amtes; bei ihrer Privatisierung behielt die Reichsregierung die Kapitalanteile. Gründer der «Eildienst» waren ein Legationsrat im Auswärtigen Amt, Ernst Ludwig Voss, und der bremer Kaffee-Hag-Konzernherr und Kunstmäzen Ludwig Roselius, die beide in der Frühgeschichte des deutschen Rundfunks noch länger eine Rolle spielen sollten. Roselius hielt als Treuhänder die GmbH-Anteile des Reichs, die eigentliche Leitung der «Eildienst» hatte Voss – Modell einer zukunftsträchtigen Zusammenarbeit von Staat und Privatwirtschaft. Eigentümerin der Sende- *und* Empfangsanlagen war die Post.

Die «Eildienst für amtliche und private Handelsnachrichten» sendete ab Juli 1920 täglich von 7.00 bis 22.00 Uhr. Sie brachte die Kurse von acht ausländischen Börsen – die der new yorker Börse elfmal täglich – und Warennotierungen: Baumwolle, Metalle, Kaffee, Zucker.

Zunächst wurden diese Meldungen an etwa 80 Postämter telegrafiert, die sie an die Empfänger weitergaben; 1921 stellte die Industrie einen Funkempfänger vor, der bei den Abonnenten aufgestellt werden sollte; 1922 wurde auf Funkbetrieb umgestellt, auf den sogenannten «Wirtschaftsrundspruch». Die Empfangsgeräte für diesen exklusiven Dienst wurden von der Reichspost geliefert, sie waren auf eine bestimmte Wellenlänge fest eingestellt und plombiert; die Furcht, jeder könnte ungehindert und vor allem ohne amtliche Genehmigung in den Äther lauschen, saß der Bürokratie zu tief. «Dagegen hat eine allgemeine Freigabe der Benutzung von Empfangsapparaten zur Aufnahme beliebiger Nachrichten, wie sie in einzelnen Ländern erfolgt ist, in denen der Staat sich mit der Beförderung drahtloser Nachrichten im inneren Verkehr nicht befaßt, seine großen Bedenken, denn es würde damit jedermann technisch möglich sein, alle in der Luft befindlichen Nachrichten abzuhören.» (Der Reichs-Funkdienst, 1919)

Die erste Entwicklungsstufe des deutschen Rundfunks war realisiert, und zunächst waren die speziellen Bedürfnisse der Wirtschaft zum Zuge gekommen. Zur Zeit der beginnenden Inflation nämlich war ein solcher schneller Börsendienst eine wesentliche Voraussetzung für die lukrativsten Geschäfte während dieser Krise: für die Spekulation. Aber «auch die Reichspost hat große Vorteile aus ihm ziehen können», erklärte Hans Bredow, «denn ganz abgesehen von den finanziellen Erträgnissen, bot er die gewünschte Möglichkeit, ein neues Nachrichtenmittel in größerem Maßstabe zu erproben und die technische Grundlage für den der Öffentlichkeit versprochenen Unterhaltungsrundfunk zu schaffen».

Zunächst blieb es noch eine ganze Weile bei den Versprechen; noch immer waren die Besitzansprüche gegenüber dem neuen Medium nicht geklärt.

Die Funkindustrie hätte gern eine Entwicklung ähnlich der in den USA gesehen. Dort waren schon 1922 rund 200 Lizenzen an private Sendegesellschaften vergeben worden, die ihren Hörern – bereits knapp eine

Million – damals schon die komplette Mischung eines Hörfunkprogramms boten: Nachrichten, Tanzmusik, Wetterbericht, Sonntagspredigt, Märchen für Kinder, Preisberichte und Witze.

Im Mai 1922 beantragten die größten Firmen der deutschen Funkindustrie, nämlich Telefunken und Lorenz, eine Konzession, in mehreren deutschen Städten Rundfunksender errichten und betreiben zu dürfen. Der Empfang der Programme, die sie senden wollten und die im wesentlichen von Schallplattenfirmen zugeliefert werden sollten, würde für die Hörer kostenfrei sein; Telefunken und Lorenz versprachen sich ihr Geschäft vom Verkauf der dann benötigten Empfangsgeräte.

Der Staat, speziell das Reichsinnenministerium, war skeptisch. Jedenfalls den gesamten Betrieb mochte man nicht aus der Hand geben, zumindest über die Sendeeinrichtungen wollte man die Kontrolle behalten, wenn nicht gar über mehr. Zwar wies das Postministerium darauf hin, daß ein solches Projekt den Staat kein Geld kosten, sogar eine sichere Einnahmequelle sein würde, aber ein Schreiben des Innen- an das Postministerium machte deutlich, welche Art von Rundfunkpolitik man dort im Sinne hatte: «Seit der Staatsumwälzung hat sich immer mehr der Mangel fühlbar gemacht, daß die Reichsregierung nicht über den nötigen Apparat verfügt, um ihre Meinung in der Öffentlichkeit zum Ausdruck zu bringen. (...) Ich muß unter diesen Umständen unbedingt Wert darauf legen, daß alle noch verbleibenden Möglichkeiten, hier einen Ersatz zu schaffen, nicht an irgendwelche Privatgesellschaften, deren Einstellung zur jeweiligen Reichsregierung schwankend ist, vergeben, sondern in erster Linie für das Reich und seinen Einfluß selbst genutzt werden.» (Zitiert nach Horst Hanzl: Rundfunk und Arbeiterklasse. Zur Geschichte des Kampfes der deutschen Werktätigen um den Rundfunk. Fernlehrbrief für Journalistik, Karl-Marx-Universität, Leipzig 1965, S. 11)

Da kam, etwa eine Woche nach dem von Telefunken und Lorenz, ein zweites Konzessionsgesuch, das die Interessen der Regierung geschickter einbezog. Eingereicht war es von einer «Deutschen Stunde. Gesellschaft für drahtlose Belehrung und Unterhaltung mbH», Tochterunternehmen der «Eildienst für amtliche und private Handelsnachrichten GmbH». Initiator war wieder der Legationsrat im Auswärtigen Amt, Ernst Ludwig Voss, die Geschäftsanteile hielt wieder der Industrielle Ludwig Roselius, die Post erhielt die Hälfte der Stimmenanteile zugesprochen. Ziel der «Deutschen Stunde» war «die gemeinnützige Veranstaltung von öffentlichen Konzerten und Vorträgen, belehrenden, unterhaltenden sowie alle weiteren Kreise der Bevölkerung interessierenden Darbietungen auf drahtlosem Wege im Deutschen Reiche». Gesendet werden sollte über den reichseigenen Sender Königswusterhausen, und man stellte sich vor, das Programm «dem Publikum an öffentlichen Orten durch lautsprechende Telephone zu vermitteln».

Bei diesem «Saalfunk»-Projekt sollte das Eintrittsgeld, das man von den Hörern erheben wollte, die Unkosten decken, Mittel für Gebühren an die Post bereitstellen und Gewinn abwerfen. Einen Haken hatte die Sache allerdings: Für die geplanten Vorführungen in Theatern, Schulen, Kinos und eigenen Sälen gab es noch keine geeigneten Empfänger mit ausreichend leistungsstarken Lautsprechern – schließlich war zu dieser Zeit auch der Film noch stumm.

Auch nach dem Konzessionsantrag der «Deutschen Stunde» ging es nicht so recht voran. Zwar berücksichtigte dieser Antrag die Forderung, daß die Sendeanlagen in jedem Fall den Reichsbehörden unterstehen müßten, nicht aber weitergehende Überlegungen, die vor allem im Innenministerium ausgearbeitet wurden und die im Rundfunk ein künftiges Organ der Reichsregierung sahen.

Post- und Außenministerium, Reichswehrministerium, Finanz- und Innenministerium und der «Reichskommissar für die Überwachung der öffentlichen Ordnung» versuchten, sich im Vorfeld auszumalen, was da auf sie zukam. Man untersuchte «die Gefahren, die eine ausgedehnte Verbreitung von Empfangsanlagen, die entweder überhaupt nicht oder doch nur mit erheblichen Schwierigkeiten kontrolliert werden können», bringen würde; das Innenministerium überlegte, wie man die Sender, die es noch gar nicht gab, im Falle öffentlicher Unruhen schützen könnte; und alle miteinander erörterten alle möglichen Formen der staatlichen Zensur über das noch zu entwickelnde Programm. Offenbar hatte man eine gewisse Furcht vor der publizistischen Macht des neuen Mediums; gleichwohl – oder deswegen – weigerte man sich, es auch konsequent als publizistisches Medium anzusehen. «Die neue Einrichtung», schrieb 1922 das Post- an das Innenministerium, «ermöglicht und bezweckt eine Verbreitung des Nachrichtenstoffs, wie sie keine gedruckte Zeitung erreichen wird», gleichzeitig dachte man aber nicht daran, dem geplanten Rundfunk die Pressefreiheit zuzugestehen, die in der Verfassung der Weimarer Republik verankert war. Im Gegenteil: «Es entsteht die Frage, ob und in welcher Form eine öffentliche Prüfung des auszusendenden (nicht etwa: des ausgesendeten – P. D.) Nachrichtenstoffs vorgesehen werden soll. Die Entscheidung in dieser Frage dürfte zur Zuständigkeit der inneren Verwaltung, insbesondere der Polizei gehören.»

Mittlerweile hatte auch die Funkindustrie versucht, sich den Vorstellungen der Reichsregierung anzupassen. Sie war im Ersten Weltkrieg sehr schnell gewachsen und mußte sich jetzt, unter veränderten Bedingungen, neue Absatzmärkte suchen. Unter Einbeziehung des dritten Großen am Markt, der Firma Erich F. Huth, gründeten Lorenz und Telefunken im Oktober 1922 in Berlin die «Rundfunk-Gesellschaft mbH». Als einer ihrer Geschäftsführer wurde Ernst Ludwig Voss bestellt, derselbe Beamte, der schon dem Konkurrenzunternehmen «Deutsche Stunde» vorstand. Und man kam überein, sich das Geschäft zu teilen. Die «Deutsche Stunde» wollte das Programm besorgen, die «Rundfunk-Gesellschaft» wollte Sendeanlagen bauen und betreiben sowie Empfangsgeräte entwickeln und verkaufen. Gleichzeitig begann die «Deutsche Stunde» regionale Untergesellschaften zu gründen. Deren Geldgeber, so hatte Hans Bredow dem Unterhändler Voss mit auf den Weg gegeben, «müssen zuverlässig deutsch» sein.

Wieder wurde geplant, verhandelt, wurden Vertragsentwürfe aufgesetzt, und das alles wieder ohne greifbares Ergebnis. Noch einmal stellte sich das Innenministerium des Reichs quer; es wollte jetzt selbst beteiligt sein, «zum Zwecke der Propaganda für den neutralen Staatsgedanken und zur Wahrnehmung der Reichsinteressen».

Und so wurde im Mai 1923 wieder eine Firma gegründet, diesmal ausschließlich mit staatlichem Geld: die gemeinnützige «Aktiengesellschaft für Buch und Presse». Die Mittel dazu stammten aus einem Fonds von 75 Millionen Mark, die sich die Regierung Cuno (ab 22. November 1922), an der die SPD nicht mehr beteiligt war, gerade mit einem «Gesetz zum Schutze der Republik» selbst bereitgestellt hatte, zur Propagierung der «verfassungsmäßigen, republikanischen Gesinnung». Die Gesellschaft «Buch und Presse», deren geschäftsführender Direktor der SPD-Fraktionsvorsitzende im preußischen Landtag, Ernst Heilmann, wurde, war vom Innenministerium darauf verpflichtet, «in erster Linie den auf die Vertiefung des Reichs- und republikanischen Staatsgedankens gerichteten Wünschen des Ministeriums zu entsprechen». Ebenfalls vom Innenministerium bekam die Gesellschaft 100 Millionen Mark zur Verfügung gestellt, und zwar zur «Organisation und Verbesserung der parlamentarischen Berichterstattung eines Nachrichtenschnelldienstes durch telephonischen Rundspruch» – als würde es so etwas auch nur in Ansätzen schon geben.

In Wirklichkeit wurde von den Regierungsstellen in aller Betriebsamkeit weiterhin gezögert. Empfangsgeräte bei Privatleuten, so wurde argumentiert, gefährden das Telegrafengeheimnis, neue Sendeanlagen könnten den Betrieb der reichseigenen Sender stören, und vor allem wurde die brisante politische Situation im Reich herangezogen: «Die wichtigsten Landesteile sind vom Gegner besetzt, die Wirtschaft zerrüttet, Umsturzbewegungen bedrohen Ruhe und Ordnung, es ist noch nicht abzusehen, wann wieder geordnete Verhältnisse in Deutschland einkehren werden. Es ist daher durchaus erklärlich, wenn eine Aufhebung der Kontrolle des Funkempfangs auch bei denjenigen Stellen Bedenken erregt, die für die innere und äußere Sicherheit des Reiches verantwortlich sind.» (Der Deutsche Rundfunk, Oktober 1923).

Die «Rundfunk-Gesellschaft» der Industrie fiel auseinander. Nachdem ein «Verband der Radio-Industrie» gegründet worden war, wandten sich die darin zusammengeschlossenen kleineren Funkgerätehersteller gegen das monopolistische Gehabe der «Großen Drei» Telefunken, Lorenz und Huth.

Und plötzlich, in der zweiten Hälfte des Jahres 1923, ging alles ganz schnell und unerwartet.

Das Interesse des Staates an einem wirksamen publizistischen Organ, auf das er wesentlichen Einfluß besaß, wuchs mit der politischen und wirtschaftlichen Krise, die 1923 ihren Höhepunkt hatte. Während im Postministerium an Programmvorstellungen gebastelt wurde, die – um den Forderungen des Innenministeriums auszuweichen – Nachrichten, Kommentare und Berichte, kurz alle politischen Beiträge, aussparten, wurden die staatliche «Buch und Presse» und die halbstaatliche «Deutsche Stunde» zusammengelegt. Die «Deutsche Stunde», an der das Postministerium beteiligt war, sollte für die musikalischen und literarischen Sendungen zuständig sein, «Buch und Presse», vom Innenministerium abhängig, für alles, was mit Politik zu tun hatte. Am 16. Oktober wurde der Name der Gesellschaft «Buch und Presse» geändert in «Drahtloser Dienst. Aktiengesellschaft für Buch und Presse». Unter diesem Namen wurde sie später faktisch das amtliche Nachrichtenbüro des deutschen Rundfunks. Und auch in dieser Konstruktion behielt die Post die Verfügung über die technischen Einrichtungen.

Damit war – nach langwierigen Verhandlungen und Streitereien – die privatwirtschaftlich-staatliche Konstruktion für den Rundfunk in Deutschland perfekt. Der Sendebetrieb konnte aufgenommen werden.

Zwei Wochen später kam alles anders.

Am 29. Oktober 1923 begann eine wiederum andere Programmgesellschaft, die von der Schallplattenfirma «Vox» gegründete «Berliner Radiostunde» vom Dachgeschoß des berliner «Vox»-Hauses aus mit regelmäßigen Sendungen.

1. Cellosolo mit Klavierbegleitung «Andantino von Kreisler», gespielt von Herrn Kapellmeister Otto Urack. Am Klavier Herr Fritz Goldschmidt.
2. Gesangsolo mit Klavierbegleitung «Arie aus dem Paulus», vorgetragen von Herrn Kammersänger Alfred Wilde. Am Klavier Herr Kapellmeister Otto Urack.
3. Violinsolo mit Klavierbegleitung «Langsamer Satz aus dem Violinkonzert von

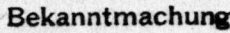

Tschaikowsky», gespielt von Herrn Konzertmeister Rudolf Deman. Am Klavier Herr Kapellmeister Otto Urack.

4. Gesangsolo mit Klavierbegleitung «Arie der Delila aus Samson und Delila», gesungen von Frau Ursula Windt. Am Klavier Herr Kapellmeister Otto Urack.

5. Voxplatte: «Hab Mitleid», Zigeunerlied (S. Pawlowicz), gespielt von Herrn Kapellmeister Otto Urack (Cello), Herrn Max Saal (Klavier).

6. Voxplatte: «Daß nur für dich mein Herz erbebt», aus Troubadour, gesungen von Herrn Kammersänger Alfred Piccaver.

7. Klarinettensolo mit Klavierbegleitung «Larghetto von Mozart», vorgetragen von Herrn Alfred Richter vom Deutschen Opernhaus. Am Klavier Herr Kapellmeister Otto Urack.

8. Gesangsolo mit Klavierbegleitung «Der schlesische Zecher» von Reissiger, vorgetragen von Herrn Kammersänger Adolf Lieban. Am Klavier Herr Kapellmeister Otto Urack.

9. Cellosolo mit Klavierbegleitung «Träumerei» von Schumann, gespielt von Herrn Kapellmeister Otto Urack. Am Klavier Herr Goldschmidt.

10. Gesangsolo mit Klavierbegleitung «Über Nacht» von Hugo Wolf, vorgetragen von Herrn Kammersänger Alfred Wilde.

(Programmfolge der ersten Rundfunksendung in Deutschland am 29. 10. 1923)

In dieser ersten Rundfunksendung gab es zwar keinen Wortbeitrag, dafür aber schon so etwas wie eine Werbeeinblendung: «Zur Begleitung wurde ein Steinway-Flügel benutzt.»

Wäre es vorwiegend ums Geschäft gegangen, der Zeitpunkt der ersten Rundfunksendung hätte gar nicht schlechter gewählt werden können. Im Oktober 1923 erreichte in Deutschland die Inflation ihren Höhepunkt. Die Deutsche Mark wurde an den Börsen zum Kurs von 4,2 Billionen gegen einen Dollar gehandelt. Mehr als 60 Prozent der Arbeiter waren arbeitslos oder auf Kurzarbeit gesetzt. Ein Kilo Brot kostete 5000 Millionen Mark, oft aber gab es auch auf Lebensmittelmarken und für Geld kein Brot mehr. Ein Radio zu kaufen oder die Teilnahmegebühr zu entrichten (am Tag der ersten Sendung 350 Milliarden Papiermark) konnte sich kaum jemand leisten.

Aber bei der Einrichtung des Rundfunks zu diesem Zeitpunkt ging es eben nicht in erster Linie ums Geschäft. Tatsächlich gab es handfeste politische Interessen für seine Einführung gerade zu diesem Zeitpunkt.

Der Herbst 1923 war bestimmt von Hungerdemonstrationen, politischen Unruhen und einem starken Anwachsen des Einflusses von Kommunisten und Sozialdemokraten auf das, was man heute das «Protestpotential» nennen würde. Die Bereitschaft zu einer radikalen gesellschaftlichen Umwälzung besaß 1923 eine Basis wie selten vorher oder nachher. Die Reichsregierung versuchte die bestehende Ordnung mit allen Mitteln zu verteidigen. Einen Arbeiteraufstand in Hamburg schlug sie mit Hilfe der Kriegsmarine nieder; die verfassungsgemäß gewählten Koalitionsregierungen von Sozialdemokraten und Kommunisten in den Ländern Sachsen und Thüringen liquidierte sie am 29. Oktober, dem Tag der ersten Rundfunksendung in Deutschland. Bewaffnete Reichswehreinheiten holten die Minister aus ihren Büros.

In dieser Situation hatte der Rundfunk von Anfang an die Funktion, für die Ordnungspolitik der Reichsregierung zu werben, auch wenn damals schon viel vom angeblich unpolitischen und überparteilichen Charakter des Radios die Rede war. So sagte zum Beispiel Rundfunkkommissar Bredow in einer Rundfunkrede (am 6.2.1928): «Der Rundfunk soll dem verwöhntesten wie dem primitivsten Geschmack in gleicher Weise etwas bieten. Er soll Weltanschauungsfragen, sozialpolitische und wirtschaftspolitische Betrachtungen zur Schonung von Empfindlichkeiten mit großer Vorsicht anfassen. Ja, er muß sie manchmal sogar farblos gestalten und parteipolitische Fragen natürlich ängstlich meiden.»

Hätte man unter Verkennung der Volksstimmung den Rundfunk gleich am Anfang als Instrument der politischen Meinungsbildung angekündigt, so würde diese Absicht unbestreitbar auf einen starken Widerstand gestoßen sein; die Entwicklung würde sich verzögert haben. Deshalb mußte man Schritt für Schritt vorgehen und durch Erfüllung des Verlangens nach guten unterhaltenden Darbietungen eine möglichst große Verbreitung zu erreichen suchen und abwarten, bis die Stellung des Rundfunks sich so weit gestärkt hatte, daß man ohne Scha-

den auch an die politische Arbeit herangehen konnte. So ging es weiter, und der Erfolg war, daß die Hörer sich allmählich an die Politik im Rundfunk gewöhnten.
(Hans Bredow: Im Banne der Ätherwellen, Band 2, Stuttgart 1956, S. 290)

Die Konstruktion des deutschen Rundfunks aus einer staatlichen Gesellschaft und mehreren anderen, die zu gleichen Teilen im Besitz der Industrie und des Staates waren, diente den politischen Absichten der Gründer. Wie sehr ihn schon zu diesem Zeitpunkt die Reichsregierung als ihr ureigenes propagandistisches Instrument ansah, wird aus einem Brief des damaligen preußischen Ministerpräsidenten Severing aus dem Jahr 1924 an das Reichsinnenministerium deutlich: «Alle Wahrscheinlichkeit spricht dafür, daß das im Rundfunkwesen liegende Beeinflussungsmittel sehr bald eine solche Bedeutung gewinnen wird, daß eine Regierung, die darauf keinen maßgeblichen Einfluß hat, überhaupt den Boden unter den Füßen verloren hat.»

Auch dafür, daß die Funkindustrie ihr ursprüngliches Ziel, nämlich selbst Sendestationen zu errichten und Programmgesellschaften zu betreiben, zunächst zurückstellte, war die politische und wirtschaftliche Situation im Herbst 1923 der Grund. Denn auch für Industrie und Kapitaleigner war die politische Situation riskant. Im August hatte ein Generalstreik den Sturz der besonders industriefreundlichen Regierung des Hapag-Generaldirektors Wilhelm Cuno bewirkt. Bei einer Abstimmung im berliner Metallarbeiterverband erhielten die Kommunisten doppelt so viele Stimmen wie die Sozialdemokraten. Innerhalb der SPD gewannen eher linke Kräfte nicht nur in Sachsen und Thüringen zunehmend an Einfluß, wo sie zusammen mit der KPD die Länderregierungen bildeten.

Die wirtschaftliche Situation war gekennzeichnet durch Stagnation und kriegsfolgenbedingte Krise. Die hohen Reparationsforderungen der ehemaligen Kriegsgegner und deren Demontagen belasteten die Wirtschaft. Zahlreiche Fabriken lagen still; knapp 95 Prozent aller Betriebe waren nicht ausgelastet. Arbeitskräfte waren reichlich und billig zu haben. Der Rundfunk brachte der Funkindustrie, die bis dahin eine typische Rüstungsbranche gewesen war, wieder neue Aufträge: Die Lorenz AG baute sechs Sender, die Firma Huth einen, und Telefunken, deren geschäftsführender Direktor der Rundfunk-Staatskommissar Bredow zuvor ja gewesen war, baute im Staatsauftrag 13 Sender. «Die Ausbreitung des Rundfunks hat auch der Industrie ein neues Tätigkeitsfeld erschlossen, dessen sie nach der Umstellung von der Kriegs- auf Friedensproduktion dringend bedurfte. Die Einführung des Rundfunks in Deutschland war also sowohl in den wirtschaftlichen

Interessen der Reichspost wie auch in denen der Industrie begründet. Der kulturelle und pädagogische Wert des Rundfunks, von dem später so viel geredet und geschrieben wurde, hat damals jedenfalls keine nennenswerte Rolle gespielt», heißt es in einer 1926 geschriebenen Dissertation (Georg Reininger: Der deutsche Funkverkehr, Diss. TH München, 1926; zitiert nach Winfried B. Lerg: Die Entstehung des Rundfunks in Deutschland, Frankfurt/Main 1965, S. 207)

Während der Inflation, in der Zeit bitterster Not, saß der Industrie und den Banken das Geld offensichtlich locker. «Der Rundfunk war in der Lage, eine Auslese unter den Geldgebern zu treffen», schreibt der Prokurist der späteren Reichs-Rundfunk-Gesellschaft Robert Ohse.

Karl Arnold:
Parlamentsreden durch
Radio, 1924

Im 20. Jahrhundert wird sich durch den Rundfunk für die Nachrichtenverbreitung ein Dienst herausentwickeln, von dem gleich gewaltige Leistungen und Wirkungen zu hoffen sind als durch das Zeitungswesen im 19. Jahrhundert! Dabei liegt in der Verbreitung durch Rundfunk eine enorme suggestive Macht. Denn wo gibt es sonst eine Möglichkeit, Millionen von Menschen dahin zu bringen, ihre Gedanken in der gleichen Sekunde auf den gleichen Gegenstand zu richten und der Beeinflussung durch einen einzigen Sprecher zu erliegen.
(Der Deutsche Rundfunk, Nr. 28, 13. 7. 1924, S. 1556)

Wem gehört das Radio? –
Teil I

«Die Öffentlichkeit war infolge der Nachrichten aus Amerika und England über die Einführung des Rundfunks aufgeregt, die Presse schob die Schuld an der Verzögerung auf die Reichspost und verlangte Aufhebung des Funkmonopols und völlige Freigabe für Sender und Empfänger, und von den Amateuren und Fabrikanten, die sich von einem ungeregelten Zustand Nutzen versprachen, wurde verlangt, daß die Reichspost dieses Gebiet der freien Entwicklung überlassen und sich zurückziehen sollte. Die Funkabteilung vertrat dem gegenüber den Standpunkt, der sich später auch als richtig herausgestellt hat, daß eine straffe Regelung unter Führung der Reichspost besonders im Anfang der Entwicklung unerläßlich sei, aber die mußte sich jetzt unter dem Druck der öffentlichen Meinung entschließen, die erste sich bietende Möglichkeit, einen Rundfunkdienst zu eröffnen, zu ergreifen», beschrieb Hans Bredow 1925 die Situation beim Start des deutschen Rundfunks. (Zitiert nach Winfried B. Lerg: Die Rundfunkpolitik der Weimarer Republik, in: Rundfunk in Deutschland, Bd. 1, hg. von Hans Bausch, München 1980, S. 147). In den verschiedenen Sendegebieten, die nach der damaligen Reichweite von Rundfunksendern konzipiert waren (150 km; Nebensender 100 km) wurden Programmgesellschaften gegründet, an denen jeweils die «Deutsche Stunde» beteiligt war, die ihrerseits die Hälfte ihrer Geschäftsanteile der Post bereitstellte. Den privaten Kapitalanteil stellten die unterschiedlichsten Unternehmen und Unternehmensgruppen:

Funk-Stunde AG, Berlin
Im Aufsichtsrat saßen Ernst Ludwig Voss von der Deutschen Stunde, Ernst Heilmann von der Drahtlosen Dienst AG (Dradag), Curt Stille und Kurt Magnus von der Vox-Schallplattengesellschaft, Emil Haentzschel, Ministerialrat im preußischen Innenministerium und zugleich Geschäftsführer der Dradag sowie Heinrich Giesecke vom Reichspostministerium. Programmbeginn: 29. Oktober 1923.

Südwestdeutsche Rundfunkdienst AG, Frankfurt/Main (SWR)
Mitglieder des Aufsichtsrats waren Carl Schleussner und dessen Sohn Carl Adolf von der Schleussner AG für Fotoartikel, Fritz von Opel, der Rechtsanwalt Ernst Boesebeck, Generalkonsul Karl Meyer, der frank-

furter Stadtrat Ludwig Landmann und Ernst Ludwig Voss von der Deutschen Stunde. Regelmäßiges Programm ab 1. April 1924.

Deutsche Stunde in Bayern GmbH, München
Gesellschafter waren die Deutsche Bank München, bayrische Industrie- und Handelsunternehmen und Ernst Ludwig Voss (Deutsche Stunde), der später austrat, während die Reichspost und die bayrische Landesregierung nachrückten. Die Gesellschaft verkaufte und vermietete auch Empfangsgeräte. Erste Sendung am 30. März 1924.

Ostmarken-Rundfunk AG, Königsberg (Orag)
Gegründet von der Elektroinstallationsfirma Walter Zabel, wurde dann im Auftrag der Stadt von der Ausstellungsgesellschaft «Messeamt Königsberg i. Pr. GmbH» übernommen. Programm ab 14. Juni 1924.

Nordische Rundfunk AG, Hamburg (Norag)
Die Getreidehandelsgesellschaft Blonck und der Bankier Peter Kruse waren die Geldgeber. Programmstart am 2. Mai 1924.

Mitteldeutsche Rundfunk AG, Leipzig (Mirag)
Die meisten Anteile hielten der Zeitungsverlag Herfurth und das Messeamt der Stadt Leipzig. Erste Sendung am 2. März 1924.

Süddeutsche Rundfunk AG, Stuttgart (Sürag)
Banken, Industrie- und Handelsunternehmen, eine Konzertagentur, Post, Deutsche Stunde und Dradag hielten die Geschäftsanteile. Programmbeginn am 12. Mai 1924.

Schlesische Funkstunde AG, Breslau
Gesellschafter waren die Darmstädter Nationalbank Breslau, ein Hutfabrikant, ein Schallplattenhändler und ein Hersteller von elektrischen Anlagen. Erste Sendung am 26. Mai 1924.

Westdeutsche Funkstunde AG, Münster (Wefag)
Die Gesellschaft war zunächst mit Sitz in Köln geplant, aber dort waren durch das im Rheinland geltende Besatzungsrecht Radiosender und -empfänger verboten. Gründer der Wefag in Münster waren die Industrie- und Handelskammern Bielefeld, Bochum, Dortmund, Duisburg, Essen, Münster und Osnabrück sowie die Stadt Münster. Programmdienst ab 10. Oktober 1924. Die in «Westdeutsche Rundfunk AG» (Werag) umbenannte Anstalt wurde 1926 nach Köln verlegt.

Kurt Magnus, Direktor der
Reichs-Rundfunk-Gesellschaft

Hans Bredow,
Reichsrundfunkkommissar

1925 wurde die Verteilung der Geschäftsanteile einheitlich so geregelt, daß Deutsche Stunde, Drahtloser Dienst und die Reichspost mit jeweils 17 Prozent die Mehrheit an allen Regionalgesellschaften besaßen. Von den Anteilen der Deutschen Stunde hielt Ernst Ludwig Voss 50 Prozent mit Stimmrecht der Reichspost, 50 Prozent hielt der Reichsverband der Deutschen Presse; von den Anteilen des Drahtlosen Dienstes hielt das Reichsinnenministerium 51 Prozent und 49 Prozent wiederum der Reichsverband der Deutschen Presse. Die privaten Kapitalgeber der regionalen Rundfunkgesellschaften besaßen jeweils 49 Prozent der Anteile. Die 17 Prozent, die die Reichspost an allen Rundfunkunternehmen hielt, wurden mit dreifachem Stimmrecht ausgestattet.

«Mit dieser Organisation (...) ist erreicht worden, daß den Rundfunk-Gesellschaften einerseits der Charakter von Privatgesellschaften und alle damit verbundenen Vorteile erhalten geblieben sind. (...) Andererseits kann die Behörde von denjenigen Machtmitteln, die dem Besitz der Aktienmehrheit innewohnen, jederzeit Gebrauch machen.» So beschrieb der von der Vox-Schallplattengesellschaft in die berliner Funkstunde entsandte Aufsichtsratsvorsitzende Kurt Magnus die Vorzüge dieser Konstruktion, die den Einfluß des Staates auf die Sendeanstalten sowohl festschrieb als auch verschleierte (Archiv für Funkrecht, 1928). Und Hans Bredow verstand es, auch die mehrheitliche Staatsbeteiligung mit dem von ihm unermüdlich propagierten Begriff vom «unpolitischen und überparteilichen Rundfunk» zu vereinbaren: «Wir betrachten Reichs- und Landesregierungen nicht als parteipolitische Koalitionen, sondern als die verfassungsmäßigen obersten Autoritäten, denen wir bei ihrer Aufgabe, den Staat zu fördern, behilflich sein müssen.» (Rede zur Verteidigung der Überparteilichkeit des Rundfunks, 1930).

Diese Auffassung vom Staat als einem überparteilichen Ordnungsinstrument bestimmte, auf welche Weise Politik im Radio in Erscheinung trat. Zunächst hieß das, daß Vertreter der Reichs- und Länderregierungen und anderer staatlicher Stellen vor den Mikrofonen sprachen.

Nach dem musikalischen Auftakt der ersten Sendung wurde im November 1923 von der berliner Funkstunde bereits ein erster politischer Nachrichtendienst gesendet; ein paar Wochen später folgte eine Reihe politischer Vorträge. Titel: «Wege zu deutscher Zukunft». Es sprachen der Vorsitzende der deutschnationalen Partei, Graf Westarp, der Zentrumspolitiker Adam Steigerwald und der sozialdemokratische preußische Innenminister Carl Severing.

Anläßlich der Wahl zum Reichstag im März 1924 gab es zum erstenmal Wahlsendungen; täglich eine Viertelstunde. Es sprachen Vertreter von Zentrum, Deutschnationalen, der Deutschen Volkspartei, der Demokratischen Partei und der SPD. Die Kommunisten waren nicht zugelassen.

Der politische Rundfunk

Nichts ist so abscheulich wie der «unpolitische» Mensch. Er tut nämlich immer, als gäbe es ihn, und so schafft er unpolitische Generalanzeiger, unpolitische Magazine, unpolitische Filme, unpolitische Parteien. Nun gibt es selbstverständlich nichts Unpolitisches, und man kann darauf schwören, hinter diesem Getu allemal einen Hugenberg-Redakteur, einen mittlern Bürger, einen Patrioten zu finden, der entweder schwindelt oder dem seine Lebensauffassung so zur Natur geworden ist, daß er gar nicht begreift, wie gerade sie einen Streitpunkt abgeben kann. So ist's auch mit dem Rundfunk.

Militärische und bebartete Vaterlandsvorträge und körperliche Leibesübungenertüchtigung und kölnische Befreiungsfeiern, kurz: Deutsche Volkspartei, wo sie am finstersten ist. Dazwischen sind Konzessionen an die klarer denkenden Volksgenossen immerhin bemerkenswert. Jedenfalls ist dieser schwanke Kahn auf die Dauer nicht in der Balance zu halten, immer kippt er nach rechts über, und das Ganze ist Lüge. Was wir brauchen, ist der politische Rundfunk.

Nun kann sich ja der Deutsche mit seiner universal ausgebildeten Phantasie alles vorstellen, nur keine Demokratie des Alltags, also keinen Hydepark, wo die Redner sämtlicher Farben sich heiser reden, unter gütiger Assistenz eines bobby, der freundlich lächelnd weiß: der Staat geht davon nicht unter. Im Gegenteil: hier ist das Sicherheitsventil, das keine ungesunde Ansammlung von Dampf duldet. Das sollte der Rundfunk uns sein.

Denkbar wäre, daß jede Partei, daß jede Geistesrichtung ihre Redner vorschickt, paritätisch verteilt, in anständiger Abwechslung. Wer nicht zuhören will, hängt ab. Aber die ganze Frechheit der nationalen Kreise, die ganze Schlappheit der Opposition liegt schon in diesem Faktum, daß das, was diese Burschen «nationale Gesinnung» nennen, als selbstverständlich vorausgesetzt wird.

Es müssen nun nicht gerade Wahlreden im Rundfunk gehalten werden, und parlamentarische Bräuche wollen wir gewiß nicht abhören. Aber warum nicht Leonard Nelson und seine erbittertsten Gegner? Warum nicht einen Pazifisten und einen Militaristen – vielleicht vom Reichsarchiv einen – in öffentlicher Diskussion? Warum nicht einen Wissenschaftler wie den Professor Julius Hirsch und irgendeinen nationalen Mediziner aus München? Warum immer nur einen? Warum nicht beide?

Weil unsere Republikaner klug und taktisch sind und realpolitisch und verantwortungsbewußt. Womit sie seit acht Jahren im Mustopp sitzen.

Der patriotische Rundfunk ... das ist so, wie wenn einer sagt: Wir erlauben die neuen Automobile, die da aufgekommen sind; aber es dürfen nur Generale und nationale Studenten darin fahren.

Das Automobil ist ein Verkehrsmittel, das allen gehört, so daß keiner einen Vorsprung hat. Das Tempo wird für alle schneller. Der Rundfunk könnte eben das sein, wenn ihr nur wollt. Aber wir müssen wohl erst ein Rundfunkgesetz, Rundfunkgesetzausführungsbestimmungen, die Judikatur, die Literatur und vierundzwanzig Untersuchungen über die «Psychologie des Rundfunks» haben, bis sich auch in Deutschland herumgesprochen haben wird, daß der Rundfunk neutral zu sein hat. Was er nicht ist.

(Kurt Tucholsky [unter dem Pseudonym Ignaz Wrobel] in: Der neue Rundfunk, Jg. 1, Nr. 18, 1. August 1926)

Noch ein weiterer wesentlicher Bestandteil des Rundfunkprogramms entstand schon 1924: der Werbefunk. Bereits in der allerersten Rundfunksendung hatte es die Schlußdurchsage gegeben: «Zur Begleitung wurde ein Steinway-Flügel benutzt.» Im Mai 1924 gab die Post gegen den Widerstand der Zeitungsverleger, die die Ausbreitung des Rundfunks mißtrauisch verfolgten und forderten, daß das «Radio-Inserat» verboten werden sollte, ihre Zustimmung zu Werbeeinblendungen im Programm «in mäßigem Umfange und allervorsichtigster Form». Das Geschäft besorgte eine Tochtergesellschaft der Reichspost, die «Deutsche Reichs-Postreklame GmbH». Nicht zugelassen waren politische und religiöse Werbung, Reklame für alkoholische Getränke, für Vergnügungsstätten, für Rundfunkgeräte, Tageszeitungen und Programmzeitschriften. Es gab sogenannte «Reklame-Rundsprüche», Werbevorträge und Werbekonzerte.

Allzuviel verdienten die Sendegesellschaften mit dem Werbefunk allerdings noch nicht. 1926 machten die Werbeeinnahmen aller Sender mit insgesamt rund 31 000 Mark gerade 0,19 Prozent der gesamten Einnahmen aus; 1930 waren es 0,27 Prozent.

Was die Rundfunkgesellschaften immer noch nicht besaßen, waren offizielle Betriebsgenehmigungen durch die Post. Die Verhandlungen darüber zogen sich bis Anfang 1926 hin; die Post nutzte sie, um den staatlichen Einfluß auf die Sendegesellschaften zu festigen. Dabei vertrat sie die innenpolitischen Interessen der Reichsregierung. Bredows Konzept war, den Rundfunk von den zumindest noch teilweise privatwirtschaftlich organisierten Gesellschaften aufbauen zu lassen, um dann um so gründlicher in sie hineinregieren zu können. «Wenn die DRP (Deutsche Reichs-Post) bei der Führung des Rundfunks einen anderen Kurs als den von ihr seither verfolgten eingeschlagen hätte», erklärte er im Dezember 1925 auf einer Besprechung im Postministerium, «wären die Rundfunkgesellschaften leicht in die größten Schwierigkeiten geraten, und der bisherige Aufbau des Rundfunks vielleicht vernichtet worden. Es bestand die dringende Notwendigkeit, das bisher Erreichte zu sichern und das Rechtsverhältnis der Rundfunkgesellschaften zum Reich und den Ländern zu regeln. Der Rundfunk stellt ein wichtiges Volksbeeinflussungsmittel dar, und es kann deshalb dem Reich und den Ländern nicht verdacht werden, wenn sie eine solche Einrichtung nicht ohne besondere behördliche Kontrolle in den Händen von Privatleuten lassen wollen.»

Als die Organisation des Rundfunks in Deutschland 1926 staatlich abgesegnet wurde, hatte er bereits über eine Million Hörer. Er war endgültig zu einem gewichtigen publizistischen Medium geworden. Und die politische Situation im Reich hatte sich seit der ersten Sendung grundlegend geändert; die Lage der Reichsregierung hatte sich so weit stabilisiert, daß sie jetzt ihre langgehegten Rundfunkpläne verwirklichen konnte.

Seit 1924 hatten die Siegermächte des Ersten Weltkriegs nach dem Plan des amerikanischen Finanzmannes Dawes mit hohen Krediten in die deutsche Wirtschaft investiert; die neue relative wirtschaftliche und politische Stabilität Deutschlands war abhängig von den ausländischen – vor allem amerikanischen – Geldgebern. Für die Siegermächte hing die Sicherheit ihrer Anleihe vom Funktionieren Deutschlands innerhalb des westlichen Wirtschaftssystems ab.

Die Reichsregierung wurde von einer Koalition der bürgerlichen Parteien gestellt; Präsident der Republik war der Generalfeldmarschall von Hindenburg geworden, der sich dazu erst die Zustimmung des gestürzten Kaisers geholt hatte.

Der wirtschaftliche Aufschwung, die Wende mit geliehenem Kapital, war aber bereits in eine erste Krise geraten: Im Frühjahr 1926 gab es in Deutschland zwei Millionen Arbeitslose; die Reallöhne lagen noch immer unter dem Niveau von 1913.

Liebe Funkfreunde!
Hier ist Hamburg

EDITH SCHOLZ

Wir senden die Funkwerbung···

Der Rundfunk war bis dahin in Verhandlungen mit der Bürokratie der verschiedensten Reichsministerien einerseits und den Programmgesellschaften andererseits installiert worden. Eine gesetzliche Grundlage oder bindende Verträge gab es nicht. Jetzt, am 1. März 1926, nach langwierigen Verhandlungen zwischen dem Reich und den Ländern, bei denen sich die parteipolitischen Interessen hinter der Funkhoheit des Reiches beziehungsweise der Kulturhoheit der Länder versteckt hatten, erhielten die Rundfunkanstalten Konzessionen vom Reichspostministerium – übrigens auch für «bildliche Darstellungen»; man rechnete schon 1926 mit der baldigen Einführung des Fernsehens.

Die Gesellschaften, von denen sich einige lose im «Reichsfunkverband e. V.» zusammengeschlossen hatten, mußten verschiedene, in die Genehmigungsurkunden eingearbeitete Bedingungen erfüllen und wurden in der «Reichs-Rundfunk-Gesellschaft» zusammengefaßt. Dafür löste sich der Reichsfunkverband auf, und auch die Deutsche Stunde, die an der Gründung aller Regionalgesellschaften maßgebend beteiligt gewesen war, wurde liquidiert. Auch das Ende der Deutschen Stunde hatte einen naheliegenden politischen Grund: Die Gesellschaft im Besitz des SPD-Politikers Heilmann trug sozialdemokratischen Ein-

Signet der Reichs-Rundfunk-Gesellschaft, 1926

fluß in die Sender, aber in der Reichsregierung war die SPD nicht mehr vertreten. Statt des Einflusses der Deutschen Stunde etablierte Postminister Stingl, Mitglied des Zentrums, den seiner eigenen Behörde.

Die «Deutsche Reichs-Rundfunk-Gesellschaft mbH» (RRG) war eine nach wirtschaftlichen Gesichtspunkten organisierte Dachgesellschaft. «Der Gegenstand des Unternehmens ist die zentrale Leitung der angeschlossenen Rundfunkgesellschaften.» (Satzung der RRG) Nach den Worten des Medienwissenschaftlers Winfried B. Lerg übernahm sie «die Aufgabe eines Instruments des Reichspostministeriums zur Durchsetzung des innenpolitischen Willens mit wirtschaftlichen Mitteln». 51 Prozent der Anteile der RRG mußten an das Postministerium übertragen werden; ihr Verwaltungsrat setzte sich aus sechs Vertretern der Post und vier Mitgliedern der Rundfunkgesellschaften zusammen. Vorsitzender wurde Hans Bredow, der dazu aus dem Postministerium entlassen wurde und dessen Einfluß in der RRG jetzt als «Rundfunkkommissar des Reichspostministers» geltend machen sollte.

Zur Kontrolle des Programms wurden sogenannte «Überwachungsausschüsse» und «Kulturbeiräte» eingerichtet, außerdem wurde eine amtliche Nachrichtenstelle für den Rundfunk installiert. Dazu diente die staatliche Gesellschaft «Drahtloser Dienst AG» (Dradag). In deren Aufsichtsrat saßen zwei Vertreter der Reichsregierung, acht Vertreter der Länderregierungen, sieben Abgeordnete des Reichstags und der Landtage und je ein Vertreter der Sendegesellschaften.

Die so kontrollierte Dradag war die einzige Stelle, von der die Rundfunkanstalten Nachrichten beziehen durften; die Dradag konnte auch die Verbreitung bestimmter Nachrichten verbindlich anordnen. Darüber hinaus bot die Dradag politische Vorträge an, deren Sendung sie aber auch bindend verfügen konnte. In den «Richtlinien für den Nachrichten- und Vortragsdienst der Rundfunkgesellschaften» hieß solche Praxis «streng überparteilich»:

«Der Rundfunk dient keiner Partei. Sein gesamter Nachrichten- und Vortragsdienst ist daher streng überparteilich zu gestalten.

Die Gesellschaft erhält die von ihr zu verbreitenden Nachrichten durch Vermittlung einer vom Reich bestimmten Stelle, nachstehend Nachrichtenstelle genannt.

Die von der Nachrichtenstelle als ‹Auflagenachrichten› bezeichneten Nachrichten müssen unverzüglich, unverkürzt, unverändert und unentgeltlich verbreitet werden.

Die Gesellschaft ist verpflichtet, außer den Auflagenachrichten der Nachrichtenstelle auch solche Nachrichten unverzüglich, unverändert und unentgeltlich zu verbreiten, die ihr mit dieser Auflage von den zuständigen Landesregierungen oder der von ihr genannten Stelle zugeleitet werden.»

Noch enger war das Kontrollnetz, das durch die Überwachungsausschüsse und Kulturbeiräte gebildet wurde. Praktisch saßen damit bei jeder Rundfunkanstalt zwei Zensurbehörden, die mit genügend Vollmachten ausgestattet waren, um in den Manuskripten, die ihnen die Redaktionen vorlegen mußten, zu streichen und zu verändern, was nicht in ihrem Sinne war; sie konnten auch ganze Sendungen absetzen. In den «Bestimmungen über die Befugnisse und Tätigkeit der Überwachungsausschüsse», die an jedem Sender aus je einem Vertreter der Reichsregierung und zwei Beauftragten der jeweiligen Landesregierung bestanden, heißt es: «Die Gesellschaft ist verpflichtet, sich in allen Fragen der politischen Programmgestaltung mit dem Überwachungsausschuss in Verbindung zu setzen und seine Entscheidung abzuwarten. Der Überwachungsausschuss ist berechtigt, gegen das Programm oder Teile davon Einspruch zu erheben, soweit es sich nicht lediglich um Fragen der Kunst, Wissenschaft und Volksbildung handelt.»

Das hieß nun nicht, daß Kunst, Wissenschaft und Volksbildung etwa keiner Zensur unterlägen; für sie waren einfach andere Zensurinstanzen zuständig: die Kulturbeiräte, die aus je einem Mitglied der Reichs- und der jeweiligen Landesregierung sowie einigen ehrenamtlichen Mitgliedern bestanden. Ihre Kompetenzen waren in eigenen Richtlinien festgelegt:

«Der Beirat hat die Gesellschaft hinsichtlich ihrer Darbietungen aus Kunst und Wissenschaft und Volksbildung zu beraten und zu überwachen.

Der Beirat ist berechtigt, gegen das Programm oder Teile davon Ein-

spruch zu erheben. Die Gesellschaft hat dem Einspruch stattzugeben. Der Beirat hat darauf zu achten, daß Parteipolitik bei den Darbietungen ausgeschaltet bleibt.»

Damit war alles erfaßt, was in Rundfunkprogrammen überhaupt vorkommt. Alles in allem schuf die staatliche Ordnung des deutschen Rundfunks Posten für rund 200 regierungsamtliche Zensoren in zentralen bzw. regionalen Stellen oder bei den einzelnen Anstalten.

Im Januar 1926 eröffnete ein weiterer Rundfunkdienst sein Programm: die überregionale «Deutsche Welle». Auch deren Gründer war Ernst Ludwig Voss, der zu diesem Zweck schon 1924 seine Firma «Handels- und Lagergesellschaft Ostpreußen mbH» umbenannt hatte in «Deutsche Welle GmbH». In einem Prospekt für sein neues Radio knüpfte Voss noch einmal an seine Idee von einem «Saalfunk» an: «Die Deutsche Welle GmbH beabsichtigt im Anschluß an die Veranstaltungen der Rundfunkgesellschaften und im engsten Zusammenarbeiten mit diesen einen neuen Dienst einzurichten, der den Gedanken des Rundfunks auf besondere Gebiete überträgt und dadurch der Bevölkerung neben den bisherigen eine Reihe von neuen Darbietungen bringt. Es soll versucht werden, diesen Rundfunk als Gemeinde-Rundfunk ins Leben zu rufen, d. h. dergestalt, daß möglichst neben Einzelempfangsanlagen auch in jeder Gemeinde oder in mehreren öffentlichen Sälen Empfangsgeräte mit gutem Lautsprecher aufgestellt und hier sämtlichen Interessenten Gelegenheit geboten wird, die Darbietungen entgegenzunehmen.»

In den Verhandlungen mit Behörden und der Reichs-Rundfunk-Gesellschaft verlor Voss allen Einfluß auf seine Gesellschaft; er trat schließlich alle Geschäftsanteile an die RRG ab. Im Februar 1927 übernahm das Land Preußen 30 Prozent der Anteile an der Deutschen Welle, 70 Prozent blieben bei der RRG.

Im Rundfunk der Weimarer Republik nahm die Deutsche Welle eine besondere Stellung ein – als publizistisches «Bollwerk gegen den Bolschewismus». Programmbeispiele: «Der kulturelle Zerfall und die Barbarei in Rußland», «Die Stagnation des geistigen Lebens und der Niedergang der Wissenschaft unter der Diktatur des Proletariats», «Das Elend der Arbeiter in Sowjetrußland». Der von der preußischen Landesregierung eingesetzte Chef des Senders, Professor Schubotz, schrieb 1928 über die Funktion der Deutschen Welle: «Ihr Ziel ist, um alle Volksgenossen, hoch und niedrig, arm und reich, ein einigendes Band zu schlingen, sie zu einer großen Kulturgemeinschaft zusammenzuschließen und auch die Stammesbrüder jenseits der Landesgrenzen teilnehmen zu lassen an dem geistigen Leben der Nation.»

Außerdem verstand sich die Deutsche Welle, stärker noch als die regionalen Sendegesellschaften, als eine Art drahtlose Volkshochschule – selbstverständlich «unpolitisch und überparteilich». Es gab einen regelmäßigen Landwirtschaftsfunk und einen Volkswirtschaftsfunk, den Juristenfunk, den Beamtenfunk und den Kaufmännischen Funk. Den Ärztefunk betreute der Reichsausschuß für das ärztliche Fortbildungswesen, den Zahnärztefunk der Reichsverband der Zahnärzte, und die Stunde der Hausfrau und Mutter wurde von den städtischen und ländlichen Hausfrauenvereinen betreut und beraten.

Das ist der Frauenfunk

Man saß gerade beim Modetee
Und sprach von dem zartrosa Frühlingskomplet
(Eine «Schöpfung» von Herprich u. Söhnen).
Da begann der Rundfunk zu klönen.

«Entzückend!» meinte die dicke Frau Klein,
«Man kommt uns mit Griechisch und mit Latein!
Asparagus, hör'n Sie, heißt Spargel,
Doch wie übersetz' ich – Quargel?»

«Erziehung ist alles», erklärte Frau Blunck,
«Ich bin restlos begeistert vom Frauenfunk,
Er bringt so gebildete Themen –
(Möchten Sie eine Praline nehmen?)

Ich finde den Rundfunk ja einfach enorm! –
‹Erziehung zur Ehe und Ehereform›
War neulich ein Vortrag gewesen –
(Haben Sie Van de Velde gelesen?»

«Na, manchmal», gähnte die dicke Frau Klein,
«Da könnten die Vorträge stilvoller sein!
Wie neulich die Fürsorgeärztin gesprochen,
Da habe ich schleunigst den Strom unterbrochen!»

«Ich bitte Sie», protestierte Frau Blunck,
«Beim Muttertag hat sich der Frauenfunk
Dagegen doch fabelhaft benommen ...
Meine Kinder sind alle mit Geschenken gekommen!»

Während dieses Frauengespräch sich begab,
Trug man eine proletarische Mutter zu Grab,
Und die Frau, die kein Pfarrer zu Grabe trug,
Die hatte an *einem* Geschenk genug!

Wovon die Welt mit Entsetzen spricht:
Den Frauenmord-Paragraph 218, den kennt der Rundfunk nicht!
(In: Arbeitersender, 22. Mai 1931)

Die Deutsche Welle richtete auch eine «Stunde für den Arbeiter» ein, bei der, im Gegensatz zu den Programmen für spezielle Berufsgruppen, keine Vertretung der Arbeiterschaft, weder die Gewerkschaften noch die Arbeiterparteien oder der Arbeiter-Radio-Bund, ein Mitwirkungsrecht besaßen. «Die Vorträge berühren irgendwie Fragen des Arbeiterlebens. Auf dem Gebiet der Arbeiterkultur kam die Frage nach dem

45

guten Buch, nach sinnvoller Ausgestaltung der Wohnung des Arbeiters mit Hausrat zur Erörterung. Die Arbeiterschaft ist ein Massenvolk. (…) Den Arbeitern selbst, die solche Vorträge mit anhören, wollen wir zeigen, wie sie sich in ihren Beziehungen zur Gesellschaft, zum Staat, zum Volke zu sehen haben. Aber zugleich (und diesen Nebenzweck haben wir damit verbunden) wollen wir dem bürgerlichen Menschen Einblick verschaffen, was in der Tiefe vorgeht.» (Jahrbuch der Deutschen Welle, 1928).

Als die Deutsche Welle 1927 eine Sendereihe mit Diskussionen und Streitgesprächen einrichtete, wurde dafür ein eigener Überwachungsausschuß eingerichtet aus Vertretern des Reichsinnenministeriums, der preußischen Staatsregierung und der politischen Parteien – mit Ausnahme der im Parlament vertretenen KPD.

«Die Rundfunkordnung von 1926 hatte das neue Medium bereits in vollem Umfang der staatlichen Verwaltung unterworfen», beschreibt Winfried B. Lerg den Zustand des Radios in diesen Jahren der Weimarer Republik. «Es war eine staatliche Einrichtung, ein Teil der Reichsverwaltung geworden. Die Redensart von der ‹gemischt-wirtschaftlichen Natur› des Rundfunks bedeutete nichts anderes, als daß die Rundfunkgesellschaften privatrechtlich organisiert waren und außerdem Privatpersonen eine Weile noch an den Gesellschaften beteiligt blieben. Diese Tatsache konnte freilich nicht darüber hinwegtäuschen, daß Reich und Länder in allen Gesellschaften und in der Dachgesellschaft die Majorität besaßen und daß diese wirtschaftspolitische Organisation weit entfernt war von dem, was Hans Bredow, in Verkennung dieses Begriffs, damals bereits eine ‹öffentliche Organisationsstruktur› genannt hat. Denn diese Bezeichnung führt aufs Glatteis. Zum einen setzt man allzu leichtfertig ‹öffentlich› mit öffentlich-rechtlicher Selbstverwaltung gleich, sodann wurde und wird, unter Verkennung der historischen Hintergründe, gern vergessen, daß staatliche Macht sich zu jeder Zeit in kulturfeudalistischer Manier mit ‹der Öffentlichkeit› gleichzusetzen pflegt. Drei Jahre hatte es gedauert, bis die Integration eines neuen Kommunikationsmittels vorläufig abgeschlossen werden konnte. Über sechs Jahre lang sollte die Rundfunkordnung von 1926 ein hinreichendes Fundament bilden, bis im Jahre 1932, in der Agonie der Weimarer Republik, der Rundfunk vollends ein Staatsorgan wurde.» (Rundfunk in Deutschland, Bd. 1: Die Rundfunkpolitik der Weimarer Republik, München 1980).

Werbewagen der Reichs-Rundfunk-Gesellschaft, 1928

Die Hörer:
Nicht eingeplant

Als ein nur schwer einzuplanender Störfaktor erwies sich beim deutschen Rundfunk von Anfang an sein Publikum.

Ganz zu Anfang waren die Beziehungen zwischen dem Radio und seinen Hörern regellos. Dem Programm lauschten fast ausschließlich Bastler, die schon vorher mit ihren selbstgebauten Geräten in alle möglichen Nachrichtenverbindungen hineingehört und die Probesendungen des Rundfunks verfolgt hatten. Zwar erhob die Post vom ersten Sendetag an eine Gebühr, aber die konnte ohnehin niemand bezahlen. Für eine Genehmigungsurkunde mußten 25 Mark entrichtet werden, «vervielfacht mit der am Tage der Zahlung gültigen Verhältniszahl für die Berechnung der Telegraphengebühren mit dem Ausland» – und die betrug am Tag der ersten Sendung 14 Milliarden. Kurz: Zu Beginn hatte das Radio fast ausschließlich Schwarzhörer.

Etwa während des Jahreswechsels von 1923 auf 1924 wurde Radiohören so etwas wie eine Mode; oder eben ein Sport von Schwarzhörern. Die verschiedensten Bürokratien, die sich zuvor so gründlich alle denkbaren Kontrollmöglichkeiten ausgedacht hatten, waren gefordert. Hans Bredow warnte: «Das Rundfunkwesen beginnt, wenn auch vielleicht nur vorübergehend, sehr große Dimensionen anzunehmen. Die Durchführung einer straffen Regelung, die Überwachung der an Zahl immer mehr zunehmenden Fabrikanten und Wiederverkäufer bringt gewaltige Arbeit für die Verwaltung mit sich und verschlingt wieder einen Teil der einkommenden Gebühren.» (Brief an die münchener Abteilung des Reichspostministeriums; zitiert nach Winfried B. Lerg: Rundfunkpolitik in der Weimarer Republik, a. a. O., S. 98) Und der Postminister sah nicht nur die Staatsbörse in Gefahr, sondern auch gleich die innere Ordnung: «Die Zahl geheimer Funkanlagen ist in steter Zunahme begriffen. Das Bestehen solcher Anlagen gefährdet ernstlich die Sicherheit des Staates und der öffentlichen Ordnung, da sie für staatsumstürzlerische Kreise die Möglichkeit bieten, sich ein umfassendes geheimes Nachrichtennetz zu schaffen» – wobei mit «geheimen Funkanlagen» nicht angemeldete Rundfunkempfänger gemeint waren.

Zur Lösung des Problems griff die Reichsregierung zu dem stärksten Mittel, über das sie verfügte, nämlich zu dem strapazierten Notverordnungs-Artikel 48 der Weimarer Verfassung, der die Mitwirkung des Parlaments ausschloß. Am 4. April 1924 trat eine «Notverordnung

Genehmigung

zur Errichtung und zum Betrieb einer Funkempfangsanlage zum Privatgebrauch

für _Herrn Gustav Henke_

in _Hemelingen, Diedrich Speckmann - Straße Nr 16._

~~Verein~~

gültig unter umstehenden Bedingungen, solange die Gebühr an die Postkasse entrichtet wird. Mindestdauer der Gebührenpflicht 1 Jahr. Genehmigungsgebühr von _2_ M für Monat _September_ 1924 ist bezahlt; die weiteren Gebühren zieht das Zustell-Postamt ein, dem Wohnungsänderungen sofort mitzuteilen sind.

Namens der Deutschen Reichspost

erteilt am: _1. September_ 192 _4_

zum Schutze des Funkverkehrs» in Kraft, die Verstöße mit Geldstrafen bis zu 100 000 Goldmark bedrohte und die Postbeamte mit den Rechten von Polizisten ausstattete, wenn sie etwa Wohnungen nach nicht genehmigten Geräten durchsuchten. Die Apparate brauchten einen Genehmigungsstempel der Reichstelegraphenverwaltung. Technische Veränderungen am Empfänger standen unter Strafe.

Betroffen von der Notverordnung fühlten sich vor allem die Radiobastler, die ihre zahlreichen kleinen Vereine im April 1923 im «Deutschen Radio-Club» zusammengeschlossen hatten und eine eigene Zeitschrift mit dem Titel «Der Radio-Amateur» herausgaben. Sie brauchten auch für ihre Basteleien eigene Genehmigungen; eine «Detektor-Versuchserlaubnis» für jene kleinen Geräte aus Antenne, Kopfhörer, Spule und Kristall, mit denen man bestenfalls den örtlichen Sender empfangen konnte; und für selbstgebaute Röhrenempfänger war die – teurere – «Audion-Versuchserlaubnis» erforderlich. Immer wieder griff «Der Radio-Amateur» diese Vorschriften an, die er als eine unnötige Gängelung des Bastel- und Forschungsdrangs seiner Mitglieder ansah. Die Post blieb skeptisch.

Nunmehr ist der *«Unterhaltungs-Rundfunk»* ins Leben getreten, dessen Hauptaufgaben folgende sind:

1. Er soll weitesten Kreisen des Volkes *gute Unterhaltung und Belehrung* durch drahtlose Musik, Vorträge und dergl. verschaffen.

2. Er soll dem Reich eine neue wichtige *Einnahmequelle* erschließen.

3. Durch die neue Einrichtung soll dem Reich und den Ländern die Möglichkeit gegeben werden, an große Kreise der Öffentlichkeit nach Bedarf amtliche *Nachrichten* auf bequeme Weise zu vermitteln; durch letzteres ist ein Weg beschritten, der für die Staatssicherheit von Bedeutung werden kann.

Rücksichten der Staatssicherheit fordern, daß eine Überwachung darüber besteht, daß nur solche Landesbewohner Apparate im Besitz und in Betrieb haben, die nach den gesetzlichen Bestimmungen Funkstellen betreiben dürfen und ferner, daß die Inhaber von Funkempfangapparaten auch nur das aufnehmen, was für sie bestimmt ist. (...)

Außerhalb dieser ordnungsmäßigen Verkehrseinrichtung ist eine Bewegung entstanden, die gegen das Regal des Reichs planmäßig vorgeht; sie wird von Leuten geleitet, die am Massenabsatz von Funkgerät unmittelbar oder mittelbar interessiert sind und die erreichen wollen, daß der Funkempfang ganz allgemein zu beliebigen Zwecken freigegeben wird. Hierdurch würde – neben sonstigen Nachteilen – nicht nur die Einnahmequelle für das Reich zerstört, sondern auch die Gefährdung des öffentlichen Telegraphengeheimnisses sowie die Gefahr des Mißbrauchs bei Putschen und Unruhen gegeben sein. Die Vorkämpfer dieser neuen Bewegung heben besonders hervor, daß viele Menschen an technischen Spielereien Vergnügen finden und daß man es ihnen nicht verwehren dürfe, sich solche Funkempfangsgeräte zu beschaffen usw. Es wird ganz offen dafür Propaganda gemacht; es werden ganze Funkempfangsapparate sowie auch Einzelteile angeboten; es wird gezeigt, wie man sich solche Einrichtungen selbst herstellen kann, und wie man sie durch die Art des Aufbaues verbirgt und der Überwachung entzieht. Alles das geschieht in einer Form, gegen die gesetzlich einstweilen nur sehr schwer und nur unter Bekämpfung jedes Einzelfalls eingeschritten werden könnte.

(Aus einem Schreiben des Reichspostministers an die obersten Reichsbehörden vom 20.12.1923; zitiert nach: Winfried B. Lerg: Die Rundfunkpolitik der Weimarer Republik, in: Rundfunk in Deutschland, hg. von Hans Bausch, Bd. 1, München 1980, S. 129ff)

Die Post versuchte, die Vereine der Funkamateure selbst zur Kontrolle der Aktivitäten ihrer Mitglieder heranzuziehen. Auf Drängen der Post schlossen sich die verschiedenen Funkvereinigungen im Januar 1924 zum «Deutschen Funk-Kartell e. V.» zusammen, das ermächtigt wurde, die Versuchserlaubnisse an seine Mitglieder – und nur an seine Mitglieder – auszugeben.

Zu Anfang waren unter den Rundfunkhörern die Bastler in der absoluten Mehrzahl. 1924 kostete ein Radiogerät mit vier Röhren – nach dem damaligen Stand ein optimaler Empfänger – zwischen 400 und 500 Mark, ein einfacher Detektorempfänger kostete etwa 70 Mark. Ein gelernter Arbeiter, verheiratet mit zwei Kindern, verdiente durchschnittlich 88 Pfennige in der Stunde, ein kleiner Angestellter etwa 160 Mark im Monat.

1925 fielen die Preise für Radios. Ein Detektor kostete noch 15 bis 20 Mark, ein Empfänger mit einer Röhre etwa 40 Mark, einer mit vier Röhren ab 200 Mark. Dazu kam entweder noch ein Kopfhörer für 7 bis 14 Mark oder ein Lautsprecher, der zwischen 60 und 100 Mark kostete.

Außerdem verlangte die Post Gebühren. Am Anfang, wie schon angeführt, eine «Genehmigungsgebühr» von 25 Mark (Grundwert) für ein Jahr, ab Januar 1924 waren es 60 Mark. Und ab April 1924 betrug dann die monatliche Gebühr zwei Mark, und die galt in Deutschland 45 Jahre lang, bis Ende 1969. Das Geld wurde vom Postboten im voraus an der Haustür kassiert. Vergleichsweise kostete ein Monatsabonnement für eine Tageszeitung 2,50 Mark («Berliner Morgenpost) bis

Radiobastler, 1931

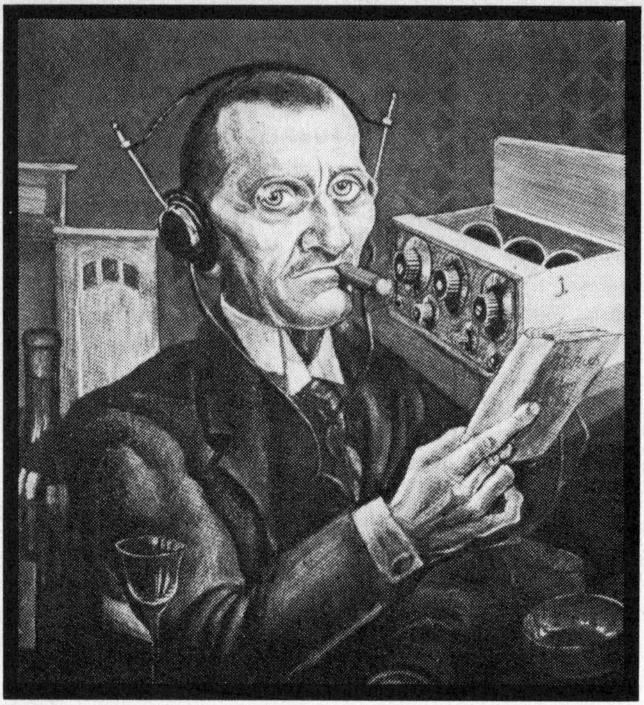

Kurt Günther: Kleinbürger am Radio, 1927

3,75 («Berliner Lokal-Anzeiger», erschien zweimal täglich). Für zwei Mark mußte 1925 ein gelernter Arbeiter gut zwei Stunden, ein ungelernter knapp vier Stunden arbeiten.

Zahl der (angemeldeten) Radioempfänger

Dez.	1923	500
Apr.	1924	9 900
Juli	1924	99 000
Okt.	1924	279 000
Apr.	1925	779 000
Apr.	1926	1 205 000
Jan.	1927	1 377 000
Jan.	1928	2 010 000

Während die Post versuchte, die Hörer in ein Netz von Vorschriften und Kontrollen einzubinden, unternahmen die Rundfunkgesellschaften erste zögernde Schritte, um die Meinungen der Hörer zu ihrem Programm zu erkunden.

Dabei wurde schon früh die noch heute gern geübte Praxis begründet, schriftlichen Beifall beim Publikum öffentlich anzufordern. Die berliner Funkstunde forderte 1924 nach einem Konzert die Hörer auf, ihre Beurteilung einzusenden und konnte dann vorweisen: «Ein brausendes ‹Dacapo› klingt aus den Äußerungen, ein Dank, über den sich die Direktion aufrichtig freuen darf.»

Ebenfalls 1924 startete die Zeitschrift «Der Deutsche Rundfunk» eine Umfrage «Was wollen Sie vom Rundfunk hören?» Spitzennennungen erhielten Operette, Tagesneuigkeiten, Zeitangabe und gemischtes Konzert; politische Nachrichten lagen im Mittelfeld, «politische Vorträge» fast am Schluß. Ein weiteres Ergebnis war, daß sich die Hörer ein sehr viel umfangreicheres Programm wünschten, am liebsten von morgens um sechs bis nachts um eins. Tatsächlich gesendet wurde erst etwa sechs Stunden am Tag.

Bei einer weiteren Umfrage von «Der Deutsche Rundfunk» im Jahr 1925 protestierte die Konkurrenz-Zeitschrift «Funk»: «Nein, Parlamentarismus, Demokratie, Begriffe wie ‹erdrückende Mehrheit› sind unvereinbar mit künstlerischen und kulturellen Dingen; Kultur ist eine ‹aristokratische› Angelegenheit, eine Sache der großen und starken Persönlichkeiten.» Die Ergebnisse dieser Umfrage wurden auf Intervention von Hans Bredow nicht veröffentlicht; noch in einer Rundfunkrede zum fünfjährigen Bestehen des deutschen Rundfunks verwahrte er sich gegen Modelle der Hörer-Mitbestimmung; Mitbeteiligung sei ein beliebtes Schlagwort geworden, meinte er, sie gehöre zu den Dingen, «die sehr gut gemeint sind, sich aber bisher in der Praxis nicht gut ausgewirkt haben, und es wohl auch nicht können».

Wem gehört die Luft? Die Luft hatte nur einen Gebrauchswert für dich, durch den Rundfunk wird dieselbe zur Ware, wird zum Transportmittel. Wer darf nun den Äther als Transportmittel benutzen? Der Äther ist Allgemeingut aller Menschen, Gemeingut aller Staaten. Es wird an der Zeit, daß die Arbeiter aller Länder sich auch um die Luft zum Senden kümmern, sonst wird jedem Arbeitersender die Luft abgeschnitten!

(Mitteilung des Arbeiter-Radio-Clubs. Juni 1925)

Schon 1923 hatten sich radiobastelnde Arbeiter, darunter viele Funker der ehemaligen Streitkräfte, in Gruppen zusammengeschlossen. Solche «Arbeiter-Radio-Clubs» bildeten sich zunächst in Berlin, dann auch in Leipzig, Chemnitz, Hamburg und schließlich in den meisten anderen Großstädten.

Zunächst ging es auch den Mitgliedern dieser Arbeiter-Radio-Clubs darum, die neuen Töne überhaupt erst einmal hörbar zu machen. Man tauschte Schaltpläne und Einzelteile aus und wollte die selbstgebauten Geräte gemeinsam nutzen. Die Radio-Amateure, im allgemeinen Eindeutschungswahn der Zeit auch «Funkfreunde» genannt, lieferten in den ersten Jahren des Rundfunks der Industrie tatsächlich eine ganze Anzahl kommerziell verwertbarer Innovationen.

Diese Gruppen radiobastelnder Arbeiter schlossen sich am 10. April 1924 zum «Arbeiter-Radio-Klub Deutschlands e. V.» (ARK) zusammen. Auf der Gründungsversammlung in Berlin, die wegen des Andrangs in einen größeren Saal verlegt werden mußte, erklärten 3000 ihren Beitritt. Nach einem Bericht der berliner politischen Polizei soll der ARK 1924 etwa 4000 Mitglieder gehabt haben.

In der Satzung, die der Arbeiter-Radio-Klub sich gab, hieß es:
«Der Arbeiter-Radio-Klub bezweckt:
– den Zusammenschluß aller am Radiowesen Interessierter aus Kreisen der werktätigen Bevölkerung in Deutschland.
– die Errungenschaft des Radiowesens in den Dienst der kulturellen Bestrebungen der Arbeiterschaft zu stellen.
– das Verständnis für die Radiotechnik zu wecken und zu fördern (…)
– Einwirkung auf die das Radiowesen berührende Gesetzgebung, Einflußnahme auf die Unternehmungen am Sender und Sendeprogramm.»

Es gibt keine tendenzlose Kunst, keine tendenzlose Wissenschaft – es gibt überhaupt keine Tendenzlosigkeit. Die Benutzung des Rundfunks den Klassentendenzen des Proletariats vorenthalten, heißt den Rundfunk zur Waffe gegen das Proletariat zu machen.
(Erich Mühsam, 1926)

Der Arbeiter-Radio-Klub stützte sich zunächst vorwiegend auf die SPD und die Gewerkschaften. Der Allgemeine Deutsche Gewerkschaftsbund (ADGB) erklärte durch einen Vertreter auf einer Bezirkstagung des ARK im August 1926: «Die Gewerkschaften bringen der Arbeiter-Radio-Bewegung das größte Interesse entgegen. Beim Film ist versäumt worden, rechtzeitig an der Entwicklung teilzunehmen, auf sie Einfluß zu bekommen. Beim Radio darf das nicht wieder geschehen.» Die KPD stand den «Radioten» im ARK zunächst skeptisch gegenüber; die Bastelei, so wurde gemutmaßt, halte die Genossen von ernsthafter politischer Arbeit ab. Ähnliche Vorbehalte gab es zur gleichen Zeit auch beispielsweise gegenüber den Schrebergärtnern; die Parteiführung gab sie später auf. Und der erste Vorsitzende des ARK, Wilhelm Hoffmann-Schmargendorf, war Mitglied der KPD.

Unter den zahlreichen Kulturorganisationen der Arbeiterbewegung in der Weimarer Republik war die Arbeiter-Radio-Bewegung sicherlich nicht die theoretisch entwickeltste, aber ebenso sicher war sie eine der massenwirksamsten. Und sie sah sich einer grundsätzlich anderen Situation gegenüber als andere Arbeiterkulturorganisationen. Es gab eine eigene Arbeiterpresse, es gab Arbeiterverlage, die Arbeiterorganisationen besaßen eigene Theater- und Kabarettgruppen. Es gab Arbeiterchöre und Arbeiterbildungsorganisationen und schließlich auch eine eigene Filmproduktions- und Verleihfirma. Der Rundfunk aber war von Anfang an ein staatliches Monopol. Die organisierte Arbeiterschaft stand vor der Notwendigkeit, sich dem Rundfunk gegenüber verhalten zu müssen, ohne ihre Vorstellungen von einer eigenständigen, alternativen Arbeiterkultur direkt in die Tat umsetzen zu können.

Gleichwohl stellte sie immer wieder die Forderung nach einem Programm in eigener Regie: «Gebt uns eigene Sender! – Erringt sie euch!»

Ich möcht einmal am Sender stehn
Und sprechen dürfen. – Ohne Zensur.
Ein einziges Mal. – Eine Stunde nur –
«Hetzen» – und Haß und Feuer säen. –
Laßt einmal mich am Geräte stehn
Und nur einen Tag aus meinem Leben
Wahrhaft und nüchtern «zum Besten» geben.
– Nichts weiter. – Es würde ein Wunder geschehn.
– Ich möchte die wütenden Fratzen sehn
Der satten Bürger und lächelnden Spießer,
Der Jazz- und Rumba-Radau-Genießer. –
All derer, die an der Skala kauern
Auf Hindenburg-Reden und «Funkbrettl» lauern,
Wenn's hieße: Achtung! – Deutsche Welle!
Eine Arbeiterin spricht! – Thema: Die Hölle ...
(Einsendung an den «Arbeitersender», Nr. 30 vom 22.7.1932)

1924 gründete der Arbeiter-Radio-Klub eine eigene Zeitschrift mit dem Titel «Arbeiterfunk». Sie erschien zweimal und mußte dann ihr

Erscheinen wieder einstellen. Einen neuen Anlauf mit einer eigenen Programmzeitschrift unternahm der Verband im April 1926, es erschien «Der neue Rundfunk. Funkzeitschrift des schaffenden Volkes mit Bastelmeister und Mitteilungen des ARK», der 1928 wieder umbenannt wurde in «Arbeiterfunk».

Schon in der ersten Ausgabe seiner Zeitschrift grenzte sich der Arbeiter-Radio-Klub gegenüber anderen Vereinigungen von Funkbastlern ausdrücklich ab: «Der ARK ist keineswegs mit irgendwelchen bürgerlichen Amateur- und Bastlervereinen zu vergleichen, er ist vielmehr die Zusammenfassung der deutschen Arbeiterschaft, die den Rundfunk nicht nur als Unterhaltungsmöglichkeit ansieht, sondern als ein technisches Hilfsmittel, das geeignet ist, den kulturellen Willen der aufsteigenden Klasse zu manifestieren und durch seine Einrichtungen die Fortschritte menschlichen Geistes ihren Klassenangehörigen zu vermitteln. Wir haben hier das Wort ‹Klasse› ausgesprochen, und wir werden nicht erstaunt sein, wenn uns von jenen, die in Erkenntnis der geistigen und materiellen Auswirkungen das Monopol der deutschen Rundfunksender erworben haben, entgegengehalten wird: Wie, Ihr wollt im Rundfunk einen Klassenstandpunkt vertreten? Gewiß, Ihr Herren, wir fordern dabei mit Recht, was Ihr seit Jahrhunderten schon auf Grund eines angemaßten Rechtes für Euch in Anspruch genommen habt, nur mit dem Unterschiede, daß wir ein offenes, unmißverständliches Wort sprechen und uns dabei nicht wie Eure bürgerlichen Schönredner hinter der Phrase verstecken: ‹Kunst und Kultur seien klassenlos› oder hinter dem von Euch so gern gebrauchten Schlagwort: ‹l'art pour l'art› (Die Kunst um ihrer selbst willen).» (Der neue Rundfunk, Jg. 1, Nr. 1 vom 4. 4. 1926)

Den Rundfunk in den Dienst der kulturellen Bestrebungen der Arbeiterklasse

(...) Der Rundfunk ist nicht aus dem Verlangen nach breitester Massenaufklärung geschaffen, sondern unter dem Druck der neuaufkommenden jungen Radioindustrie. Man suchte neue Absatzmärkte im Inland. Hier hat bereits die Arbeit einzusetzen. Schonungslose Kritik des heute auf dem Markt befindlichen Schundes, öffentliche Brandmarkung dieser Firmen. Die Arbeiter haben weiter dafür zu sorgen, daß es dem ungeheuren technischen Fortschritt nicht so geht, wie es dem elektrischen Licht und dem Telefon gegangen ist, die sich nur die unproduktiven Teile der heutigen Gesellschaft zu Nutze machten. Für sie ist der Rundfunk «Mode». Er gehört zum guten Ton.

Für die breite Masse ist der Rundfunk nicht Spielerei, nicht Fimmel. Wir erkennen in ihm die größte Möglichkeit, den Werktätigen Wissen und Aufklärung zuteil werden zu lassen. Das Programm des heutigen Senders: «Eine Aktiengesellschaft», das aus Jimmy, Börsenbericht, Tenorvorträgen, unverständlichen, ja feindlichen Vorträgen besteht, ist nicht unser Programm. Wir Arbeiter haben eine eigene Auffassung über Kultur, die sich in dem politischen Kampf widerspiegelt.

Hinweg mit dem geistigen Zwischenhandel vom Mikrophon! Wir wollen Menschen hören, die unsere Sprache reden, die mit uns täglich, stündlich im Betriebe leiden, wir wollen wirklich schaffende proletarische Künstler. Was haben uns unsere Gewerkschaften zu sagen? was die Vertreter der werktätigen Massen, «unsere Politiker»? Wir wollen sie nicht nur in öffentlichen Versammlungen, wir wollen sie in Konferenzen, auf Tagungen hören, um sie besser zu verstehen. Was haben uns unsere Sport-, Wander-, Erziehungs- und sonstige proletarische Erziehungsorganisationen zu sagen? Hier ist ein Programm, das dem Wunsch der Massen entspricht. Wir sind uns darüber klar, daß keine «Aktiengesellschaft» es verwirklicht.

Gebt uns eigene Sender! – Erringt sie euch!

Harte Kämpfe werden um dieses kulturverbreitende Instrument ausgefochten werden. Einig und geschlossen werden sich die proletarischen Schichten und ihre Organe um den Arbeiterradioclub scharen, um den Rundfunk in ihren Dienst zu stellen.

(«Einer für viele», Zuschrift an «Die Rote Fahne», 22. November 1924)

~~~~~~

Die Forderung nach einem «Arbeitersender» wurde der wesentliche Punkt der Auseinandersetzungen zwischen dem Arbeiter-Radio-Klub und dem offiziellen Rundfunk, aber auch innerhalb der Arbeiter-Radio-Bewegung; nämlich zwischen ihren sozialdemokratischen und kommunistischen Mitgliedern und Funktionären. Die Forderung nach einem eigenen Sender war eine taktische Maximalforderung, gleichwohl war sie nicht völlig unrealistisch. Die Organisation des Rundfunks war noch nicht abgeschlossen, und es wären durchaus auch Organisationsformen möglich gewesen, in denen Platz für einen Sender der Arbeiterorganisationen gewesen wäre. Ausländische Vorbilder gab es: In Österreich betrieben die Gewerkschaften einen eigenen Sender; die holländische Arbeiter-Radiovereinigung verfügte an einem Abend der Woche über das Programm, das ausschließlich von den – vorwiegend politischen und konfessionellen – Hörerorganisationen bestritten wurde; in Frankreich wählten die Hörer ein Drittel der Mitglieder der lokalen Programmausschüsse; in Dänemark waren die Hörer im Senderat des staatlichen Rundfunks vertreten; und die Federation of Labour, die vereinigten Arbeiterverbände der USA, besaßen eine Rundfunkstation in Chicago.

Hans Bredow stellte dem Arbeiter-Radio-Klub wenigstens Versuchssender in Aussicht und versprach damit schon mehr, als seine Kompetenzen als mächtigster Rundfunkmann des Weimarer Staates erlaubten. Dem ARK-Vorsitzenden Hoffmann-Schmargendorf schrieb er (am 15. Juni 1925): «Jedenfalls können Sie sicher darauf rechnen, daß der Arbeiter-Radio-Klub einen oder mehrere Sender bekommt. Die Bedingungen werden jetzt ausgearbeitet.»

Aber Bredow hatte den ARK-Funktionären noch etwas anderes anzukündigen, nämlich Posten in den künftigen Aufsichtsgremien des Rundfunks: «In Kürze wird die Reichsregierung gemeinschaftlich mit den Länderregierungen den Rundfunkgesellschaften einen Kulturbeirat beigeben, der derartige Dinge (spezielle Sendungen für werktätige Hörer – P. D.) zu entscheiden haben wird. Bei diesem Kulturbeirat würden dann die Vertreter der Arbeiterkreise und die Arbeiterradioklubs ihre Programmwünsche durchzusetzen haben.»

Etwa zur gleichen Zeit beschwor die offiziöse Zeitschrift «Funk» die Gefahr, die durch die radiobastelnden Arbeiter dem Staat und der öffentlichen Ordnung erwüchsen:

«Weiter arbeitet die technische Sektion der operativen Internationale auch an dem Ausbau eines Sendenetzes im Ausland. Zu diesem Zweck sind leicht transportable Sender hergestellt, die bequem überall dort aufgestellt werden können, wo es nötig erscheint. Eine ganze Anzahl derartiger Sender ist für die Arbeiter-Radio-Klubs in Deutschland bestimmt. Ein Komintern-Fachmann hat sich dahin ausgesprochen, daß diese Sender verwendet werden sollen, um ein Vorwärtstreiben der Radio-Propaganda an die Etappenpunkte der Bourgeoisie in die Wege zu leiten.

Auch wird eifrig daran gearbeitet, überall an geeigneten Stellen Einrichtungen zum Abhören der Gespräche von den gewöhnlichen Drahtleitungen zu treffen, um die Telephongespräche von Regierungsstellen und Privatpersonen zu kontrollieren.

In Verbindung mit diesen Plänen ist es bemerkenswert, daß sich unter Führung des Kommunisten Hoffmann-Schmargendorf überall in Deutschland ‹Arbeiter-Radio-Klubs› gebildet haben, die sich eifrig mit der technischen Ausbildung ihrer Angehörigen beschäftigen und die Herstellung eines Sendenetzes über ganz Deutschland vorbereiten. Die Arbeiter-Radio-Klubs verlangen, wie aus verschiedenen Presseartikeln hervorgeht, die Erlaubnis von Radiosendern zu Versuchszwecken. (...)

Wird diese Erlaubnis einmal erteilt, so ist natürlich die Verwendung der Sender für die kommunistische Propaganda und die Herstellung von Verbindungen innerhalb des Landes und mit dem Auslande zum Zwecke des Landesverrates im Ernstfalle zu erwarten.»

Gleichzeitig beschwor die Zeitschrift «Funk» das Bild vom echten, unpolitischen Radiobastler: «Der echte Funkbastler denkt nicht daran, solche Genehmigungen zu mißbrauchen, sachliche Wißbegier und leidenschaftlichen Forscherdrang in den Dienst irgendeines ‹Interesses› zu stellen.» (Funk, April 1926).

~~~~~~

Der Arbeiter-Radio-Klub Deutschlands
(Nach Mitteilung einer N. St.) (Nachrichten-Stelle – P. D.)

Der Arbeiter-Radio-Klub Deutschlands e. V. hat seinen Sitz in Berlin, Oranienstraße 82. Die Reichsleitung umfaßt folgende Personen:

1.) 1. Vorsitzender: Oberpostsekretär Wilhelm Hoffmann, 2.11.76 Eicheldorf geboren, Berlin-Schmargendorf, Misdroyerstr. 42

2.) 2. Vorsitzender: Mechaniker Paul Kiessig, 22.9.91 Leipzig geb., Berlin N. Adolfstr. 12 s bei Hans

3.) 1. Schriftführer: Arbeiter Oskar Schaefer, 8.7.78 Berlin geb., Boxhagenerstr. 66

4.) 2. Schriftführer: Paul Richter, 19.5.89 Berlin geb., Berlin-Schöneberg, Feurigstr. 8

5.) 1. Kassierer: Frau Frieda Richter, Berlin, Wrangelstr. 33 (weitere Ermittlungen laufen)

6.) 2. Kassierer: Reinhold Franke, Arbeiter, 11.6.86, Tetschen (Böhmen) geb., Grünauerstr. 32

7.) 1. Beisitzer: Arbeiter Bruno Voigt, 15.9.95 Berlin geb., Hohenloherstr. 18

8.) 2. Beisitzer: Dipl. Ingenieur Richard Kurmisch, Suarezstr. 5 (weitere Ermittlungen laufen)

9.) 3. Beisitzer: Privatsekretär Erich Heintze, 1.7.01 Trebbin geb., Schöneberg, Feurigstr. 37

Intellektueller Leiter ist der unter 9.) erwähnte Heintze, der in der Zentrale der K.P.D. tätig ist. Der 1. Vorsitzende Hoffmann ist ebenfalls ein bekannter und rühriger Kommunist.

Organ der A.R.K.D. ist, nachdem der «Arbeiter-Funk» nach zweimaligem Erscheinen im August und Oktober 1924 aus Mangel an Mitteln eingegangen war, der seit dem 3.4.26 erscheinende «Neue Rundfunk», Zeitschrift des schaffenden Volkes mit «Bastelmeister» und Mitteilungen des A.R.K. Sein verantwortlicher Redakteur ist der als Kommunist bekannte Fritz Weigel, 17.2.90 in Wesselow geb., Charlottenburg, Am Lützow 10 wohnhaft, der bis November v. Js. Geschäftsführer der «Welt am Abend» war.

Die Mitgliederzahl des A.R.K. hatte im Jahre 1924 mit etwa 4000 Personen ihren Höchststand erreicht. Sein Aufleben verdankte der Verein neben dem allgemeinen Interesse der Arbeiterschaft am Rundfunk dem Umstande, daß bis zum 1. September 1925 die Postbehörden für jedes ungestempelte Röhren-Empfangs-Gerät eine besondere Audion-Versuchs-Erlaubnis verlangten. Hierzu war Vorbedingung die Ablegung einer besonderen technischen Prüfung, zu deren Abnahme wiederum nur ein besonderer Prüfungsausschuß in einem anerkannten Verein der Funkfreunde (z. B. «Funktechnischer Verein» oder «Deutscher Radio-Klub») bevollmächtigt war. Die Mitglieder hofften, daß der A.R.K. die erforderliche Anerkennung durch die Postbehörden erlangen würde.

Als diese Hoffnung fehlschlug und andererseits es die kommunistischen Mitglieder immer mehr verstanden, in die Vorstands- und Vertrauensstellen zu kommen und ihre Stellung und ihren Einfluß dazu benutzten, um ihre politischen Ideen bei den Mitgliedern zu verbreiten, trat eine starke Abwanderung ein. Zurzeit wird die Gesamtmitgliederzahl auf 800 bis 1500 geschätzt.

Der Arbeiter-Radio-Klub ist über das ganze Reich organisiert und zwar in der Form, daß entsprechend den 45 Oberpost-Direktionen die gleiche Anzahl von Bezirksgruppen gebildet bzw. in der Bildung begriffen sind. Ferner befinden sich in den größeren Städten, besonders in denen mit öffentlichen Sendern, Ortsgruppen. Die anfängliche Begeisterung für diese Ortsgruppen ist jedoch wegen der immerhin beträchtlichen Kosten für die Beschaffung von Funkgerät und der nicht unerheblichen Mitgliederbeiträge stark abgeflaut, so daß, um überhaupt diese Ortsgruppen aufrecht erhalten zu können, an manchen Stellen durch die örtlichen kommunistischen Leitungen 8 bis 10 Personen als Mitglieder des A.R.K. bestimmt wurden, wobei insbesondere auf Personen mit entsprechender Vorbildung (z. B. ehemalige Heeres-Funker) zurückgegriffen wurde. In Groß-Berlin bestehen z. Zt. 14 derartige Ortsgruppen, während 10 auswärtige Ortsgruppen bekannt sind.

Alljährlich einmal im ersten Quartal soll eine Reichskonferenz stattfinden, ebenso sollen die Bezirke jährlich einen Bezirkstag abhalten. Die Ortsgruppen sollen wenigstens einen Abend im Monat zusammenkommen. An diesen Abenden findet Unterricht im Morsen und außerdem theoretische wie praktische Unterweisung («Basteln») statt. Der Monatsbeitrag beträgt 0,75 Mk.

Am 7. und 8. März 1926 fand im Berliner Gewerkschaftshaus die 2. Reichskonferenz des A.R.K. statt, die u. a. auch von dem Vertreter Nowotny der österreichischen Arbeiter-Funkfreunde, von dem Russen Wostriakow und einem tschechoslowakischen Vertreter besucht wurde. Ferner soll am 1. März d. Js. in Moskau eine Konferenz der Radio-Freunde stattgefunden haben, bei dem Trotzki gesprochen haben und zu dem der A.R.K.D. Vertreter entsandt haben soll. Der 1. Vorsitzende der Reichsleitung Hoffmann hat weiter an einem im Februar d. Js. veranstalteten Kongress in Wien teilgenommen.

Hiernach kommt dem Verein, wenn er auch nach seinen Satzungen unpolitisch ist, zweifellos eine politische Bedeutung zu. Die Vereinigung würde eine Gefahr für die bestehende Ordnung bedeuten, wenn es der K.P.D. mittels dem A.R.K. gelingen sollte, etwa ein Sendenetz über Deutschland und seine Grenzen hinaus zu legen, da hierdurch die Verbreitung und Durchführung der Umsturz-Idee der Partei eine außerordentliche Erleichterung und Förderung erfahren müßte. Die Beschaffung beweglicher Sendestationen ist ohne weiteres möglich und es bestehen Anzeichen dafür, daß der A.R.K. bereits im Besitz solcher Stationen ist.

Zu beachten ist allerdings, daß sich das Senden, insbesondere in großen Städten, bei den vorhandenen öffentlichen starken Sendern schwierig gestalten würde, und daß technisch die Möglichkeit besteht, jede Sendung durch Zwischensenden mittels eines Telefunken-Senders unverständlich zu machen. Zurzeit verhandelt die Reichsleitung des A.R.K. mit dem Reichspostministerium wegen Genehmigung eines Übungssenders, es soll jedoch mit einer Ablehnung zu rechnen sein.

Der Arbeiter-Radio-Klub entfaltet im Reiche in den letzten Monaten eine lebhafte Tätigkeit. In dieser Bewegung hat die K.P.D. führenden Einfluß. Sie hat rechtzeitig erkannt, daß der Rundfunk ein gar nicht zu unterschätzendes Propagandamittel für die kommunistische Idee darstellt. Es ist beachtenswert, wie gerade in letzter Zeit die kommunistische Presse systematisch über die Notwendigkeit der Eroberung des Rundfunks schreibt. In diesen Artikeln wird stets darauf hingewiesen, daß ein drastisches Beispiel für die politische Wichtigkeit des Rundfunks die Tatsache gewesen sei, daß die englische Regierung bei Ausbruch des Generalstreiks die Anlagen der Radiogesellschaften beschlagnahmte, die Sender für ihre politischen Zwecke der Unterrichtung der Massen benutzte und somit die durch den Streik ausfallenden Zeitungen und Extrablätter ersetzte. Auch die deutsche Regierung würde im Falle der Gefahr den Rundfunk als eine Position allererersten Ranges betrachten, die sie im Falle der Gefahr besetzen würde, wie der Feldherr einen strategisch wichtigen Punkt bei Beginn der Schlacht umgehend besetzte.

(Bericht des Reichskommissariats für die Überwachung der öffentlichen Ordnung vom 15. Juli 1927; nach: Ich möcht' einmal am Sender stehn, hg. von Eberhard Droste u. a., Hamburg 1981, S. 64 ff)

Mit der Gründung der Reichs-Rundfunk-Gesellschaft und der Konzessionierung der Sendegesellschaften im Frühjahr 1926 rückte die Hoffnung auf einen Arbeitersender aus dem Bereich des politisch Möglichen. Der Arbeiter-Radio-Klub schuf sich ein anderes publizistisches Forum. Nach dem gescheiterten Versuch mit dem «Arbeiterfunk» 1924 brachte der ARK im April 1926 eine neue Zeitschrift heraus, die wöchentlich erschien und ein umfangreiches Rundfunkprogramm enthielt: «Der neue Rundfunk. Funkzeitschrift des schaffenden Volkes mit ‹Bastelmeister› und Mitteilungen des A.R.K.» Sie kostete 20 Pfennig pro Ausgabe oder 70 Pfennig monatlich. Über das Programm, das «Der neue Rundfunk» ankündigte und kritisierte, hieß es in der ersten Ausgabe: «Im Mittelpunkt steht die Musik. Es ist, als ob Musik das Zentrum vorstellt, um das das Leben in der Gegenwart kreist, Musik von der Sinfonie, dem Kammerkonzert und der Oper bis zum Walzer, Salonstück oder Jazz der üblichen Nachmittagskonzerte und der Tanzunterhaltungen. Die Welt im Rundfunk kennt keine Probleme des Tages, sie liegt abseits, sie weiß nichts von sozialen und wirtschaftlichen Fragen.»

Die technische Beilage «Bastelmeister» brachte in der Nr. 1 eine Bauanleitung für einen Detektorempfänger und einen Aufsatz «Vom Bastler und Basteln», der bereits auf die technische Möglichkeit des Fernsehens hinwies: «Außer dieser Möglichkeit, zu *lauschen*, was in den fernsten Erdteilen gesprochen bzw. gespielt wird, wächst eine neue heran: zu *sehen*, was sich an Stätten abspielt, die Zehntausende von Kilometern entfernt sind und die sein Fuß nie betreten hat.»

Ab Oktober 1927 hieß die Zeitschrift «Arbeiterfunk. Der neue Rundfunk» und kostete 25 Pfennige. Redakteure waren die Sozialdemokraten Linke und Brattskoven und der Kommunist Weigel.

«Aber wir haben noch anderes gemacht», berichtet Jan Koplowitz, Journalist und Mitglied des ARK in einem Interview, «wir haben zum Beispiel ein Programm gemacht im breslauer Konzertsaal, wie wir uns ein Rundfunkprogramm vorstellen. Also, wir haben sozusagen ein Muster gegeben: Was würde Arbeitern gefallen. Und das war eine sehr, sehr gute Sache, und wir haben das auch propagiert. Wir haben einfach eine Sendefolge aufgestellt und produziert. Produziert mit Künstlern der Ifa (Internationale für Arbeiterkultur), produziert mit Leuten von Agitationsgruppen, produziert mit fortschrittlichen Musikern, wie sie sich ein Rundfunkprogramm vorstellen … Das war gemacht in Form eines Konzertprogramms mit Sprecheinlagen. Wie hat denn damals der Rundfunk ausgesehen? Da gab's ein bißchen Tanzmusik, und dann gab's ein paar Vorträge, und dann gab's furchtbar viel Schallplatten. Das war ja ganz dürftig, was damals gekommen ist. Wir waren mit dieser mageren Kost nicht einverstanden.»

In der Diskussion um die politische Verfassung des Rundfunks wurden die jetzt eingerichteten Überwachungsausschüsse und Kulturbeiräte nicht als die staatlichen Zensurinstrumente erkannt, die sie waren, sondern der ARK begrüßte sie als Einrichtungen, die den selbstherrlichen Rundfunkleuten auf die Finger klopfen könnten. Man erhoffte von den Beamten in den Überwachungsausschüssen, daß sie im Programm die gröbsten Parteinahmen für die politische Rechte bremsen würden, vielleicht brächten sie – es waren ja auch Sozialdemokraten in die Ausschüsse gezogen – sogar Initiativen für ein wirklichkeitsnäheres Programm. «So wichtig die negative Betätigung des Überwachungsausschusses auch ist, so wird er nach unserer Meinung erst dann seiner Aufgabe ganz gerecht, wenn er positiv durch konkrete Vorschläge (Vortragsthemen und Referenten) die Programmgestaltung beeinflußt.» (Der neue Runkfunk, Oktober 1926)

Mehr noch versprach man sich von den Kulturbeiräten, in die neben Beamten auch «sachkundige Beisitzer» einziehen sollten. Im Arbeiter-Radio-Klub begannen Auseinandersetzungen darüber, ob auch der ARK sich darum bemühen sollte, Beisitzer benennen zu dürfen. «Der neue Rundfunk» schrieb euphorisch: «Die Kernzellen eines künftigen Radio-Parlaments werden die Kulturbeiräte bei den einzelnen Sendegesellschaften bilden können, wenn sich ihre Zusammensetzung einigermaßen mit den kulturellen und politischen Schichtungen des deutschen Volkes, vor allem seines dem Rundfunk angeschlossenen Teiles deckt.

Zu diesen Kulturbeiräten werden die Rundfunkhörer dann auch Vertrauen haben, an diese ihre Vertrauensleute werden sie sich mit ihren Wünschen und Beschwerden richten, und in ihnen werden sie auch Verständnis finden. Eine der wichtigsten Aufgaben, die der Kulturbeiräte harrt, wird es dann sein, dem künftigen Radioparlamentarismus die Wege zu bahnen.» (August 1926)

Mit den Wolkenkuckucksheimen, die sich einige ihrer Funktionäre in den Aufsichtsgremien des Rundfunks einzurichten versuchten, waren allerdings viele Mitglieder der Arbeiter-Radio-Bewegung nicht einverstanden. Der ARK-Vorsitzende Hoffmann-Schmargendorf beispielsweise faßte die Forderung nach Mitbestimmung sehr viel konkreter, als er im Oktober 1926 auf einer Protestversammlung seines berliner Bezirksverbandes sagte: «Der Arbeiter-Radio-Klub muß mit den Gewerkschaften, den Arbeiter-Kultur- und Sportorganisationen und Freidenkerverbänden eine Form finden, wie der Rundfunk in den Dienst der kulturellen Bestrebungen der Arbeiterschaft gestellt werden kann. Die Zusammensetzung der Kulturbeiräte darf nicht dem Ermessen einzelner Ministerialstellen überlassen bleiben. Ein Vorschlags- und Mitbestimmungsrecht muß von den Arbeiterorganisationen errungen werden.»

Als der Mitteldeutsche Sender in Leipzig 1926 dem Druck der Gewerkschaften von außen und dem der Sozialdemokraten in den Kontrollgremien nachgab und sogenannte «Volksabende» einführte, vornehmlich mit Texten politisch engagierter Schriftsteller, und als die Deutsche Welle eine «Arbeiterfunkstunde» schuf, die sie in der Zeit der Weltwirtschaftskrise dann folgerichtig in «Erwerbslosenfunk» umbenannte, bildete der ARK überall im Reich Abhörgemeinschaften, die das Programm gemeinsam hörten und diskutierten und ihre Kritik an die Programmgesellschaften, aber auch an den «Neuen Rundfunk» schickten. So wurden Ansätze einer proletarischen Rundfunkkritik entwickelt, die dann in der Zeitschrift – später: in den Zeitschriften – der Arbeiter-Radio-Bewegung einen wichtigen Platz einnahmen. Der Schriftsteller Karl Grünberg schrieb über diese Hörerschulung (1929 in «Unser Sender»): «In erster Linie muß das Urteilsvermögen der Hörer geschärft werden. Die Kritik soll die bei allen bildenden Veranstaltungen des kapitalistischen Staates in Erscheinung tretende Tendenz, die Massen auf dem Umweg über Kunst, Wissenschaft, Sport usw. ideologisch für das kapitalistische System einzufangen, anprangern. Die Kritik soll Urteils- und Auffassungsvermögen der Hörer stärken, um durch einen Druck auf die Sendestation Verbesserung des Programms zu erzielen. (…) Proletarische Rundfunkkritik ist eine Losung für die Arbeiterpresse, die sich angesichts der Massenbeteiligung aller

Bevölkerungsschichten am Rundfunk als dringend notwendig erweist.»

Eine auch für die politische Arbeit wichtige Sparte innerhalb der Arbeiter-Radio-Bewegung blieb die Bastelei. Ein Teil der Ortsgruppen des ARK schaltete sich mit selbstgebauter und selbstentwickelter Technik in die aktuellen politischen Auseinandersetzungen ein. Sie bauten Lautsprecheranlagen auf Lastwagen und Kleintransporter für Demonstrationen, Kundgebungen und Wahlveranstaltungen oder Grammophonverstärker für Hinterhofkonzerte oder für Agitationsveranstaltungen auf Dörfern. 1929 schrieb «Arbeiterfunk. Der neue Rundfunk»: «Die ‹roten Techniker› sollen helfen, den Rundfunk praktisch in den Dienst der gesamten Arbeiterbewegung zu stellen. Sie sollen das nötige Gerät entwickeln und stets bereithalten, das dazu dient, die Wirkung unserer Demonstrationen durch zahlreiche Lautsprecher und Verstärkeranlagen zu vergrößern, schöne Feste und Darbietungen aus der Arbeiterschaft zu übertragen, bei Wahlen und anderen Werbeaktionen in Stadt und Land auch mit fahrbarem Gerät kräftig einzugreifen.»

«Guten Abend, Baierle. Du kommst wie gewöhnlich drei Minuten vor Schluß der Sitzung.»

«Allmählich habt ihr euch wohl daran gewöhnt. Was pfuscht ihr denn bloß an dem Apparat herum? Der geht doch viel zu laut!»

«Das ist kein Empfänger, Baierle, unsere Mitglieder reparieren die Verstärkeranlage des Arbeiter-Radio-Bundes. In letzter Zeit wurde sie viel von den Arbeiterorganisationen benutzt, jetzt muß sie nachgeprüft werden.»

«Ach, ist das vielleicht die Anlage, die während der letzten Demonstration in Tätigkeit war?»

«Richtig. Wir hatten sie während des Umzuges auf einen Wagen gebaut, spielten Schallplatten der neuen Truppe und verstärkten die Rede unseres Reichstagsabgeordneten.»

«So eine Anlage kostet doch sicher mehrere tausend Mark! Könnt ihr mir nicht eure Geldquellen verraten?»

«Ja, wenn wir die Anlage fertig gekauft hätten, würde sie sicher so viel kosten. Aber wir haben sie doch selbst gebaut, dadurch kostet sie etwa die Hälfte von dem, was die Industrie verlangt. Für eine kleine Gebühr stellen wir sie jetzt den Arbeiterorganisationen zur Verfügung.»

«Gehören denn alle Apparate, die hier herumliegen, dazu?»

«Baierle, ein richtiger Bastler wirst du nie werden. Diese Apparaturen sind ganz einfache Empfänger, die wir für unsere soziale Radiohilfe gebaut haben. Wir stellen sie Schwerbeschädigten kostenlos zur Verfügung.»

«Ach ja, neulich war ja jemand bei mir, der sich meinen Apparat mal ansehen wollte. Ich hatte euch geschrieben, daß ich wieder mal nichts hören kann.»

«Nein, das war nicht die soziale Radiohilfe, das war die Funkhilfe. Von ihr werden die Empfangsanlagen nur nachgeprüft.»

«Und wenn ich mir mal selber einen Empfänger bauen will?»

«Das mach mal, Baierle! Bringe deine Siebensachen hierher, und du sollst sehen, wir bauen mit dir einen neuen, pikfeinen Empfänger.»

«Oh ja.»

«Aber du mußt dir selber dabei deine Finger verbrennen. Denn das hätte ja keinen Zweck, weißt du, wenn der einzelne dabei nichts lernen würde.»

«Ja, natürlich.»

«Wir führen unsere Mitglieder in die Radiotechnik ein, dadurch lernen sie ihre Apparate zu verbessern.»

«Ja, verbessern tun eure Mitglieder anscheinend dauernd. Überall liegt der ‹Arbeiterfunk› aufgeschlagen, und nach seinen Angaben wird wohl verbessert?»

«Das trifft auch zu. Aber darum allein wird der ‹Arbeiterfunk› nicht gelesen. Er hat außer dem vorzüglichen technischen Teil die beste Programmbeilage aller Funkzeitschriften. Der ‹Arbeiterfunk› bringt vor allem Artikel, die zur Rundfunkpolitik Stellung nehmen.»

«Das nenne ich Arbeit im Sinne sozialistischer Weltanschauung! Und nachdem ich eure technischen Leistungen gesehen habe, erkenne ich, wie hoch die kulturelle Bedeutung des Arbeiter-Radio-Bundes einzuschätzen ist. Es bleibt eure Aufgabe, die arbeitende Bevölkerung anzuregen, am Rundfunk mitzuarbeiten. Ihr habt noch viel zu tun! Seid euch eurer Verpflichtung bewußt! Heute seid ihr noch nach Zehntausenden zu zählen, morgen könnt ihr Hunderttausende und Millionen sein! Keiner von uns darf abseits stehen! Beleben wir die Zeit, dann beleben wir den Rundfunk. Die Aufgaben des Arbeiter-Radio-Bundes weisen in die Zukunft. Wir alle stehen deshalb in seinen Reihen in der Front des sozialistischen Befreiungskampfes. Der Arbeiter-Radio-Bund kämpft für euch! Vergeßt das nie!»

(«Was will der Arbeiter-Radio-Bund?» Werbe-Schallplatte des ARB, 1928)

Gelegentlich wurden die schwelenden Konflikte zwischen Sozialdemokraten und Kommunisten in der Arbeiter-Radio-Bewegung ganz handfest ausgetragen. Als im Oktober 1928 der Redakteur der SPD-Zeitung «Vorwärts», Wolfgang Schwarz, einen Vortrag im berliner Rundfunk halten sollte, holten ihn Mitglieder der KPD in einem Auto ab, das die Aufschrift «Gästewagen der Funkstunde AG» trug und brachten ihn aus der Stadt. Inzwischen sprach an seiner Stelle der kommunistische Landtagsabgeordnete Schulz vor den Mikrofonen für das Volksbegehren gegen den Bau von Panzerkreuzern.

Gleichwohl bemühten sich die Funktionäre des Klubs, die Widersprüche, die sich auch in Auseinandersetzungen darüber äußerten, mit welchen Mitteln und mit welchem Ziel versucht werden sollte, Einfluß auf den Rundfunk zu nehmen, nicht offen zum Ausbruch kommen zu lassen. Der sozialdemokratische Schriftführer des Klubs, Fitz Segall, schrieb im «Neuen Rundfunk»: «Innerhalb des ARK wird die Propagandaarbeit besonders schwierig, weil sich in ihm mehrere politische Strömungen vereinigen. Die Propagandaleitung erkennt derartige Unterschiede niemals an. Es existiert für sie nur eine proletarische Bewegung, die die kulturpolitische Bedeutung des Rundfunks erkannt hat und bemüht ist, den ihr zu Unrecht vorenthaltenen Einfluß zu gewinnen. (...) Die Betonung der proletarischen Einheit darf nicht Utopie bleiben. (...) Der Rundfunk ist sicherlich das geeignete Mittel, den proletarischen Befreiungskampf zu erleichtern. Jeder proletarische Funkfreund, jede noch so sehr gebundene Parteidisziplin sollte erkennen, daß gerade deshalb die vom ARK ausgehende Bewegung gewinnen und darum unterstützt werden muß.»

Anfang 1928 benannte der Arbeiter-Radio-Klub sich um in «Arbeiter-Radio-Bund Deutschland e. V.» (ARBD). Seine Zeitschrift «Arbeiterfunk. Der neue Rundfunk» veröffentlichte im Mai 1928 anläßlich der bevorstehenden Wahlen zum Reichstag einen Katalog von Forderungen:

«1. Herabsetzung der Rundfunkgebühren auf die Hälfte.

2. Gebührenfreiheit für die Blinden, Schwerbeschädigten und die Erwerbslosen.

3. Äußerste Beschränkung der Vorzensur der Rundfunksprecher.

4. Öffnung des Rundfunks für die politischen Parteien in paritätischer Weise, Berücksichtigung der Parteien nach ihrer Stärke. Übertragung allgemein interessierender Parlamentssitzungen.

5. Berücksichtigung aller republikanischen Festtage im Rundfunk durch Feiern mit zuverlässig republikanischen Rednern.

6. Abschaffung der kirchlichen Feiern im Rundfunk oder wenigstens paritätische Zulassung der Religionsgemeinschaften und der Freidenker.

7. Ausschluß jeder Reklamedarbietung im Rundfunk während der Hauptsendezeiten.

8. Berücksichtigung besonders erwerbsloser, tüchtiger Künstler und Wissenschaftler bei den Darbietungen der Sendegesellschaften, Ausschaltung sogenannter Prominenter mit unverschämten Honorarforderungen.

9. Veröffentlichung des finanziellen Gebarens und Standes der Rundfunkgesellschaften in verständlicher Form.

10. Freigabe des Rundfunkhörens für die Insassen von Strafanstalten. (...)

12. Freigabe von Versuchssendern auch für ernsthafte Amateurgruppen.»

Die Forderung nach «zuverlässig republikanischen Rednern» bei «republikanischen Festtagen» war nicht so selbstverständlich wie sie klingt. Als am 1. Mai 1927 der Gewerkschafter und linke Sozialdemokrat Aufhäuser im Rundfunk sprach, wurden wegen «technischer Schwierigkeiten» die Sender abgeschaltet.

Auf den Forderungskatalog des «Arbeiterfunks» reagierte die SPD bzw. deren Reichsausschuß für sozialistische Bildungsarbeit mit einem wohlmeinenden Antwortbrief an die Redaktion:

«Unsere Losung war (...) von jeher: praktische Mitarbeit an den Rundfunkprogrammen, Umgestaltung und Ausbau der Programme im Sinne der werktätigen Bevölkerung. Wir fordern auf diesem Gebiet nicht nur Parität, sondern bevorzugte Berücksichtigung der Kulturinteressen der breiten Massen, die die Mehrheit der Bevölkerung bildet. Der Rundfunk ist zur Hebung des geistigen Niveaus der Massen da, denn die geistigen Interessen des Bürgertums sind im heutigen Staat genügend gewahrt, während der Arbeiterbevölkerung in dieser Beziehung noch längst nicht alle Tore offenstehen. (...) Wir betonen das alles, um damit zu zeigen, welch hervorragendes Interesse die Sozialdemokratische Partei am Rundfunk nimmt, und wie sie bestrebt ist, überall, wo es nur möglich ist, für die Interessen der werktätigen Bevölkerung mit Erfolg zu wirken. Wenn in dieser Hinsicht weitergearbeitet werden soll, so bedarf es dazu einer starken Sozialdemokratischen Partei, die die beste Gewähr dafür bietet, daß auch der Rundfunk der Arbeiterschaft mehr und mehr erschlossen wird. Nach diesen allgemeinen Darlegungen über unsere Stellung zum Rundfunk gestatten wir uns, zu Ihren Forderungen im einzelnen folgendes zu bemerken.

1. Ihre Anregung, für die Herabsetzung der Rundfunkgebühren einzutreten, findet durchaus unsere Sympathie. Diese Frage müßte im Zusammenhang mit der verschiedenartigen Leistungsfähigkeit der Rundfunkhörer geprüft werden. (...)

4. Öffnung des Rundfunks für die politischen Parteien in paritätischer Weise ist eine Forderung, die wir bisher bei jeder Gelegenheit mit größter Entschiedenheit verfochten haben. Heute steht der Rundfunk unter dem Deckmantel angeblicher politischer Neutralität immer noch zu sehr im Dienst der kapitalistisch-bürgerlichen Ideologie, während die Interessen des Proletariats zu kurz kommen. (...)

12. Der Freigabe von Versuchssendern für ernsthafte Amateure stimmen wir zu. Gegen etwaige mißbräuchliche Verwendungen lassen sich sicher Garantien schaffen. Vor allem aber sind wir dafür, daß gegebenenfalls auch den Arbeiterorganisationen, insbesondere dem Arbeiter-Radio-Bund, das Recht der Einrichtung eines Versuchssenders nicht vorenthalten wird.

Hoffen wir, daß die Wahlen zu einer derartigen Verschiebung der innenpolitischen Kräfte führen, daß es dadurch ermöglicht wird, im neuen Reichstag erfolgreich im Sinne dieser Forderungen zu wirken.»

Im Reichstag allerdings wurde die Forderung nach Senkung der Rundfunkgebühren von der SPD fallengelassen, und auch bei der Frage nach der Freigabe von Kurzwellensendern siegte bei der SPD das vermeintliche Staatsinteresse. Der Postminister Dr. Schätzl erklärte: «Die Frage der Freigabe der Kurzwellensender ist nach wie vor in Behandlung. Diese Angelegenheit wird von den verschiedenen Reichsressorts durchaus sachgemäß bearbeitet. Federführend dabei ist das Reichsministerium des Innern. Kurzwellensender können nicht freigegeben werden. Bei dieser Erklärung bleibe ich.»

Sendeanlagen rechter Organisationen wurden weniger genau beobachtet. Die KPD-Fraktion im Reichstag meinte, daß 1929 etwa 1500 Schwarzsender in Betrieb gewesen wären. Vor allem die Reichswehr versuchte, über Beauftragte im Deutschen Funktechnischen Verband ein Netz von Kurzwellensendern aufzubauen.

Trotz der behördlichen Beschränkungen begann die Arbeiter-Radio-Bewegung, besondere Kurzwellengruppen einzurichten; Mitglieder des Roten Frontkämpferbundes der KPD und des Reichsbanners von Gewerkschaften und SPD wurden aufgerufen, in diesen Gruppen morsen und funken zu lernen.

Die Bemühungen, den Arbeiter-Radio-Bund als gemeinsame Organisation für die Mitglieder der verfeindeten SPD und KPD aufrechtzuerhalten, scheiterten 1929; es entstanden zwei konkurrierende Verbände. Für die sozialdemokratischen Funktionäre im ARB fiel mit der Spaltung ein wesentliches Korrektiv fort; sie zogen in die staatlichen Gremien und wurden auch mal vor das Mikrofon geladen. Die kommunistische Abspaltung, der «Freie Radio-Bund», erhob die alte Forderung nach einem eigenen Sender zu seiner Maxime – jetzt aber als politisches Maximalprogramm ohne Aussicht auf Durchsetzbarkeit.

Fritz Lewy: Der Bastler, 1925

Aetherträume:
Rundfunk in der Dichtung

Dem Rundfunk ist entgegengeträumt worden wie anderen Medien und Maschinen auch. Seine utopische und literarische Vorgeschichte begann, längst bevor er, ordentlich nach Frequenzen und Gebühren sortiert, an die Öffentlichkeit trat.

Die künstlichen Menschen des 18. Jahrhunderts konnten Flöte spielen, Trompete blasen, sich zu kompletten Orchestern versammeln. Musikmaschinen waren in der Lage, mittels Walzen, Luftströmen oder Metallzungen für stets mit Staunen quittierte Unterhaltung zu sorgen.

Zur gleichen Zeit experimentierte der Mystiker Swedenborg mit Gedankenübertragung: Feuersbrünste etwa sollten Hunderte von Kilometern entfernt schon Tage vor ihrem Ausbruch wahrgenommen worden sein; Botschaften wurden telepathisch übermittelt, wenn die richtigen «Medien», nämlich medial veranlagte Menschen, zur Stelle waren.

Das alles wurde gern aufgegriffen von den technischen Utopien und den literarischen Spekulationen des 18. und 19. Jahrhunderts.

Waren und Nachrichten, zum Beispiel Nachrichten über Waren, bewegten sich auch in der Wirklichkeit nun schneller und schneller. Die Blitzpost transportierte privilegierte Depeschen mit fast fliegenden Pferden. Und bald sprang der Telegraf ein. Das «Wolff'sche Telegraphen-Bureau», in Deutschland zuständig für alle Arten von Nachrichten, hatte bald gemerkt, daß Meldungen nicht nur nach ihrem Informations-, sondern vor allem nach ihrem Geschwindigkeitswert honoriert werden.

Dem Realismus der Agenturen und technischen Talente stand die literarische Verarbeitung der aufziehenden Kommunikationstechnik in grotesker Weise gegenüber. Dabei geht die utopische Literatur des vorigen Jahrhunderts mit dem erwarteten Medium schonender und angemessener um als die gesinnungsutopische der zwanziger Jahre unseres Jahrhunderts, die mit dem Radio schon Bekanntschaft hatte schließen können.

Die Verne, Wells oder Bellamy waren noch mehr von den technischen Möglichkeiten angetan, die sie sich ausdachten, als die neusachlichen Fortschrittsschwärmer oder die Verständigungspropheten, die dem Funk ihre weltumspannenden Verbesserungsvorschläge aufhalsten.

Ein Beispiel utopischer Radioliteratur stammt aus Edward Bellamys «Ein Rückblick aus dem Jahr 2000» und wurde 1887 veröffentlicht.

Bellamys Argument, die freie Wahl unter lauter reproduzierten musikalischen Spitzenleistungen befreie die Ohren von den Zufällen mittelmäßiger Konzertaufführungen, überdauerte bis heute in der Werbung für Hi-Fi-Geräte.

Im Musikzimmer

Als wir nach Hause kamen, war Doktor Leete noch nicht zurückgekehrt, und Frau Leete befand sich auf ihrem Zimmer.

«Lieben Sie Musik, Herr West?» fragte Edith.

Ich versicherte ihr, daß nach meiner Ansicht Musik das halbe Leben sei.

«Ich müßte eigentlich wegen meiner Frage um Entschuldigung bitten», sagte das junge Mädchen. «Heutzutage pflegt man diese Frage gar nicht zu stellen. Allein ich habe gelesen, daß es zu Ihrer Zeit sogar unter den Gebildeten Leute gab, die von Musik nichts wissen wollten.»

«Ein Grund entschuldigt dies», sagte ich. «Es gab zu meiner Zeit Musik, die ganz unkünstlerisch war.»

«Das weiß ich», sagte sie, «und ich glaube fast, daß solche Musik auch nicht nach meinem Geschmack gewesen wäre. Möchten Sie vielleicht jetzt etwas von unserer Musik hören, Herr West?»

«Ihnen zu lauschen, würde mir die größte Freude sein», erwiderte ich.

«Mir!» rief Edith lachend aus. «Dachten Sie, ich wollte Ihnen etwas vorspielen oder vorsingen?»

«Gewiß, das hoffte ich», versetzte ich.

Da Edith bemerkte, daß ich etwas verwirrt, ja beschämt war, unterdrückte sie ihre Heiterkeit. «Natürlich», sagte sie, «singen wir heutzutage alle; das Singen gilt als selbstverständlich für die Ausbildung der Stimme. Manche Leute lernen auch zu ihrem persönlichen Vergnügen ein Instrument spielen. Allein unsere Leistungen stehen an Schönheit und Vollendung hinter denen der Musiker von Beruf zurück, und es ist uns so leicht, uns den von ihnen gebotenen Kunstgenuß zu verschaffen, daß wir uns nicht einfallen lassen, unser Singen und Spielen überhaupt als Musik zu betrachten. Alle wirklich guten Sänger und Spieler stehen im Dienst der Nation, und wir übrigen verhalten uns meist still. Aber möchten Sie tatsächlich etwas Musik hören?»

Ich versicherte Edith aufs neue, daß mir dies ein großes Vergnügen bereiten würde.

«Bitte, kommen Sie dann mit mir in das Musikzimmer», sagte sie. Ich folgte ihr in ein Gemach ohne Tapeten, Vorhänge und Portieren; die Wände hatten Holztäfelung, und der Fußboden war spiegelblankes Parkett. Ich war darauf gefaßt, ganz neue Arten von Instrumenten zu erblicken, allein ich konnte im Zimmer absolut nichts entdecken, was man selbst mit dem größten Aufwand von Einbil-

MUSIC BY ELECTRIC TELEGRAPH.

HANOVER SQUARE · PHIL HARMONIC · EXETER HALL

Illustration zu
Edward Bellamy:
Ein Rückblick aus
dem Jahr 2000

dungskraft für dergleichen hätte halten können. Augenscheinlich amüsierte mein verdutztes Gesicht Edith höchlich.

«Bitte, werfen Sie einen Blick auf das heutige Programm», sagte sie, indem sie mir eine Karte reichte, «und sagen Sie mir, was Sie am liebsten hören möchten. Nur bitte ich zu beachten, daß es jetzt fünf Uhr ist.»

Die Karte trug das Datum: «Den 12. September 2000» und enthielt das größte Konzertprogramm, das mir je vor Augen gekommen war. Es war ebenso reichhaltig wie lang und bot eine schier endlos scheinende Reihe von Soli, Duetten und Quartetten für Vokal- und Instrumentalmusik, dazu viele Kompositionen für Orchester.

Die riesige Liste verblüffte mich aufs äußerste. Da wies Ediths rosige Fingerspitze auf eine besondere Abteilung hin, die den Vermerk trug: «Fünf Uhr nachmittags». Es wurde mir nun klar, daß das ungewöhnliche Programm für den ganzen heutigen Tag galt und in vierundzwanzig Abteilungen zerfiel, die den Stunden entsprachen. Die Abteilung «Fünf Uhr nachmittags» enthielt nur eine kleine Anzahl von Stücken, von denen ich eine Orgelkomposition anhören wollte.

«Es freut mich, daß Sie die Orgel lieben», sagte Edith zu mir, «ich kenne kein zweites Instrument, das so sehr jeder meiner Stimmungen zusagt.»

Sie ließ mich auf einem bequemen Sessel Platz nehmen, ging nach der anderen Seite des Zimmers und – wie es mir schien – drückte hier nur auf einen oder zwei Knöpfe. Sofort ward das Gemach mit den erhabenen Klängen eines Orgelchors erfüllt – erfüllt und nicht durchbraust, denn durch irgendeine Vorrichtung war die Stärke der Töne genau der Größe des Raumes angepaßt. Mit angehaltenem Atem lauschte ich der Musik bis zu Ende. Ich hatte nicht im entferntesten erwartet, ein so herrliches Werk so vorzüglich vorgetragen zu hören.

«Prachtvoll!» rief ich aus, nachdem die letzte mächtige Tonwelle langsam verklungen war. «Ein Bach muß diese Orgel gespielt haben, aber wo befindet sie sich?»

«Bitte, gedulden Sie sich noch einen Augenblick», sagte Edith. «Ehe Sie weiterfragen, möchte ich gern, daß Sie noch diesen Walzer hören; ich finde ihn nämlich ganz allerliebst.»

Während sie noch sprach, schwebten auch schon Geigentöne durch das Zimmer und schufen hier den Zauber einer Sommernacht.

Nachdem der Walzer verklungen war, wendete sich Edith zu mir. «Die Musik, die Sie soeben gehört haben, ist durchaus nicht geheimnisvoll und märchenhaft. Nicht Feen und Elfen spielen sie, sondern gute, ehrliche und außerordentlich geschickte Menschenhände. Wie auf alles andere, so haben wir auch auf die Musik den Grundsatz übertragen, durch das Zusammenwirken der geeignetsten Kräfte mit Arbeitsersparnis das Höchste zu leisten. Die Stadt besitzt eine Anzahl von Musiksälen, deren Akustik den verschiedenen Arten der Musik genau angepaßt ist. Diese Säle sind durch Telephon mit allen Häusern der Stadt verbunden, deren Bewohner einen unbedeutenden Betrag entrichten. Sie können überzeugt sein, daß es in ganz Boston niemand gibt, der nicht angeschlossen ist. Jeder Saal hat seinen Stab von Musikern, der so zahlreich ist, daß das Tagesprogramm der dort aufgeführten Werke volle vierundzwanzig Stunden ausfüllt, obgleich jeder Solist und jede Gruppe von Musikern nur bei wenigen Nummern mitwirken. Wenn Sie sich die Karte ansehen, so werden Sie bemerken, daß sie das Programm für vier Konzerte enthält. Jedes einzelne davon ist einer besonderen Musikgattung gewidmet und findet gleichzeitig mit den übrigen statt. Sie können jedes der vier Stücke hören, die gerade jetzt gespielt werden, sobald Sie auf den Knopf drücken, dessen Leitung Ihr Haus mit dem Musiksaal verbindet, wo das ausgewählte Werk aufgeführt wird. Die Programme sind derartig zusammengestellt, daß die gleichzeitig gespielten Stücke eine große Auswahl bieten, und zwar nicht nur von Instrumental- und Vokalmusik und den verschiedenen Instrumenten, sondern auch der mannigfaltigsten Motive, von den ernstesten bis zu den heitersten. Auf diese Weise können jeder Geschmack und jede Stimmung befriedigt werden.»

«Es scheint mir, Fräulein Leete», sagte ich, «daß wir zu meiner Zeit geglaubt hätten, den Gipfel der menschlichen Glückseligkeit erklommen zu haben, wäre es uns gelungen, eine Einrichtung wie diese zu ersinnen. Nämlich daß jeder in seinem Heim Musik hören konnte, die nicht nur vollendet in ihrer Ausführung und unabhängig von einer bestimmten Veranstaltung war, sondern auch jeder Stimmung angemessen, und die nach Belieben des Zuhörers anfing und endete. Es scheint mir, daß wir bei diesem Wirklichkeit gewordenen Märchen darauf verzichtet hätten, nach weiteren Verbesserungen zu streben.»

«Ich konnte mir bisher nie recht vorstellen», sagte Edith, «wie der altmodische Musikgenuß von denen Ihrer Zeitgenossen ertragen werden konnte, die musikalisch waren. Eine Musik, die des Anhörens wirklich wert war, blieb den Massen ganz unerreichbar. Ja, selbst die Bevorrechteten konnten gute Musik nur

mit großen Unbequemlichkeiten und außerordentlichen Kosten hören, und das obendrein nur während einer kurzen Zeit, die von einem Dritten nach Belieben bestimmt wurde. Zu alledem mußte man noch viele andere Unannehmlichkeiten in Kauf nehmen. Ihre Konzerte, Ihre Opern, du lieber Himmel! Sie mußten einen Menschen zur Verzweiflung bringen! Um ein oder zwei Musikstücke nach seinem Geschmack zu hören, war man gezwungen, stundenlang dazusitzen und eine Musik über sich ergehen zu lassen, die einem nicht gefiel. Bei Tisch braucht man die Gänge nicht zu nehmen, die man nicht gern ißt. Auch der Hungrigste würde nicht gern an einer Mahlzeit teilnehmen, wenn er alles essen müßte, was auf den Tisch käme. Und ich bin überzeugt, daß das Gehör des Menschen nicht weniger empfindlich ist als sein Geschmack. Weil es so schwer war, sich wirklich gute Musik zu verschaffen, so meine ich, ertrug man zu Ihrer Zeit im eigenen Hause das Spiel und den Gesang von Leuten, die nur die Anfangsgründe der Musik beherrschten.»
(Edward Bellamy: Ein Rückblick aus dem Jahr 2000, Frankfurt/Main 1973, S. 88 ff, S. Fischer Verlag)

Das Radio mußte erst erfunden werden, bis alle latenten weltumspannenden Heilspläne der zwanziger Jahre darauf projiziert werden konnten.

Je konkreter das neue Medium sich einrichtete, desto abstrakter, so scheint es, gerieten die Radio-Phantasien.

Das Medium wird dabei vollständig überfordert. Aus der Distanz des Schriftstellers, der den technischen Vorgang der Multiplikation seines Manuskripts gern verdrängt, wird das Empfangsgerät zum magischen Koffer, aus dem das höchste Glück oder das entsetzlichste Unglück quillt. Immer schön am Medium vorbei entsteht in der Weimarer Republik eine Zustimmungs- oder Ablehnungsliteratur, bis der Rundfunk genauso gleichgeschaltet ist wie alle anderen Medien auch. Es gibt ein paar Ausnahmen, vor allem Brecht und Benjamin, die sich ihre Hoffnungen und Utopien zumindest im ständigen Umgang mit dem neuen Medium geleistet haben.

Stellvertretend für eine riesige Schar kulturpessimistischer Rundfunkspezialisten steht Hermann Hesse:

«Wenn Sie dem Radio zuhören, so hören und sehen Sie den Urkampf zwischen Idee und Erscheinung, zwischen Ewigkeit und Zeit, zwischen Göttlichem und Menschlichem. Gerade so, mein Lieber, wie das Radio die herrlichste Musik der Welt zehn Minuten lang wahllos in die unmöglichsten Räume wirft, in bürgerliche Salons und in Dachkammern, zwischen schwatzende, fressende, gähnende, schlafende Abonnenten hinein, so, wie er diese Musik ihrer sinnlichen Schönheit beraubt, sie verdirbt, verkratzt und verschleimt und dennoch ihren Geist nicht ganz umbringen kann – gerade so schmeißt das Leben, die sogenannte Wirklichkeit, mit dem herrlichen Bilderspiel der Welt um sich, läßt auf

Händel einen Vortrag über die Technik der Bilanzverschleierung in mittleren und industriellen Betrieben folgen, macht aus zauberhaften Orchesterklängen einen unappetitlichen Töneschleim, schiebt seine Technik, seine Betriebsamkeit, seine wüste Notdurft und Eitelkeit überall zwischen Idee und Wirklichkeit, zwischen Orchester und Ohr.»

(Der Steppenwolf, o. O. 1947, S. 282)

Der kölner Intendant Ernst Hardt borgte sich für einen 1928 gehaltenen Vortrag «Arbeiterschaft und Rundfunk» das Sonett eines Fabrikschreiners aus Stolberg aus. Karl August Düppengießer, der dieses Gedicht schrieb, faßt zusammen, nicht ohne reichlich Gebrauch von Wagnerschen W-Alliterationen zu machen, was in den höheren Etagen an Rundfunkidiotie so zusammengesponnen wurde. Angeblich soll sich in diesem Werk die «Sehnsucht der Arbeiterschaft» nach Kulturgenuß aussprechen:

Radiowelle

Mein Arm ist schon Antenne, fühlt das Weben
Wunderwellen, fühlt das Wollen jener Welt
Des Niegeschauten, die zur Hoffnung mich erhellt,
zum Glauben an ein menschlich ungebornes Leben.

Völker, Millionen kraftbewußte Leben,
deren Wahrheitsglaube man vergällt,
Dir Welle, hungrig in den Weg gestellt,
lauschend hoffnungsgroße Ohren heben.

Sei, Welle, deiner Vielgewalt bewußt,
und webe du, die alle uns umschlingt,
am Weltensteuer – dir von hoher Hand vertraut –
dem Geist die neue, weite Menschenbrust.

Dann dir dein tiefes Wollen auch gelingt:
Der Mensch, die Welt, die ich fern der Zeit geschaut.

(Ernst Hardt: Arbeiterschaft und Rundfunk,
in: Rundfunkjahrbuch 1929, Berlin 1930, S. 228)

Auch in dem um einiges weniger pathetischen Gedicht des breslauer Rundfunkintendanten Friedrich Bischoff aus dem Jahr 1927 geht es nicht ohne die komplette Weltkugel:

Hallo! Hier Welle Erdball!

Hallo! Hier Welle Erdball! Symphonie der Zeit!
aus dem Äther schwingt sie, schwillt sie donnernd heran.
Es geht nicht um Himmel, Hölle und Ewigkeit,
aber Euch, die ihr hört, geht es an.

Bruchstücke, Wortfetzen, Augenblicke,
aufleuchtende, wieder verdämmernde Menschengeschicke.
Jagd nach Glück, Kampf um Geld und Besitz,
es klingt vorüber, zuckt auf Blitz um Blitz.

Bitte suchen Sie nicht nach Zusammenhängen.

Alles soll einfach sein, ohne Kunst, hörbares Leben,
aus dem ersten Knockout soll sich kein Drama ergeben,
aus dem zweiten kein Lustspiel, aus dem dritten kein rührsam Gedicht.

Empfangen Sie bitte das ganz wie einen Zeitungsbericht.

Wählen Sie aus, was Ihnen am besten gefällt,
der Erdball meldet sich! Symphonie der Welt!

London – Fußballmatch, Japan, Urwaldkampf,
Ministerkrise, die Straße in Lärm und Gestampf,
Zwischendeckpassagiere, Amerikareise,
ruhlos dreht sich die Erde im Kreise.

Achtung! Einschalten zum ersten Bild:
Maschinen rasen! Das Telephon schrillt!
Gut so! Wir fangen an! Alles am Ort?
Hallo! Hier Welle Erdball! Wer dort?

(Die Dramaturgie des Hörspiels, in:
Rundfunkjahrbuch 1929, Berlin 1930, S. 202)

1931 sieht Geno Ohlischlaeger für eine Hörfolge das bis dahin über den Funk Gedichtete durch und staunt, überrascht von der Fülle des Stoffes: «Kaum einer der Schriftsteller (...) hatte nicht schon den Rundfunk bedichtet, und schließlich fand sich eine solche Menge von Arbeiten, daß ich sie gar nicht alle in meiner Hörfolge unterbringen konnte.»

Das ist aber auch gut so, sonst hätten die Hörer womöglich noch mehr solcher Poesie geboten bekommen, wie das folgende «Orpheus vernimmt ein Mikrophon» von Arthur Silbergleit.

Und Orpheus ward erweckt von Ätherwellen
Und ließ, zu neuer Pilgerschaft bereit,
Auf schwingenbreitem Aar sich niederschnellen
Und lauschte dem Orchester unsrer Zeit.

Und staunte auf: er fand es eingefangen
In einem Kästchen, kaum fünf Finger schmal,
Aus dem gestuft der Menschen Stimmen schwangen
Als Alltagssprache, Strophe und Choral ...

Und Orpheus staunte auf, jäh überwältigt,
Und er, der ewig Hymnenfrohe, schwieg;
Ihm schien sein Urlied jetzt vertrauensfältigt,
Geformt zu einer neuen Weltmusik.

(Nach: Geno Ohlischlaeger: In den Spiegeln der Dichter,
in: Rufer und Hörer, Jg. 2, Nr. 1, S. 37 f)

«Wir funken rot» von Egon Erwin Kisch ist nicht gerade ein poetisches Meisterwerk. Und die 1930 geäußerte Vermutung «Bald aber gehört uns die Rundfunkwelle» war ganz und gar unbegründet. Mag es stehen für die Tendenzen in der Arbeiter-Radio-Bewegung, die den Funk nicht nur verbessern, sondern radikal verändern wollten.

Schönheit und Rundfunk

Wir funken rot!

Achtung! Achtung! Achtung!
Wir sprechen heut auf roter Welle!
Wir funken jetzt von dieser Stelle
Unsere Verachtung
Gegen alle Mucker,
Gegen alle feigen Ducker
Gegen süßlichen Kitsch mit Zucker.

Achtung! Achtung! Achtung!
Wir funken unsere Verachtung
Gegen alle Zensoren,
Die mit langen Ohren
Die Unzucht wachsen hören.
Aber in ihren leeren
Köpfen nicht begreifen

Daß die Massen reifen,
Die Dinge beim Namen nennen
Und erkennen,
Wie eine Gesellschaft am Hund ist,
Wie eine Gesellschaft Schmutz und Schund ist,
In der Arbeitende frieren und hungern,
Indes die Faulen schwelgen und lungern,
Ohne daß ein Reichsgericht Zuchthaus dekretiert.

Meine Herren Zensoren!
Spitzen Sie Ihre Ohren:
Jetzt funken wir nur von dieser Stelle,
Bald aber gehört uns die Rundfunkwelle,
Unser werden die Länder sein,
Unser werden die Sender sein.
Dann funken wir Ihnen eins hinein,
Dann wird Ihnen mulmig zumute werden.
Vergessen Sie nicht die Antenne zu erden!
(Arbeitersender, Jg. 3, Nr. 40, 2.11.1930)

Schließlich erfüllt sich die geschwollene Utopie der Verständigung rund um den Erdball auf ihre Weise: Der Führer spricht, und alle hören zu. Dafür wird eigens der Volksempfänger erfunden als ein primitives, einkanaliges Gerät für den eng begrenzten Senderaum deutscher Propaganda – ganz das Gegenteil des utopisch beschworenen Weltradios.

In dem folgenden Nazi-Gedicht (von Wolfram Brockmeier, 1934) entspricht die primitive Form (Kammer / Jammer; Raume / Traume) der primitiven Institution «Volksempfänger», die doch so ungemein wirkungsvoll war.

Der Führer spricht im Funk

Sie saßen zu viert in der Kammer,
Ein jeder trug schwer seine Not.
Sie sprachen von Deutschlands Jammer
Und vom Kampfe um Arbeit und Brot.

Paul Mathias Padua: der Führer spricht, 1937

Sie dachten der Jahre im Felde,
Des Blutes, das danklos floß,
Sie sahen die Gier nach dem Gelde
Und blutfremden Volkes Troß.

Da erstand eine Stimme im Raume,
Die war dunkel und groß und stark,
Und sie schraken empor aus dem Traume
Und spürten sich beben im Mark.

Sie saßen und lauschten beklommen,
Als längst schon die Stimme entschwebt.
Weckruf war hergekommen,
Und sie standen, vom Glücke benommen,
Und wußten, daß Deutschland lebt.

(Nach: Josef Wulf [Hg.]: Presse und Funk im Dritten Reich,
Gütersloh 1964, S. 317)

Und auch im Exil, wo das Radio eine so große Bedeutung für die Ver-
jagten und Geflohenen hatte, verstummte in der Literatur über den
Rundfunk nicht der ideologische Oberton. Max Hermann-Neisse
dichtet 1940:

Rundfunk-Oase

Wir sitzen bald in dicht verhüllter Stube
hier oben Schreckensnacht für Schreckensnacht;
vielleicht im Nu schon ist zur Trümmergrube
was jetzt noch unsre Bleibe scheint, gemacht,
im sechsten Stockwerk, allzu nah dem Himmel,
seit er sich wandelte zum Hinterhalt
für der verruchten Flieger Mordgewimmel
aus der Schutzengel stillem Aufenthalt.
Es dröhnt die Drohung über meinem Haupte,
doch plötzlich ist der Rundfunk angedreht
und, was ich längst für mich verschollen glaubte,
als Friedensbote durch das Zimmer geht:
der fernen Stadt geliebte Glocken läuten
den Sonntag würdig ein wie eh und je.
Das Gute, dessen wir uns dort erfreuten,
besteht wie einst . . .
Wie teuflisch mischt die Zeit ihr Zauberspiel!
Daß wir, im Kriegslärm hier, den Frieden hören,
entlarvt, welch' grausam Wahn die Welt verfiel.
(Letzte Gedichte, London, New York 1941, S. 214)

Ganz anders der Ton in drei Radio-Gedichten von Bertolt Brecht aus
dem Jahr 1940. Hier wird nicht die Idee des Rundfunks gepriesen oder
verdammt, sondern die Erfahrung beschrieben, die man unter den Bedingungen des Exils mit ihm machen konnte.

Der Lautsprecher

Mehrmals am Tage
Höre ich den Lautsprecher mit den Kriegsnachrichten
Um mich zu vergewissern, daß ich noch in der Welt bin.
So
Bittet der heimgekehrte Seemann seine alte Mutter
Aus einem Kübel Wasser auszuschütten
Bis er einschläft.
(Bertolt Brecht: Gesammelte Werke, Bd.9,
Frankfurt/Main 1967, S. 785, Suhrkamp Verlag)

81

Aus: 1940

Auf der Flucht vor meinen Landsleuten
Bin ich nun nach Finnland gelangt. Freunde
Die ich gestern nicht kannte, stellten ein paar Betten
In saubere Zimmer. Im Lautsprecher
Höre ich die Siegesmeldungen des Abschaums. Neugierig
Betrachte ich die Karte des Erdteils. Hoch oben in Lappland
Nach dem nördlichen Eismeer zu
Sehe ich noch eine kleine Tür.
(Bertolt Brecht, a. a. O., S. 819)

Auf den kleinen Radioapparat

Du kleiner Kasten, den ich flüchtend trug
Daß seine Lampen mir auch nicht zerbrächen
Besorgt vom Haus zum Schiff, vom Schiff zum Zug
Daß meine Feinde weiter zu mir sprächen

An meinem Lager und zu meiner Pein
Der letzten nachts, der ersten in der Früh
Von ihren Siegen und von meiner Müh:
Versprich mir, nicht auf einmal stumm zu sein!
(Bertolt Brecht, a. a. O., S. 819)

1943 spricht Erich Weinert über den Sender des Nationalkomitees
Freies Deutschland zu deutschen Soldaten. Für ihn und in dieser Situation ist das Radio bloßes Medium, nicht mehr Botschaft.
  Ansage: «Deutsche Soldaten! Es spricht zu euch der revolutionäre
deutsche Dichter Erich Weinert!»:

Deutschland wird nicht verloren sein.
Wie mancher fragt sich sorgenvoll,
was wohl aus Deutschland werden soll,
weil es den Krieg, den es begann,
doch niemals mehr gewinnen kann.
Wer sorgt sich hier, wer fragt um Rat?
Hast du den Krieg gewollt, Soldat? ...
(Deutsches Rundfunkarchiv, Frankfurt/Main,
Bandaufnahme)

In der Nachkriegszeit gibt es nicht mehr viel Dichtung und Literatur
über den Rundfunk.

Bewußter und ohne die Berührungsängste der Vorkriegsintelligenz sickerten die Schriftsteller in die Kulturprogramme, Abendstudios oder Feature-Redaktionen ein. Was sie dort bewirken können und ob sie im Rundfunk des Proporzes und der Ausgewogenheit überhaupt etwas bewirken können, ist eine andere Frage.

Ihr und dem Verhältnis von öffentlich-rechtlicher Verantwortung gegenüber Unverantwortlichkeit des Autors geht Rüdiger Kremer im letzten Beispiel von Radio-Gedichten nach:

generalansage

meine damen und herren
in unserer sendereihe
das neue gedicht
hören sie heute
ein neues gedicht
von rüdiger kremer
: generalansage

die sendung
wird redaktionell verantwortet
von manfred schlichting
übergeordnete verantwortung
horst vetter
hauptverantwortung
gert v. paczensky
oberverantwortung
gerhard schäfer
alleinverantwortung
gerhard schröder

generalansage

die sendung
eines gedichts
im rundfunk
muß verantwortet werden
redaktionell verantwortet
von einem redakteur
übergeordnet verantwortet
von einem abteilungsleiter

hauptverantwortet
von einem hauptabteilungsleiter
oberverantwortet
von einem programmdirektor
alleinverantwortet
von einem intendanten

bei so viel verantwortung
muß sich der hörer
keine gedanken mehr machen

meine damen und herren
in unserer sendereihe
das neue gedicht
hörten sie heute
ein neues gedicht
von rüdiger kremer
: generalansage

die sendung
wurde redaktionell verantwortet
von manfred schlichting
übergeordnete verantwortung
horst vetter
hauptverantwortung
gert v. paczensky
oberverantwortung
gerhard schäfer
alleinverantwortung
gerhard schröder

(Zuerst erschienen in: Peter Dahl: Arbeitersender und Volksempfänger,
Frankfurt/Main 1978, S. 209f, Syndikat)

Wem gehört das Radio? –
Teil II

Heute wird erst langsam deutlich, daß das kulturelle und literarische Leben in Deutschland in den zwanziger und dreißiger Jahren von einer solchen Vielfalt und Qualität war, daß demgegenüber das der Bundesrepublik nivelliert und uncouragiert erscheint – der Trümmerhaufen, den das Nazireich hinterlassen hat, hat uns den Blick auf die Weimarer Republik lange und gründlich versperrt. Der Rundfunk der späten zwanziger und ersten dreißiger Jahre spiegelte allerdings wenig von der kulturellen Lebendigkeit und Aufmüpfigkeit seiner Zeitgenossen, in ihm herrschte die deutsche Verwechslung von Kultur mit Bildung; in ihm herrschten die exklusiven, kulturkonservativen und philisterhaften Vorstellungen von Honoratioren und Bürokraten. Und vor allem: Der Rundfunk ließ die Bürokraten über sich herrschen, weil ihm fast jedes Selbstverständnis als publizistisches und kulturelles Medium abging und er sich selbst als verlängerten Arm des Staates begriff, dem er sich zunehmend auslieferte.

Die regionalen Sendegesellschaften besaßen zwar nominell nach wie vor ihre Selbständigkeit, waren aber inzwischen unter die Wirtschaftsaufsicht der Reichs-Rundfunk-Gesellschaft geraten; und die RRG versuchte außerdem, zunehmenden Einfluß auf die Programme zu nehmen, auch wenn Hans Bredow abwiegelte: «Die Vermutung, daß die Zentralisation des Rundfunks (…) sich nun auch auf dem Gebiet der Programmgestaltung vorbereitet, liegt ja sehr nahe, wenn aber angenommen wird, daß hierfür feste Pläne vorliegen, die eine Aufhebung der künstlerischen Selbständigkeit der Rundfunk-Intendanten und die Berufung eines Generalintendanten für den ganzen Rundfunk zum Ziele haben, so liegen hier starke Mißverständnisse vor.» (März 1931)

Die Anstalten waren abhängig von ihren Zensurgremien, und ihr gesamtes nachrichtliches Material und einen guten Teil des politischen hatten sie von einer zentralen Stelle zu beziehen, die nie einen Zweifel daran ließ, daß sie direkt von der Reichsregierung abhing. Gelegentlich machte sich der Aufsichtsratsvorsitzende der Dradag, Erich Scholz, auch Gedanken über das Radio, das seine Nachrichtenstelle zu beliefern hatte: «Der Rundfunk soll ein Werkzeug des Friedens und des Ausgleichs sein. Parteipolitische Auseinandersetzungen müssen darum unter allen Umständen von ihm ferngehalten werden. Das bedeutet nicht, daß er sich völlig gleichgültig den politischen Tagesfragen gegenüber verhalten soll. Auch der Rundfunk soll und will – selbstverständlich auf dem Boden der Verfassung – positive politische Arbeit leisten, aber nicht im Sinne des Programms dieser oder jener Partei, sondern in dem Streben nach Verwirklichung eines Ideals, das allen staatsbewußten Deutschen, gleich welcher Parteizugehörigkeit, vorschwebt, des Ideals der Hebung der allgemeinen Wohlfahrt und Weltgeltung des deutschen Reiches und Volkes.» (November 1926)

Die Überwachungsausschüsse, seitens der Länder merkwürdigerweise vorwiegend mit Beamten aus den Finanzämtern besetzt, hatten damit begonnen, die Programme während der Sendung zu verfolgen, gingen aber bald zur Vorzensur über. «Gegenvorstellungen haben die Rundfunkgesellschaften gegen diese staatliche Programmkontrolle unter dem Gesichtspunkt der publizistischen Freiheitsrechte offenbar nicht geltend gemacht», schreibt Winfried B. Lerg in einer Untersuchung über «Die Rundfunkpolitik der Weimarer Republik». In der Regel verlief die Zensur der Manuskripte, die die Überwachungsausschüsse entweder vorgelegt bekamen oder anforderten, informell ab; die öffentliche Erörterung war die Ausnahme. Schwierigkeiten hatten die Ausschüsse mit aktuellen Übertragungen, und folglich bereiteten sie solchen Sendungen ihrerseits gern Schwierigkeiten. Gegen Kritiker, die die Pressefreiheit auch für den Rundfunk behaupteten, schlossen sich die Radiomacher und ihre Zensoren zusammen und schimpften gegen die «Schreier gegen die Zensur im Rundfunk» – so zum Beispiel der berliner Intendant Hans Flesch.

Um die Bewahrung des schönen Scheins sorgten sich in den Kulturbeiräten insgesamt rund hundert dorthin entsandte Kulturbeamte und Honoratioren. Zu tun hatten sie nicht viel, denn der überwiegende Teil aller Streitfälle wurde zu politischen Entscheidungen erklärt und geriet so unter die Zuständigkeit der Überwachungsausschüsse. Ein Beispiel dafür ist der Fall der Kantate «Berliner Requiem» von Kurt Weill nach Texten von Bertolt Brecht im März 1929, der von mehreren politischen Überwachungsausschüssen behandelt wurde. Frankfurt sendete, Köln übernahm. Die leipziger Mirag wurde gar nicht erst bei ihrem Kulturbeirat vorstellig, sondern gleich beim Überwachungsausschuß, der die Übernahme ablehnte, den Überwachungsausschuß der Funkstunde in Berlin informierte, die daraufhin ebenfalls nicht senden durfte.

Viele Mitglieder der Kulturbeiräte flohen aus ihrer Untätigkeit in die Programme der von ihnen kontrollierten Sender und lieferten betulich, aber regelmäßig, kulturelle Vorträge. Die Programmverantwortlichen versteckten sich in ihrem Verständnis von kulturellen Programmen gern hinter ihren Beiräten, vor allem wenn es darum ging, Anforderungen abzuwehren, sie möchten sich ihrem Publikum gegenüber verständlich machen: «Wenn wir jetzt gewisse Konzessionen machen müssen, so ist das letzten Endes darauf zurückzuführen, daß wir festgestellt haben und auch einsehen mußten, daß wir uns nicht einfach nach Herrn Piefke richten können, um das mal kraß auszudrücken, sondern daß die Ansicht des Kulturbeirats maßgebend für uns ist und sein wird. Aber wir müssen bitten, daß, wenn es zu einem ernsthaften Kampfe vielleicht mit Tausenden oder Hunderttausenden kommt, wir jetzt schon die Hoffnung haben dürfen, die Herren des Kulturbeirats hinter uns zu finden.» (Friedrich Georg Knöpfke, Direktor der berliner Funkstunde, August 1928)

«Es bleibt dabei», konstatiert Winfried B. Lerg, «der Überwachungsausschuß war der Wachhund, der Kulturbeirat war der Schoßhund der Rundfunkgesellschaften.»

Die vielbeschworene politische Neutralität des deutschen Rundfunks war endgültig vorbei, als die nächste Wirtschaftskrise wieder – ähnlich wie bei seiner Gründung – ein wirksames Publikationsinstrument in der Hand der Reichsregierung erforderlich machte. Die Krise, auf deren Höhepunkt 1932 rund 45 Prozent der Arbeitenden – sechs Millionen Menschen – arbeitslos waren, aber nur an 14 Prozent der Arbeitslosen Unterstützung gezahlt wurde, versuchten die Bürgerblockregierung Brüning und die Präsidialregierung von Papen mit Notverordnungen zu bewältigen. Der Rundfunk erhielt die Aufgabe, die Unruhe in der Bevölkerung abzuwiegeln und die Notverordnungen zu verkünden, die durch die Verlesung im Radio Gesetzeskraft erhielten. Im «Funkalmanach» für 1931 und 1932 wird das so geschildert: «Als (…) Mitte Juli 1931 die Alarmnachrichten auftauchten, als wildeste Gerüchte über Inflation von Mund zu Mund liefen, traten fast täglich Minister und unter ihnen auch der Reichskanzler vor das Mikrophon, die fast unmittelbar aus den Kabinettsitzungen herbeieilten, um den Inhalt neuer Notverordnungen zu verkünden und sie gleichzeitig einer Auslegung zu unterziehen. (…) Wir haben in diesen Krisentagen auch dieses Wirkungsfeld des Rundfunks besonders kennen und schätzen gelernt; wir wissen heute, daß wir in der drahtlosen Sendung ein staatsrechtliches und wirtschaftspolitisches Instrument zur Verfügung haben, das jederzeit bereit ist, seine gewaltige Streuwirkung zu großen Erfolgen zu führen.»

Die deutsche Sozialdemokratie, vom Juni 1928 bis zum März 1930 noch einmal an der Reichsregierung beteiligt, setzte der zunehmenden Verstaatlichung des Rundfunks die Forderung entgegen, das Radio zum Staatsmonopol zu machen. Auf einem «Sozialistischen Kulturtag

Film und Funk» des Sozialistischen Kulturbundes der SPD im September 1929 erklärte der Vorsitzende des inzwischen ausschließlich sozialdemokratischen Arbeiter-Radio-Bundes, Curt Baake: «Wir stellen (...) an die Spitze unserer Forderungen das reine Staatsmonopol. (...) Der Erlaß eines Reichsrundfunkgesetzes (...) wird sich ja mit der Zeit auch als notwendig herausstellen. Der Rundfunk muß zu einer gemeinnützigen Einrichtung des demokratischen Volksstaates unter der Kontrolle der Öffentlichkeit und der großen Bildungsverbände umgewandelt werden.» Auf der gleichen Tagung erklärte der SPD-Reichstagsabgeordnete Ernst Heilmann, was sich seine Partei von einem solchen Staatsmonopol versprach: «Der Rundfunk als staatliches Monopol hat das Prinzip der Neutralität, und dieses Prinzip kommt immer in gewissem Umfange dem Bestehenden zugute. Es läßt keinen Raum dafür, den Rundfunk für das eigentlich Revolutionäre, für das Zukunftheischende zu verwenden, (...) der Sozialdemokrat im Rundfunk ist ja in der gleichen Stellung wie der Beamte im heutigen Staat. Der Beamte kann vielleicht noch revolutionär wirken, wenn er Universitätsprofessor ist. Aber wenn er Landrat, Polizeipräsident oder Oberpräsident ist, dann muß er sich damit begnügen, im wesentlichen Neutralität unter den Parteien aufrechtzuerhalten. Schreibt ihm doch die Verfassung ausdrücklich vor, daß er nicht Diener einer Partei sein darf, sondern sich im Amt lediglich als Diener des Staates zu fühlen hat.»

Von der alten, zentralen Forderung der Arbeiter-Radio-Bewegung, von der Forderung nach einem eigenen Sender, war der ARB damit endgültig abgerückt. Der «Arbeiterfunk» schrieb: «Die Energien, die für die Durchsetzung des Arbeitersenders eingesetzt werden müßten, setzen wir zweckmäßig auf fruchtbarerem Gebiet ein. Haben wir doch den Proletarier zu einem kulturell und technisch anspruchsvollen Rundfunkhörer zu erziehen.» (Mai 1929) – Und die Zeitschrift forderte beispielsweise, daß für die Mitglieder des ARB Tanzkurse nach Radiomusik eingerichtet würden.

Schon in einem neuen Programm, das die Reichskonferenz des Arbeiter-Radio-Bundes im Herbst 1928 verabschiedete, war die Forderung nach einem Arbeitersender nicht mehr vorgekommen:

«Kein Rundfunkvortrag darf wegen seiner politischen, sozialen, religiösen oder ethischen Weltanschauungstendenz abgelehnt werden.

Die Vorträge können in freier Rede gehalten werden, wenn der Redner schriftliche Richtlinien eingereicht hat.

Beschränkung der Rundfunkgebühr auf ein Mindestmaß.

Bereitstellung öffentlicher Mittel zur Einrichtung einer sozialen Blinden- und Schwerbeschädigtenhilfe mit Hilfe der Ortsgruppen.»

Radio-Straßenkonzert, 1931

Besonderes Augenmerk wurde auf das Basteln gelegt: «Die Radiotechnik und die ihr zugrunde liegenden Teile der Naturwissenschaft
sind vorzüglich geeignet, dem Arbeiter Vorgänge in der Natur zur
Kenntnis zu bringen, Aberglauben und mystische Vorstellungen zu zer-
stören. Die radiotechnische Belehrung durch Wort und Schrift, gemein-
schaftliches Basteln und Experimentieren sollen zugleich den billigen
Selbstbau und die Bedienung von Empfangsgeräten ermöglichen. –
Durch zentralen Einkauf auf konsumgenossenschaftlicher Grundlage
soll das Radiogerät weiter verbilligt werden.»

Eine Mehrheit, die weiter einen eigenen Sender forderte, gab es nur
in der berliner Ortsgruppe, und die lieferte den Vorwand zur Spaltung
der Arbeiter-Radio-Bewegung. Ihre Opposition zum Reichsvorstand
(dessen Vorsitz der sozialdemokratische frühere Staatssekretär Curt
Baake übernommen hatte; im Vorstand war noch der kommunistische
Reichstagsabgeordnete Ernst Torgler vertreten) artikulierten die Berliner in einem hektografierten Mitteilungsblatt, das «Der aktive Radio-
genosse» hieß und 1929 den programmatischen Titel «Unser Sender»
bekam. Der Reichsvorstand des ARB berief sich auf einen Beschluß,
der «die Unterbindung jedweder parteipolitischen Streitigkeiten» verlangte, und forderte die Einstellung des Mitteilungsblattes. Als dieser
Aufforderung nicht nachgekommen wurde, schloß die Reichsleitung
die berliner Ortsgruppe aus. «Es ist kein Geheimnis mehr, daß die radi-
kale Berliner Gruppe im bewußten Gegensatz zum Reichsvorstand und
zu den gemäßigten Elementen steht, mit der Begründung, daß dem
Rundfunk gegenüber eine wesentlich neue Kulturpolitik notwendig ist,

die nicht mit üblicher sozialistischer Einstellung geleistet werden kann. Umgekehrt sind die Sozialisten der Auffassung, daß die Hauptaufgabe des Arbeiter-Radio-Bundes die Pflege der Basteltätigkeit sei, er sonst aber nur beratende Stimme im Rahmen der kulturellen Bestrebungen haben könne», schrieb der «Arbeiterfunk»-Redakteur Brattskoven im «Berliner Tageblatt», und weiter: «Heftige Angriffe gegen die Programmgestaltung erwiesen sich zudem als rein agitatorisch und so nicht berechtigt; nur eine reinliche Scheidung der Geister dürfte deshalb die beste Lösung im Interesse der deutschen Arbeiter-Bewegung sein.»

Am 11. September 1929 wurde der «Freie Radio-Bund Deutschlands» (FRBD) gegründet, dem sich weitere ausgeschlossene Ortsgruppen des ARB und Einzelmitglieder anschlossen. «Unser Sender» hieß jetzt «Arbeitersender»; er war nicht mehr das vervielfältigte Mitteilungsblatt, sondern erschien nun als wöchentliche Programmzeitschrift. Gegen die 1927 gegründete «Arbeiter-Radio-Internationale» unter sozialdemokratischer Führung beteiligte sich der FRBD an der «Internationalen Radiokommission der Revolutionären Gewerkschafts-Internationale». Die nahm im November 1929 einen Katalog von Losungen an, den sich auch der Freie Radio-Bund zu eigen machte:

«1. Kampf für die Einräumung der Rundfunkbenutzung an die revolutionären Organisationen.

2. Kampf gegen das kapitalistische Radio-Monopol und die Zensur.

3. Kampf für die Herabsetzung der Gebühren für die Benutzung der Radioempfänger und für das Recht der Arbeiter und ihrer Organisationen, Kurzwellensender zu besitzen.

4. Kampf gegen das kirchliche Radio durch die staatlichen Radioorganisationen, gegen die verlogene politische Neutralität und für das Recht, durch die Rundfunkstationen Informationen über das Leben und den Kampf der Arbeiterklasse aller Länder zu erteilen.

5. Kampf um das Recht, das Radio bei wirtschaftlichen und politischen Kämpfen des Proletariats auszunutzen.

6. Kampf um die Zulassung zum Mikrophon proletarischer Dichter und Schriftsteller, Künstler, Publizisten und Gelehrten.

7. Kampf für die Benutzung von Radio-Stationen zum Zwecke der Popularisierung der Begründer des wissenschaftlichen Sozialismus: Marx, Engels, Lenin.

8. Kampf für die Beleuchtung von Fragen der internationalen gewerkschaftlichen Klassenbewegung der Arbeiterschaft.

9. Kampf um die Beleuchtung laufender politischer Ereignisse und Fragen der antimilitaristischen Propaganda, ebenso für die Orga-

nisierung einer internationalen brüderlichen Verbindung mit dem Proletariat und den unterdrückten Völkern der Ost- und Kolonialländer.

10. Kampf um die Beleuchtung des sozialistischen Aufbaus in der Sowjetunion.» (Dezember 1929)

Die Auseinandersetzungen um die Taktik gegenüber dem staatlichen Rundfunkmonopol waren allerdings nur die vordergründige Ursache für die Spaltung der Arbeiter-Radio-Bewegung. Etwa zur gleichen Zeit zerfielen auch die meisten anderen Kulturorganisationen der Arbeiterschaft wie beispielsweise der Arbeiter-Theater-Bund, die Filmorganisation und die Sängerbünde.

Schuld an dieser Spaltung war zum einen, daß die KPD jetzt unter der Führung von Ernst Thälmann endgültig auf einen moskautreuen Kurs festgelegt worden war und begonnen hatte, die verhängnisvolle «Sozialfaschismus»-These zu entwickeln; zum anderen, daß sich die SPD-Führung zunehmend auf die staatliche Macht fixiert hatte. Spätestens 1929 verspielte die Politik der beiden Arbeiterparteien jede realistische Chance auf eine erfolgreiche gemeinsame Abwehr des heraufziehenden Faschismus.

So wie sich die SPD mit der Staatsgewalt identifizierte, versöhnte sich der ARB mit dem zunehmend verstaatlichten Rundfunk, forderte, aus dem Radio endgültig ein Staatsmonopol zu machen, und demonstrierte seine Übereinstimmung mit der offiziellen SPD-Politik, etwa als er auf seinem «Arbeiter-Funktag» 1930 in Berlin den preußischen Innenminister Carl Severing über dessen Funktion als Zensurminister sprechen ließ: «Das Wort Zensur hat im neuen Deutschland einen schlechten Klang, und der Zensurmann ist gerade keine populäre Persönlichkeit. Ich benütze deswegen die Gelegenheit, um auch für ihn, den Zensurmann, eine Lanze einzulegen. Das Radiowesen und der Aufbau des Radiowesens ist dem Staate vergleichbar. Eine demokratische Angelegenheit, zu der alle Volkskreise nicht nur als Konsumenten, sondern auch in der Mitarbeit herangezogen werden sollen, alle Volkskreise, die zur Mitarbeit gewillt sind, die Aufbauarbeit leisten wollen. Hätten wir in Deutschland schon das Ideal verwirklicht, dem einer der größten Deutschen, Lessing, nachgelebt hat, wäre Toleranz unsere größte Stärke im deutschen Volke, dann brauchte es keine Zensur zu geben. Wir müssen allmählich aber erst die deutschen Rundfunkteilnehmer zur Toleranz, zur Duldsamkeit anderen Anschauungen gegenüber erziehen, und solange diese Erziehungsarbeit nicht abgeschlossen ist, ist die Einrichtung der Überwachungsausschüsse im Rundfunk unentbehrlich.»

Im März 1932 bekam der «Arbeiterfunk» einen neuen Titel; er hieß jetzt «Volksfunk» und war eine Illustrierte geworden, die sich weitgehend der Kritik am Radioprogramm enthielt und Bildberichte aus den Funkhäusern und Filmstudios brachte. Der ARB kam nur noch in einem redaktionell abgetrennten Teil zu Wort: «Rund um den Rundfunk – Kritische Programmbeilage des Volksfunk, Arbeiterfunk».

Im Juni 1932 wurde der Ministerialrat außer Diensten Albert Falkenberg, Vorstandsmitglied des Allgemeinen Deutschen Beamtenbundes, Vorsitzender des ARB. Noch in der Ausgabe vom 20. Januar 1933 formulierte er im «Volksfunk» die Politik des ARB, den Rundfunk bei seinen öffentlich deklarierten Ansprüchen zu nehmen: «Wir wollen, daß der Rundfunk wahr macht, was seine neuen Richtlinien verheißen: Daß er dem ganzen deutschen Volke zu dienen hat und damit zugleich einer deutschen Kultur in der Welt zum Ansehen verhilft, die die geistige Hebung der Volksmassen zum vornehmsten Ziel hat.»

Natürlich wurde auch im FRBD, der neuen kommunistischen Konkurrenzorganisation, gebastelt: «Im Sowjettempo, in zwei Nächten wurden von der Stoßtruppe der roten Techniker des Freien Radio-Bundes Berlin zwei neue Großkraftverstärker zusammengebaut und auf Autos montiert. Von früh bis spät durchfahren sie die Straßen Berlins: Achtung, hier spricht Wilhelm Pieck, ertönt es aus den Lautsprechern: die beliebten ‹verbotenen› Rotfrontkämpfer-Märsche sammeln an allen Halteplätzen Massen. Tempo, Tempo, Hallo, Hallo, hier die Rote Welle.» (Arbeitersender, April 1932)

Die «Roten Radisten», die Techniker des FRBD, bauten auch das Gerät für die sogenannten «Abhörabende». Dort – der «Arbeitersender» sprach auch von «Massenkritikabenden» – hörte und diskutierte man kritisch die Programme des deutschen Rundfunks und unter argwöhnischer polizeilicher Beobachtung die deutschsprachigen Programme von Radio Moskau. Das Reichsinnenministerium notierte in einer Akte: «Die Tatsache, daß Millionen im Reich nunmehr in der Lage sind, die Moskausendungen auf Langer Welle zu empfangen, darunter die im ‹Freien Radio-Bund Deutschlands› organisierten kommunistischen Empfänger, die dank der neuesten Errungenschaften der Radiotechnik die Möglichkeit haben, mit verbesserter und wesentlich verbilligter Apparatur die Moskausendungen aufzunehmen, erscheint sehr beachtlich, zumal nicht nur die Sendungen selbst mehr und mehr auf die Propaganda für den Kommunismus und die Einrichtungen des Sowjetstaates abgestellt sind, sondern auch die deutschen Kommunisten ihre Bemühungen verstärken, in möglichst breiten Kreisen das Interesse für die Moskauer Sendungen zu wecken und diese für den Empfang zu schulen.» In einem anderen Polizeibericht wird davon gesprochen, daß bei solchem Gemeinschaftsempfang «bis zu je 500 Personen erfaßt werden».

Zwei Welten

«Endlich ein Radio!» Du freust dich sehr.
«Achtung, hier Deutsche Republik.
Meine Damen und Herren!» Es fällt über dich her.
Der Schlager und die Militärmusik.
Richard Tauber, Autorennen, Gottvertraun
Und der süße schöne Alfred Braun.
«Der deutsche Funk ist streng neutral!»
Und du bist ernüchtert mit einem Mal.
Du hast genug von dem Radau
Und drehst an der Scheibe unverdrossen.
Da tönt es: «Hallo, hier ist Moskau,
Die Welt des Arbeiters! Achtung, Genossen!»
Sozialistischer Aufbau, Fünfjahrplan!
Wir stoßen vor! Unser die Welt! Links ran! Links ran!
Achtung, Achtung, hört alle her:
Bei uns gibt's keine Ausbeutung mehr!
Eine Welt, die der andern entgegensteht.
Es gilt zu entscheiden, Prolet!

(Peter Nell, in: Arbeitersender, Februar 1931)

Ansätze eines Gegenprogramms entwickelte der Freie Radio-Bund in öffentlichen Veranstaltungen, bei denen beispielsweise seine Theatergruppe «Rote Welle» auftrat; Ansätze eines Gegenprogramms entwickelte aber auch der «Arbeitersender». Regelmäßig erschienen die Sparten «Die nicht gesendete Reportage» und «Die Funk-Erzählung der Woche», die sich auf das aktuelle Programmangebot bezogen. Dies und die regelmäßig erscheinenden Funkkorrespondenzen – Kritiken, die Leser des «Arbeitersenders» eingesandt hatten – bildeten die Ansätze einer parteilichen Theorie des Rundfunks, die aber auch im FRBD nicht im Zusammenhang formuliert wurde.

Gelegentlich veröffentlichte der «Arbeitersender» auch Programmvorschläge, auf deren Realisierung er freilich nicht setzte und die manchmal wie eine bloße Umkehrung des offiziellen Programms wirkten.

Der 1. Mai 1932 im Rundfunk. Die werktätigen Hörer fordern ein proletarisches Programm

7 Uhr	Morgenmusik des proletarischen Blasorchesters Leipzig.
8 Uhr	Bekanntgabe der Stellplätze für die Demonstrationsteilnehmer.
8.30 Uhr	Verlesung des Kommunistischen Manifestes.
9 Uhr	Vortrag: Körperkultur und Lebensreform im Arbeiterstaat.
9.45 Uhr	Vortrag: Esperanto im Dienste des internationalen Proletariats.
10.30 Uhr	Demonstrationsübertragung und Reportage.
11.30 Uhr	Ansprachen von den Sammelplätzen der Demonstrationen.
12.15 Uhr	Mittagskonzert des Roten Orchesters erwerbsloser Berufsmusiker.
14.15 Uhr	Vortrag: Die sozialistische Planwirtschaft.
15 Uhr	Konzert des Mandolinisten-Orchesters «Frei Klang».
15.45 Uhr	Übertragung der Mai-Feier der Moskauer Arbeiterschaft.
16.30 Uhr	Vortrag: Lenins Leben.
17 Uhr	Massenkonzert der Volkschöre «Freiheit» und «Rote Lyra».
18 Uhr	Gedenkrede: Der 1. Mai – Der Weltfeiertag des Proletariats.
18.45 Uhr	Zwiegespräch über die Bedeutung des 1. Mai zwischen einem alten und einem jungen Arbeiter.
19.15 Uhr	Proletarische Bücherschau.
20 Uhr	Proletarisches Kabarett.
22 Uhr	Übertragung der internationalen Sendungen des Moskauer Gewerkschaftssenders.
22.30 Uhr	Proletarische Berichterstattung.

(Arbeitersender, Februar 1932)

Während der «Arbeitersender» für einen einzigen Monat, nämlich den Januar 1932, nicht weniger als 47 Sendungen aufzählte mit Titeln wie: «Berufsaussichten bei der Reichswehr und ihre Zivilversorgung», «Giftgase und Giftschutz», «Wie wird ein neuer Krieg aussehen?», «Wirtschaftsnot und Deutschlands neue Grenzen», «Der Sinn des Kriegserlebnisses» und konstatierte: «Das Presseamt des großen Hauptquartiers für den neuen Krieg befindet sich bereits in den Funkhäusern der deutschen Sendegesellschaften» – während dieser Zeit wurde der deutsche Rundfunk auf die Übernahme durch die Nationalsozialisten vorbereitet.

Der maßgebende Mann dafür hieß Erich Scholz. Er war Landrichter in Ratibor gewesen, saß im Reichsministerium des Inneren, war Aufsichtsratsvorsitzender der Dradag, der Nachrichtenstelle des Rundfunks, und Vorsitzender der Überwachungsausschüsse der berliner Funk-Stunde und der Deutschen Welle. 1929 war der Ministerialrat Scholz der Deutschnationalen Volkspartei des Alfred Hugenberg beigetreten, 1932 wechselte er zur NSDAP.

Wilhelm Freiherr von Gayl, Innenminister in der Regierung der «Nationalen Konzentration» des Franz von Papen, beanspruchte im Juni 1932 den Rundfunk täglich eine halbe Stunde für die Reichsregierung; den Reden der Kabinettsmitglieder mußten sich alle deutschen Sender zuschalten. Der «Volksfunk» spottete:

> «Ich hör mir den Minister an
> Am Vormittag.
> Und dann kommt noch ein zweiter 'ran
> Am Nachmittag.
> Und dann der Kanzler noch, ich wett'
> Abends um halb acht.
> Ich hör das ganze Kabinett
> Bis mitten in die Nacht.
> Militärmusike gibt's sehr früh
> Am Vormittag.
> Ein nationales Potpourri
> Am Nachmittag.
> Ein deutsches Lied, aus deutschem Mund
> Abends um halb acht.
> Ich tanz' mich national gesund
> Bis mitten in die Nacht.»
> (September 1932)

Im Juli 1932 begründete Erich Scholz die Neuordnung des Rundfunks: «Will der Rundfunk wirklich mehr als der flüchtigen Unterhaltung und der oberflächlichen Zerstreuung dienen, so hat er sich die hohe Aufgabe zu setzen, Träger und Mittler deutscher Kultur und deutschen Geistes zu sein. Er soll und muß (...) sich in klarer, zielbewußter Weise in den Dienst des deutschen Volkstums stellen.»

Die Sendegesellschaften gingen jetzt völlig in Staatsbesitz über, das Reich und die Länder übernahmen alle Aktien; Privatbesitz war nicht mehr beteiligt. Die bisherigen Zensurgremien, die Überwachungsausschüsse und Kulturbeiräte, wurden abgeschafft; an ihre Stelle traten von der Regierung bestimmte «Programmbeiräte». Den Vorsitz des Programmbeirats der berliner Funkstunde übernahm Erich Scholz.

Die Reichs-Rundfunk-Gesellschaft wurde endgültig die zentrale Dachorganisation der regionalen Sender; sie gehörte jetzt zu 51 Prozent der Reichspost und zu 49 Prozent den Ländern Preußen, Bayern, Sachsen, Württemberg, Baden und Hamburg. Der Verwaltungsrat der RRG wurde vom Reich und den Ländern bestellt. Ein Programmbeirat wurde vom Rundfunkkommissar des Reichsinnenministers berufen.

An die Stelle der Deutschen Welle trat der «Deutschlandsender», der als Reichssender in der Verfügungsgewalt der Reichs-Rundfunk-Gesellschaft eingerichtet wurde; außerdem erhielt die RRG eine eigene zentrale Nachrichtenabteilung, deren Nachrichtenmaterial für die einzelnen Sender verbindlich war. Dafür wurde die «Drahtloser Dienst AG» (Dradag) aufgelöst und eine neue Gesellschaft mit dem Namen «Der Drahtlose Dienst» (DDD) gegründet. Sie unterstand Erich Scholz. «Die Aufgaben des Drahtlosen Dienstes umfassen: a) Die Beschaffung und Verbreitung von Tagesnachrichten im Rundfunk nach Maßgabe der dafür erlassenen Richtlinien, b) die Vorbereitung und Verbreitung von Vorträgen und sonstigen Mitteilungen im Rundfunk, welche die Reichsregierung zur Darlegung ihrer Ziele und zur Unterrichtung der Öffentlichkeit über ihre Tätigkeit für angebracht und erforderlich hält.» (Erlaß vom 24. September 1932)

Der Rundfunkkommissar im Postministerium, Hans Bredow, war nur noch für Organisation, Wirtschaft und Technik zuständig; für sämtliche Fragen des Programms wurde ihm ein Kommissar des Innenministeriums bei- beziehungsweise übergeordnet. Dessen Name war Erich Scholz, bis der, noch vor der Machtergreifung seiner Partei, wegen allzu offensichtlicher Unfähigkeit wieder zurückgezogen wurde.

An dieser Neuordnung waren die Intendanten der Rundfunkgesellschaften ebensowenig beteiligt wie der Rundfunkkommissar Bredow.

Gleichwohl stimmte Bredow dieser Neuordnung, die seine eigene Entmachtung einleitete, schon vor der Verabschiedung zu:

«Ich begrüße die in Aussicht genommene Neuorganisation, wenn sie zu folgendem Ergebnis führt:

Noch schärfere Zentralisation in organisatorischer, wirtschaftlicher und technischer Beziehung durch die Reichs-Rundfunk-Gesellschaft (…).

Aufstellung neuer Richtlinien für den Vortrags- und Nachrichtendienst, insbesondere die Verwendung des Rundfunks durch Reich und Länder (…).

Auswahl der für die Programmgestaltung maßgebenden Persönlichkeiten nicht nur nach der geistigen Eignung, sondern auch nach ihrer Eignung als Kulturfaktor.» (Rundfunk auf neuen Wegen, in: Berliner Lokal-Anzeiger vom 17.7.1932)

Die Rundfunkpresse fand an der Neuordnung nichts Besonderes; der «Deutsche Rundfunk» schrieb: «Das positive der neuen Ordnung liegt in der völligen Verstaatlichung des Rundfunks und dem damit verbundenen Wechsel des Systems.»

Die Übernahme aller Aktienanteile durch den Staat wurde den regionalen Sendern aufgezwungen, indem ihnen zum September 1932 die Betriebskonzessionen gekündigt wurden. Gleichzeitig erhielten sie neue Richtlinien für die Programmgestaltung zudiktiert:

«1. Der deutsche Rundfunk dient dem deutschen Volke. Seine Sendungen dringen unablässig in das deutsche Haus und werden in der ganzen Welt gehört. Dieser Einfluß auf Volk und Familie und die Wirkung im Ausland verpflichten die Leiter und Mitarbeiter zu besonderer Verantwortung.

2. Der Rundfunk arbeitet mit an den Lebensaufgaben des deutschen Volkes. Die natürliche Einordnung der Menschen in Heimat und Familie, Beruf und Staat ist durch den deutschen Rundfunk zu erhalten und zu festigen. Der Rundfunk spricht darum die Hörer nicht nur als Einzelmenschen, sondern auch als Glieder dieser natürlichen Ordnungen des Volkes an.

3. Der deutsche Rundfunk wahrt christliche Gesinnung und Gesittung und die Achtung vor der ehrlichen Überzeugung Andersdenkender. Was das Christentum entwürdigt und Sitte und Kultur des deutschen Volkes gefährdet, ist vom Rundfunk ausgeschlossen.

4. Der Rundfunk dient allen Deutschen innerhalb und außerhalb der Reichsgrenzen. Er verbindet die Auslandsdeutschen mit dem Reiche und läßt die innerdeutschen Hörer am Leben und Schicksal der Auslandsdeutschen teilnehmen. Die Pflege des Reichsgedankens ist Pflicht des deutschen Rundfunks.

5. Der Rundfunk nimmt an der großen Aufgabe teil, die Deutschen zum Staatsvolk zu bilden und das staatliche Denken und Wollen der Hörer zu formen und zu stärken.

6. Die verehrungswürdigen, aus der Vergangenheit des deutschen Volkes und des deutschen Reiches überlieferten Kräfte und Güter sind in der Arbeit des Rundfunks zu achten und zu mehren. Der Rundfunk hat das Verständnis für die besonderen Bedingungen und Bedürfnisse der Gegenwart zu pflegen und zu vertiefen.

7. Aufgabe aller Sender ist es, das Gemeinsame und Ganze der Lebensgemeinschaft des deutschen Volkes zu pflegen. Die Landessender gehen dabei von den landsmannschaftlichen Besonderheiten ihres Sendebereichs aus und vermitteln auch das reiche Eigenleben der deutschen Stämme und Landschaften.» (Vollständig in: Kurt Fischer: Dokumente zur Geschichte des deutschen Rundfunks und Fernsehens, Göttingen, Berlin, Frankfurt 1957, S. 85–89)

Entsprechend war die Programmgestaltung. Sogar die traditionelle Gedenkrede des Reichstagspräsidenten zum Gründungstag der Weimarer Republik wurde 1932 verboten. Statt dessen hielt Reichstagspräsident Paul Löbe diese Rede über den in Deutschland gut hörbaren holländischen Sender Hilversum, und die deutschen Sender übertrugen statt dessen eine Rede, die Kurt von Schleicher zum Reichsgründungstag vor dem «Reichskriegerbund Kyffhäuser» hielt. Die Zeitschrift «Funk», die vor dem Vollzug der Neuordnung nach stärkerem Staatseinfluß auf den Rundfunk gerufen hatte, charakterisierte das Programm nun so: «Im Winterprogramm der deutschen Sender machte sich bereits in ausgeprägter Form die neue kulturelle Richtung bemerkbar, die der Rundfunk in der heutigen politischen Zeitlage einschlagen will. Eine starke Betonung alles Heimatkundlichen und Volkstümlichen steht im Vordergrund. (...) Äußerst vorsichtig sind die Kunstprogramme selbst gehalten. Kein Sender hat heute mehr den Mut, die moderne Kunst, die Produktion der lebenden Künstler zu pflegen, aus Furcht, politisch anzustoßen.» (September 1932)

Noch 1932 wurden unliebsame Intendanten, Abteilungsleiter und Redakteure abgesetzt. So der berliner Intendant Hans Flesch und dessen Direktor Georg Knöpfke. Der Leiter der aktuellen Abteilung der Funk-Stunde, Arthur Kürschner, wurde mit einer unverhohlen rassistischen Begründung entlassen; seine Stelle nahm der zum Nazismus konvertierte Arnolt Bronnen ein; Leiter der Nachrichtenabteilung «Der Drahtlose Dienst», die dem Nationalsozialisten Erich Scholz direkt unterstellt war, wurde der Nationalsozialist Hans Fritzsche. Der «Arbeitersender» berichtete, daß am breslauer Sender, dessen Intendant Bischoff ebenfalls entlassen wurde, einem Angestellten gekündigt wurde, weil er sich geweigert hatte, der «Nationalsozialistischen Betriebsorganisation» (NSBO) beizutreten.

Ironischerweise protestierte die Nazipartei gegen die Neuordnung. Zwar hatte die den Rundfunk so zugerichtet, daß die NSDAP nicht weiter einzugreifen brauchte und vorerst auch nicht weiter eingriff, nachdem ihr die Macht übergeben wurde, noch aber diente ihr auch das Radio zu ihrem Propagandakampf gegen das «System». Goebbels telegrafierte: «namens der nationalsozialistischen deutschen arbeiterpartei erhebe ich vor der deutschen oeffentlichkeit schaerfsten einspruch gegen die endgueltige verabschiedung der rundfunkrichtlinien unter der geschaeftsfuehrenden regierung papens und gegen jede absicht die auf eine auslieferung des reichssenders auf dem wege ueber finanzielle beitraege an die laender hinzielt das staerkste instrument der oeffentlichen meinung das keine landes und standesgrenzen kennt gehoert unbedingt in die haende der reichsfuehrung die endgueltige reform des rundfunks und der aufbau des reichssenders sind sache einer kommenden hitlerregierung.» Das war Propagandalärm. Die sozialdemokratische Zeitung «Vorwärts» konstatierte im August 1932: «Der Geist Adolf Hitlers spukt schon lebhaft in fast allen Programmen.»

Jetzt formulierte auch Hans Bredow, dem seit 1919 jeder taktische Zug recht gewesen war, um seine Vorstellung vom Radio zu verwirklichen, seinen Widerspruch. Im November 1932 erklärte er bei einem Treffen der Intendanten mit Reichsinnenminister von Gayl: «Die Bestimmungen sind das Ergebnis eines ursprünglich weitergehenden Planes, dessen Durchführung sich für die deutschen Verhältnisse als unmöglich erwiesen hat. Ich halte mich zwar für berufen, aber nicht für befugt, im einzelnen kritische Betrachtungen über das anzustellen, was in den letzten Monaten im Rundfunk vor sich gegangen ist. Ich darf aber wohl sagen, daß wir alle vorbehaltlos bereit gewesen waren, unsere Rundfunkerfahrungen bei den vergangenen Verhandlungen zur Verfügung zu stellen, wenn dies gewünscht worden wäre. (...) So sind wir, die wir den Rundfunk aufgebaut und von Erfolg zu Erfolg geführt haben, von einem zum anderen Tage vor eine vollendete Tatsache gestellt worden, eine Tatsache, die zu unserem großen Schmerz sich für den Rundfunk verheerend ausgewirkt hat.»

Faktisch war Bredow zu diesem Zeitpunkt bereits entmachtet. Am 30. Januar 1933, die Rundfunksender hatten gerade eine erste Meldung über die Ernennung Hitlers zum Reichskanzler verbreitet, schrieb Bredow dem Postminister einen Brief und bat um seine Entlassung.

In den letzten Monaten der Weimarer Republik gründeten der Arbeiter-Radio-Bund, der Allgemeine Deutsche Gewerkschaftsbund, der Allgemeine Freie Angestelltenbund, der Allgemeine Deutsche Beamtenbund und der Sozialistische Kulturbund eine Aktionsgemeinschaft unter dem Namen «Freie Funkzentrale», die forderte: «Durch die Politik der Reichsregierung ist der Rundfunk in den Mittelpunkt der Kulturreaktion gerückt. Die Reichsregierung, die die politische Meinungsfreiheit durch Zeitungsverbote knebelt, macht den Rundfunk zu einem Instrument ihrer Propaganda, um durch die von ihr geförderte Einseitigkeit der Darbietung jede geistige und künstlerische Kultur abzutöten. In dieser Stunde der Gefahr gilt es, alle freiheitlich gesinnten Hörer aufzurufen, für Geistesfreiheit – gegen Diktatur; für Kunst und Aufklärung – gegen Kitsch und Verdummung; für Gleichberechtigung der Weltanschauungen – gegen einseitige nationalistische Programmgestaltung.» Gleichwohl versuchte der «Volksfunk» gegen das drohende Verbot, das zu dieser Zeit viele Zeitungen und Zeitschriften traf, anzugehen, indem er sich als braves Programmblatt benahm. Zwar wurde auch er 1933 verboten, nach einer Schamfrist ließen die Nationalsozialisten den «Volksfunk» aber mit dem Untertitel «Funk und Bewegung» wieder aufleben.

Die Strategie der Vermeidung von Konfrontationen begründete der Vorsitzende des Sozialistischen Kulturbundes, der ehemalige preußische Kultusminister Adolf Grimme, im November 1932 so: «Unsere Anhänger spielen die Rolle des enttäuschten Liebhabers zur Partei. Man kommt nur noch an die Menschen heran, wenn man sie verschont mit politischen und wirtschaftlichen Fragen.» Bei der gleichen Gelegenheit versuchte der Vorsitzende des Arbeiter-Radio-Bundes, Albert Falkenberg, den Zorn gegen Funktionsträger im Staat und beim Rundfunk zu dämpfen: «Wir sollten nicht so rigoros sein, jeden, der in der Führung sitzt, zu verdammen. Es sind Beamte. Ich bin selber in der Linie gestanden und beschmutze nicht mein eigenes Nest.»

Der Freie Radio-Bund organisierte unter seinen Mitgliedern einen Boykott der Rundfunkgebühren – dem sich gelegentlich auch Mitglieder und Ortsgruppen des ARB anschlossen. Der FRBD veranstaltete Betriebsveranstaltungen in Fabriken der Funkindustrie, zum Beispiel bei den Lorenz-Werken in Berlin. Gemeinsam mit der «Interessengemeinschaft für Arbeiterkultur» (IfA) rief er in den großen Städten zu Kundgebungen auf. In Essen und Düsseldorf protestierten 30 000, in Leipzig 20 000 «gegen die Unterschlagung der sozialistischen Weltanschauung im Rundfunk, den die Hörer mit ihren letzten Groschen be-

zahlen. Sie fordern: Programmgestaltung durch gewählte Rundfunk-
ausschüsse der werktätigen Hörer.» (Arbeitersender, September 1932)

Es gab große Kundgebungen, eine war im Saalbau Friedrichshain, wo sich
30 000 Menschen vereinten, um gegen die Kulturreaktion im Rundfunk, wie es
damals hieß, zu kämpfen. Es kamen viele Hinweise auf Zensurmaßnahmen im
Rundfunk zur Sprache, es wurde die volksfeindliche Programmpolitik des
Rundfunks angeprangert, und es wurde eine Delegation gewählt, die den Auftrag hatte, den Protest der Versammlung den Rundfunkleuten in der Masurenallee zu überbringen.

Zu dieser Delegation gehörte auch ich, es gehörten dazu Arbeiter und Angestellte, die auch ein persönliches Interesse hatten an einer Änderung des Rundfunkprogramms, das gar nicht ihren Bedürfnissen entsprach. Wir begaben uns
erst mal zu dem verantwortlichen Direktor Scholz, der aber nur mit den Achseln
zuckte und sagte, er sei nur technischer Direktor und habe gar keinen Einfluß auf
die Programmgestaltung. Er verwies uns an den Sendeleiter Kolb. Das war ein
ganz munterer Nazi, der in der Programmgestaltung schon damals das entscheidende Wort sprach. Der fertigte uns sehr schnell ab, und wir waren, ehe wir's uns
versahen, wieder auf der Straße. Wir teilten ihm vorher noch die Meinung der
Öffentlichkeit mit, aber die schien diesen Herrn nicht sonderlich zu interessieren.

Diesen Eindruck gaben wir in allen Versammlungen, die wir nachher durch-
führten, wieder. Wir waren uns klar, daß wir von dieser Programmleitung nichts
mehr erwarten konnten. Es gab nicht mehr das einfache Verlangen, einzelne
Nummern ins Programm zu nehmen, sondern wir kämpften jetzt gegen das
ganze Programm. Auch, weil es sich immer stärker antisowjetisch zeigte. Bevor
die Nazis die Macht ergriffen hatten, hatten sie schon im Rundfunk die wichtigsten Stühle besetzt.

(Interview des Verfassers mit Georg W. Pijet, Hörspielautor und Mitglied des Freien Radio-Bundes,
1977)

Als Arbeitslosigkeit und Lohnabbau ins Unerträgliche wuchsen und im
Krisenwinter 1932 beispielsweise der Frauenfunk berichtete über
«Karpfen und Gans, ein edler Wettstreit», da mehrten sich die Zwi-
schenfälle im Programm. Während einer Übertragung von Tanzmusik
aus einem berliner Café unterbrachen vier Arbeitslose die Musik und
riefen ins Mikrophon: «Gegen die Reichen! Für die Armen!» Bei einer
Sendung aus einer städtischen Suppenanstalt in Berlin sangen Erwerbs-
lose die Internationale und schnitten, als sie von Kriminalbeamten hin-
ausgedrängt wurden, das Kabel zum Übertragungswagen durch.

Im Dezember 1932 hörte man in Berlin mehr oder weniger regelmäßig abends zwischen 19 und 19.30 Uhr einen illegalen Sender: «Hier ist
der Rote Sender an das rote Berlin! Keine Knebelung der Presse, kein
Redeverbot, keine Rundfunksperre können uns abhalten, regelmäßig zu
gegebenen Zeiten unsere Meinung in die Lautsprecher der werktätigen
Hörer zu funken. Ganz besonders bedanken wir uns bei der politischen

6. JAHRGANG

ARBEITER SENDER

ILLUSTRIERTE FUNKZEITSCHRIFT

Bis zum 22. März verboten!

DER POLIZEIPRÄSIDENT
Tgb. Nr. I 2 e 4368

Berlin, den 22. II. 1933

Das Erscheinen der Zeitschrift
„Arbeiter-Sender" ist bis zum
22. März einschließlich verboten.

gez. von Levetzow

Reichs-Ausgabe A mit Europaprogramm
15 Pf.

Verantwortlich: Klaus Neukrantz, Berlin W
Offsetdruck: Achterberg & Co. G. m. b. H., Berlin SW 61

Polizei. Die Welt würde lachen, wenn sie erführe, wie ihre Polizeischer-
gen uns dabei geholfen haben, unsere Apparate zu transportieren. Es ist
nicht so einfach, Schwarzsender unschädlich zu machen, wie eine Kle-
bekolonne festzunehmen. – Also: Bahn frei für unseren Roten Sender!»

101

Ein anderer, von Mitgliedern des FRBD gebauter Piratensender unterbrach am Silvesterabend 1932 die Ansprache des Reichspräsidenten Hindenburg mit einem Aufruf gegen die Rüstungspolitik der Reichsregierung. Danach war wieder Hindenburg zu hören, der noch sagte: «Und aus diesem Grunde wünsche ich dem deutschen Volk aus ganzem Herzen ein gesegnetes neues Jahr.»

Auch die Reichsleitung der SPD versuchte, mit Hilfe des Arbeiter-Radio-Bundes ein Netz von Sendern aufzubauen, das der internen Kommunikation dienen sollte, falls es zu bürgerkriegsähnlichen Auseinandersetzungen kommen würde. Nach der Machtübergabe an die Nationalsozialisten, die ja auch von Teilen der Sozialdemokratie als legal angesehen wurde, wurden einige dieser Sender freiwillig zerstört.

In Berlin hob die Polizei einen Piratensender aus und verhaftete vier Menschen. In einem Bericht der Landeskriminalpolizei der Rheinprovinz für den preußischen Innenminister vom 9. Dezember 1932 über die letzte Reichskonferenz des FRBD heißt es: «Von besonderem Interesse sind die Ausführungen eines Delegierten namens Hendrich oder ähnlich (vermutlich Alfred Hering, Bezirksleiter des FRBD Rheinland und Westfalen – P. D.) aus den Bezirken Rheinland und Westfalen, der mitteilte, daß der FRBD in Wuppertal und im weiteren Ruhrgebiet bereits im Besitze von 6 fertigen und selbstgebauten Sendern sei, deren Zahl man noch auf 10 erhöhen wollte. Verschiedene Sendungen mit den selbstgebauten Geräten seien bereits durchgeführt und ohne Störung vor sich gegangen. Der Delegierte führte weiter aus, ihm wäre zur Kenntnis gelangt, daß der in Berlin beschlagnahmte Schwarzsender von Mitgliedern der Freien Radiovereinigung gebaut und von der Parteileitung der KPD finanziert worden sei.»

Am 23. März 1933 übertrug der Rundfunk die letzte Sitzung des Reichstages aus der berliner Krolloper. Die Mandate der kommunistischen Abgeordneten waren annulliert worden, die meisten von ihnen und ein Teil der sozialdemokratischen Abgeordneten waren verhaftet. Am 24. Februar erschien die letzte Ausgabe des «Arbeitersender», am 26. Februar wurde der Freie Radio-Bund verboten, am 1. Juli der «Volksfunk» und der Arbeiter-Radio-Bund.

In Berlin wurden illegal Flugblätter mit einem Gedicht verteilt:

«Vergiß es keinen Tag, Prolet,
Daß hinter deinem Funkgerät,
Ob Spiel, ob Ernst,
Von früh bis spät
Der Gegner deiner Klasse steht.»

Praxen und Theorien

«Menschwerdung durch den Rundfunk» – Das Prinzip des «Funkischen»

Die Theorie des Radios war anfangs – und zwar sowohl bei den für das Programm Verantwortlichen als auch bei den Hörern – ein positivistischer Mythos der Rundfunktechnik. So wie das neue drahtlose Medium fortschrittlich «an sich» war, so war sein Programm «an sich» demokratisch – schon allein deshalb, weil es so viele empfangen konnten. Hans Bredow propagierte diese Fiktion bereits 1924 in einer Rundfunkrede zu Weihnachten, und zwar, um die grenzenlosen Möglichkeiten der neuen Technik zu demonstrieren, in einer Weihnachtsansprache an das amerikanische Volk:

«Unsere Generation lebt in einem Zeitalter von Erfindungen und Entdeckungen, die tief in die Gestaltung des menschlichen Lebens eingreifen. Der uralte Menschheitskampf gegen die Schranken von Raum und Zeit ist in ein neues Stadium getreten. Während noch vor wenigen Jahrzehnten eine Reise nach Amerika Wochen in Anspruch nahm, haben wir jetzt die überwältigende Tatsache, eine Überquerung des Ozeans in 70 Stunden durch den Zeppelin, erlebt.

Aber eine noch viel gewaltigere Verschiebung des Zeitbegriffs ist im Nachrichtenverkehr vor sich gegangen, ist es doch mit Hilfe des Radios möglich geworden, Nachrichten im Bruchteil einer Sekunde über die ganze Erde zu verbreiten. Diese Entwicklung hat dazu geführt, daß wir heute die Welt als gemeinsamen Sprechsaal ansehen können, ganz gleich, ob wir Nachbarn sind oder Antipoden. Und die ethischen Aufgaben des Radios krönt als Leitwort das hohe Ziel: Schafft dem Menschengeist neue Wege!»

Wenn das neue Medium den Atlantik überqueren kann, dann verdient es nach dieser «Radiotheorie» das Attribut «völkerverbindend»; da es Wort wie Musik übertragen kann, ist es zweifellos ein «Kulturfaktor»; und wo ein Weg ist, ist auch ein Menschengeist. Über die Art der Inhalte braucht da nichts mehr gesagt zu werden.

Auf die Funktion, die der Rundfunk in der konkreten politischen, sozialen und wirtschaftlichen Situation in Deutschland übernommen hatte, bezog sich Bredow eher zynisch:

«Radio ist in Deutschland gerade in einer Zeit der tiefsten wirtschaftlichen und seelischen Not wie ein befreiendes Wunder begrüßt worden und wird hier als ein Kulturfaktor betrachtet, dessen Auswirkung auf das kulturelle, politische und wirtschaftliche Leben nicht hoch genug angeschlagen werden kann. Zum erstenmal seit der Erfindung der Buchdruckerkunst durch den Deutschen Gutenberg ist eine neue Möglichkeit geschaffen, geistige Güter gleichzeitig Ungezählten zu übermitteln, und es ist verständlich, daß der nach geistiger Nahrung hungernde Teil der Menschheit sich in Massen zum Radio drängt.» (Hans Bredow, 25. 12. 1924, Schallaufnahme im Deutschen Rundfunkarchiv)

Daß die geistige Nahrung denen, die nichts zu beißen hatten, eher fade schmeckte, das gehörte zum Sinn der Sache. Die Behauptung vom «unpolitischen und überparteilichen» Charakter des Rundfunks war ja nach Bredows Eingeständnis nichts anderes als die planmäßige Camouflage, hinter der ein politischer, parteilicher, staatstragender Rundfunk eingerichtet wurde.

Aber auch in derjenigen Gruppe der Hörer, die die politische Entwicklung des Rundfunks am aufmerksamsten und mißtrauisch verfolgten, in der Arbeiter-Radio-Bewegung, war zum Teil eine ähnliche, unkritische Technikgläubigkeit wirksam. Da der Rundfunk – so argumentierte ein Mitglied des Arbeiter-Radio-Clubs in der Verbandszeitschrift «Der neue Rundfunk» – auf diejenigen Hörer angewiesen sei, die sich «Kunst aus erster Hand» nicht leisten können, müsse das Programm zwangsläufig – ganz gleich, wer es gestalte – «arbeiterfreundlich» werden. Außerdem, so heißt es in diesem und sinngemäß in einer Anzahl weiterer Artikel, bestehe eine besondere Beziehung zwischen der Arbeiterschaft und dem Radio, weil der Rundfunk Kulturprodukte maschinell verbreite, also mittels des Werkzeugs, mit dem Arbeiter täglich umgehen. Diese Vorstellung von einer «Maschinenkultur» hat ihre Wurzeln unter anderem im Proletkult der frühen zwanziger Jahre, der aber das Konzept einer eigenständigen proletarischen Kultur darstellte, während der Rundfunk, gerade in der Auffassung der Arbeiter-Radio-Bewegung, ein Instrument im Besitz des Bürgertums war.

Wozu Unterhaltungsrundfunk?

(...) Es war von Anfang an klar, daß hier ein Mittel gegeben ist, das einerseits in der Anwendung ungeheuer billig ist, da eine einzige Veranstaltung innerhalb eines räumlichen Umkreises von unzähligen Menschen gehört werden kann. Andererseits waren allerdings von vornherein auch bestimmte Mängel damit verbunden, die noch heute im wesentlichen als unabänderlich hingenommen werden müssen: vor allem die Beschränkung jeder Wirkung auf das Ohr, während das Auge unbeschäftigt bleibt; ferner die Verzerrungen, die gerade bei dem vorwiegend musikalisch orientierten Programme bei weitem mehr stören, als es der Radiofanatiker zugeben möchte und erst in den letzten Wochen wieder der Wirkung manches Abends den Garaus gemacht hat. Unter diesen Umständen bewertete man den Rundfunk von Anfang an als «Ersatz» für die Darbietungen, die von anderen Kunststätten in vollkommener Form verwirklicht wurden. Die notwendigen Mängel schlossen natürlich ganz bestimmte Bevölkerungs-schichten von einem lebhaften Interesse aus, da diese nicht auf «Kunst aus zweiter Hand» angewiesen waren. Da lag es nahe, aus der Not eine Tugend zu machen, zumal zunächst auch der besondere Reiz des Fernempfangs durch die behördlichen Vorschriften äußerst beschränkt war; man wandte sich also an die Volkskreise, die das Wort «Besser etwas, als gar nichts», zu schätzen wußten. Daß dieser Gesichtspunkt im allgemeinen heute noch maßgebend ist, beweist der überwiegende Teil des Programms: es ist doch nur eine Frage der persönlichen finanziellen Lage, ob man Revuen, Opern, Operetten oder Thea-terkitsch wie «Alt-Heidelberg», an seinem Ursprung im Theater sehen kann oder im Rundfunk hören muß. In diesen Fällen bleibt die Radioübertragung im-mer nur ein Ersatz, mit dem sich selbstverständlich keiner freiwillig begnügt, und dies ist der Grund, der auch die Kreise zu einer arbeiterfreundlichen Beur-teilung des Rundfunks veranlaßt, die sonst von einem engen Verhältnis zwi-schen Kunst und Proletariat kaum etwas wissen wollen, und die auch herzlich wenig Einblick in die wirklichen Bedürfnisse und geistigen Notwendigkeiten der Arbeiterschaft haben.

Es ist jedoch auch eine gänzlich andere Beurteilung möglich. Wir sehen ihn zunächst als neues technisches Mittel an, gleichsam als Material, das vom Pro-gramm erst noch gestaltet werden soll und müssen daher vor allem die spezifi-schen Möglichkeiten dieses Materials und seine inneren Gesetze untersuchen. Es ist ganz falsch, von Anfang an Vergleiche anzustellen, inwiefern Ähnlichkeiten mit Theater usw. vorhanden sind. Wir haben eine ähnliche Periode im Film hinter uns, der früher auch nur als «Ersatz» bewertet wurde und erst seit jener Zeit die stärksten Eindrücke vermittelt, da seine Eigenbedeutung erkannt ist. Und hier wie dort ist es auch falsch, von vornherein nach Kunstwerten zu suchen, die sich im Rundfunk verwirklichen müßten. Die neue Technik ist vorerst eine Form, von der noch gar nicht feststeht, ob sich in ihr wirklich die Dinge repräsentieren kön-nen, die uns als «Kunst» schon etwas zu geläufig sind. Wir sehen zunächst nur die Möglichkeit, das Wort und die Rede unter besonders günstigen Umständen von den verschiedensten Stellen aus zu übertragen. Wir sehen außerdem, daß ein Rundfunkprogramm in seiner Wirkung auf die Hörer nicht – wie Film, Theater, Vorträge, Konzerte – auf einzelne Stunden beschränkt ist, sondern den ganzen Tag umfaßt und sich tagtäglich fortsetzt. Daraus ergibt sich eine Stoßkraft, eine Intensität, die nur mit der einer Tageszeitung annähernd verglichen werden kann. Die beste Kraft des Rundfunks geht daher verloren, wenn sein Programm einseitig nach dem Schema der Speisekarte ausgebaut wird, aus der je nach Geschmack gewählt wird. Gerade durch die fortgesetzte Kette ist es möglich, das Weltgeschehen umfassend darzustellen. Am besten ist eine gewisse Analo-gie zur Tageszeitung vorhanden, so wenig eines für das andere vorbildlich sein kann. Der Rundfunk hat seinen Rahmen nicht nur viel weiter gespannt, so daß er alles geistige Leben in seine kontinuierliche Darbietung mit einbezieht – er wirkt vor allem auch bei weitem direkter, weil er die Ereignisse selbst übertragen kann. (...) Wir dürfen keine Utopien aus diesen Möglichkeiten aufbauen, denn nichts ist gefährlicher hierbei, als alle artistischen Absichten. Die Entwicklung nach dieser Richtung ist in dem Augenblick verdorben, in dem man sie nur noch als «Glanzleistung der Technik» betrachtet. Nicht eine Technik sollen die direkten Übertragungen veranschaulichen – sie sollen diese Technik ihrem eigentlichen Sinn zuführen, indem sie Informationsmittel, Teile einer *Weltdarstellung*, bedeuten. In diese Aufgabe des neuen Rundfunks müssen sich notwendig auch alle anderen Momente des Programms einordnen, ob Schauspiel, Oper, Konzert oder Vortrag. Von hier aus kommt es erst in zweiter Linie in Betracht, ob nun im einzelnen ein künstlerisch gerundeter Eindruck entsteht oder nicht. (...) Man darf den Rundfunk nur nicht immer wieder vom Kunstgesichtspunkt aus wie eine Zwangsvorstellung ansehen. Wir dürfen nie vergessen, daß unsere Wirklichkeit mit ihrem Kampf der Arbeit um Leben, Freiheit, Sieg unendlich weiter ist als jede Kunstform, die vor den großen geistigen Entscheidungen der Gegenwart resignieren muß. An ihre Stelle treten immer häufiger die Formen, die unmittelbar von dem Werkzeug der Arbeiterklasse aus, der *Maschine*, geformt sind. Die stärksten Wirkungen erzielt deshalb der Film, in dem gerade Proletarier das intensive Leben wiederfinden, das in der Gegenwart pulsiert (Chaplin). Zum zweiten Male stellt dies Bündnis zwischen Ausdruck und Maschine der Rundfunk dar, der ebenfalls aus der modernen Technik hervorgeht. Wie weit er selbst eine Kunstform ermöglicht aus den besonderen Rundfunkmitteln Klang, Wort und ihren Möglichkeiten, das steht vorerst noch dahin. Die Zukunft wird dies sicher noch gestalten: ein «Hörspiel» im eigentlichen Sinne. Wir werden hierauf scharf zu achten haben, weil alles Werdende in jene Zukunft deutet, die durch das Proletariat bestimmt wird. (...)

(Megaphon, in: Der neue Rundfunk, 21. Juni 1926)

Der Begriffswelt der Arbeiterbildungsvereine im Umfeld der SPD entstammt eine Position, die den zwangsläufig demokratischen Charakter des Rundfunks daraus ableitet, daß das (billige) Radio nun allen die Teilnahme am (teuren) bürgerlichen Kunstgenuß ermöglicht. Kritisch gegenüber den kulturellen Angeboten, an denen sie nun auch teilnehmen dürfen, seien die Arbeiter ohnehin nicht – weil sie müde sind, wenn sie am Feierabend den Kasten einschalten. Darüber hinaus verändere der Rundfunk die Lage des abhängig und entfremdet Arbeitenden – beim Basteln, beim Wickeln von Spulen und Löten von Kondensatoren: «Auch die Besitzlosen werden nun miteinbezogen in den Kulturkreis der Welt, welcher bisher zum überwiegenden Teil Monopol der Besitzenden war. Auch der am Abend abgerackert von der Last des Tages heimkehrende Arbeiter kann in seinen vier Wänden Kunstgenuß und Belehrung empfangen und sich an die geheimnisvolle Welle anschließen. Auch die so überaus interessante technische Seite des Radioproblems gewinnt für ihn Interesse. Er beginnt zu basteln, hat Freude am Schaffen, an einem Werk, an dem er selbst schöpferisch tätig sein kann. Eine befreiende Auslösung gebundener geistiger Energie nach der abstumpfenden und mechanisierenden Arbeit im Betrieb» (Julius Nowotny, in: Der neue Rundfunk, Mai 1926).

Positionen, die diesen Vorstellungen von einer gleichsam automatischen Demokratisierung widersprachen, waren in den ersten Jahren eher die Ausnahme. Im «Neuen Rundfunk» wandte sich der leipziger Naturwissenschaftler und linke Sozialdemokrat Julius Schaxel gegen die Vorstellung von (Rundfunk-)Kultur als einem Geschenk beziehungsweise einer Leihgabe an die Arbeiterschaft:

«Solange und wo immer es ein soziales Proletariat gibt, wenn eine andere als die proletarische Klasse herrscht, ist die besitzlose Masse der Arbeitenden in gleicher Weise, wie vom Besitz der Produktionsmittel auch von der formalen und inhaltlichen Bestimmung der Kultur ausgeschlossen. (...)

Die proletarische Bildung in der kapitalistischen Gesellschaft bedarf in erster Linie der Erkenntnis, daß sie aus Kulturquellen schöpft, die ihr wesensfremd sind, weil sie andere materielle Grundlagen haben. Die bürgerliche Formel von den ‹gebildeten Ständen›, der ungebildeten Masse gegenüber, drückt deutlich genug aus, daß Bildung ein Vorrecht der privilegierten Klasse ist. Daß es eben eine erwerbbare, mit anderem Besitz aufs engste verbundene Bildung gibt, ist der Kern der Sache. Der Schatz von Wissenseinzelheiten und Wissensanhäufungen nützt dem Proletarier nichts zur Durchführung seiner gesellschaftlichen Aufgabe, selbst wenn er ihm geschenkt wird. (...)

Die allgemeinste Kulturaufgabe des kämpfenden Proletariats ist die Selbsterkenntnis seiner Klassenlage. Von der Alltagsarbeit, vom nüchternen Werktag mit seinen schweren Mühen und bedrohlichen Ängsten ausgehend, muß der Arbeiter sein Verhältnis zu den Produktionsmitteln, seinen Anteil an der Produktion, seinen Zusammenhang mit den Genossen und sein Verhältnis zur anderen Gesellschaft beurteilen lernen.» (Juni 1926)

Unter den Schriftstellern, die sich der Linken zuzählten, herrschte, wenn sie für das Radio arbeiteten, das Bewußtsein, eine Art Partisan im Medium der gegnerischen Klasse zu sein. Als Medium entfalten könne sich der Rundfunk erst in einer befreiten Gesellschaft: «Gewiß, auch der Rundfunk kann eines der entwicklungsfördernden Mittel des Proletariats werden: der Ausbau des Arbeiter-Radio-Bundes und eine konsequente Klassenkampfpolitik werden es ermöglichen, weit mehr Vertreter des Proletariats wie bisher im Rundfunk sprechen zu lassen. Aber auch dies hat seine Grenze. Auch die Frage des Rundfunks ist eine Machtfrage. Und zu einem wirklichen Kulturfaktor des Proletariats wird der Rundfunk erst dann werden können, wenn das Proletariat die Macht hat.» (Johannes R. Becher, in: Arbeiterfunk, April 1928).

Der Dramatiker Friedrich Wolf, Autor der Hörspiele «John D. erobert die Welt» und «SOS rao rao foyn – Krassin rettet Italia», sah für sich die Notwendigkeit, seine Texte «den heutigen Sendern mundgerecht zu machen!!». Anders als seine Theaterarbeit mit dem – sich als revolutionär definierenden – «Spieltrupp Südwest» sah er in seinen Hörspielen «*indirekte* Stücke, die unter der Maske des Literarischen alles das sagen, was heute durch den Funk direkt noch nicht zu sagen ist» (Brief vom 29.7.1930, in: F. Wolf: Briefe. Eine Auswahl, Berlin und Weimar 1968, S. 123–126).

Wie indirekt Wolf gegenüber den Verantwortlichen in den Programmgesellschaften vorging, wie «mundgerecht» er ihnen gegenüber seine politischen Intentionen verbergen zu müssen meinte, wird in seinen Exposés deutlich, einem Angebotskatalog, den er im Juli 1930 der Schlesischen Funkstunde auf die Aufforderung schickte, Vorschläge für ein Hörspiel einzureichen:

«Auf meinem Hörspielprogramm für die nächste Zeit stehen folgende Themen:

1. ‹*Der schwarze Sonntag*› oder ‹Der 9. Januar› ... die große historische Episode, als nach dem verlorenen Krieg gegen Japan die russischen Arbeiter in Petersburg unter Führung des Priesters Gapon vor dem Zarenpalast demonstrierten und der Zar in sie feuern ließ... der Auftakt zu den Dingen nachher ...

2. ‹*Das Seidenkleid*› ... der Weg der chinesischen Seide vom Sammeln der Coccons über die Fabrikhöllen von Shanghai mit ihrem ökonomischen und politischen Riesenkampf, wie er dort heute ausgetragen wird, bis zum Presseball Berlin ... ein typisch funkisches Thema mit Überschneidungen, Simultanität von Schauplätzen, die um eine halbe Erdbreite auseinander liegen, die Internationalität des Welthandels und der Wirtschaftskämpfe.

3. ‹*40 Grad Celsius!*› ... ein Kampf im Mikrokosmus des Körpers bei Einbruch einer Lungenentzündung, wir machen auf einem Blutkörperchen eine Weltreise durch unseren fiebernden Organismus, eine richtige Odyssee im Mikrokosmus ...

4. An Alle! ... hier soll in einem ganz *grotesken* Hörspiel versucht werden, einen Querschnitt zu legen durch den Funkkörper selbst: etwa Brief der Schlesischen Funkstunde an einen Autor, ein Hörspiel zur ‹Ursendung› zu schreiben ... die Genese des Hörspiels, der Autor

‹produziert› … Telegramm der Funkstunde, warum das Hörspiel noch nicht fertig … Familienscene beim Autor … Pressenotizen … 1. Regiesitzung und Sprechprobe … vor der Sendung … Scharfmachen der Sprecher, im Senderaum, im Verstärkerraum, auf der Kraftzentrale im Überwachungsausschuß … und nun die *Hörer*: die verschiedenen Reaktionen – ein Querschnitt durch das heutige Deutschland … Apparate, die nicht funktionieren, *Reparaturen*, Bastler, Rückkoppler, Protestschreiben mit Verwechslung des Hörspiels, die verschiedensten Kritiken der Presse, die einander oft derart widersprechen, daß man überhaupt nicht mehr weiß, ob es sich um dasselbe Spiel handelt … wieder zurück zum Ausgangspunkt: Dramaturgisches Büro: Sollen wir's nochmals wagen, ein Hörspiel in Auftrag zu geben, oder wollen wir lieber Wallenstein bearbeiten lassen … eine totsichere Sache.

Bitte Ihre Meinung und Wahl!»

Seinem Kollegen Georg W. Pijet, der auch Mitarbeiter des «Arbeitersender» war und dessen Hörspiel «Mietskaserne» von allen deutschen Sendern – zum Teil mit ausdrücklich politischer Begründung – abgelehnt wurde, schrieb Friedrich Wolf, wenn er gesendet werden wolle, dürfe er «*nicht direkt* aus offener Stellung heraus schießen, sondern taktisch aus verdeckter Stellung im Bogenschuß». Wolf schlug Pijet vor, ein «Fabrik-Hörspiel» zu schreiben und riet ihm: «Nur mußt Du hier auch nicht gleich mit gröbstem Geschütz gegen die ‹Ausbeuter› und ‹Kapitalisten› loslegen, sondern die Verhältnisse selbst sprechen lassen!! Das wirkt am stärksten! Und bedenke, wenn wir uns heute wirklich über den Funk und An Alle wenden wollen, so brauchen wir ebensosehr Taktik wie schließlich Lenin sie vorübergehend im ‹NEP› benötigte.» (Brief vom Juli 1930 – In der «NEP», der «Neuen Ökonomischen Politik», wurden in der Sowjetunion materielle Leistungsanreize eingeführt.)

In den Programmredaktionen der Sendegesellschaften galten theoretische Überlegungen der Suche nach medienspezifischen Sendeformen, für die sich das Zauberwort «funkisch» einbürgerte.

Diese Vorstellung von einer zu entwickelnden eigenständigen Radiokunst ist so alt wie der Rundfunk selbst. Schon 1924 schrieb die berliner Funkstunde ein Preisausschreiben für ein «Sendespiel» aus (entsprechend dem «Lichtspiel»), zog es dann aber mangels Beteiligung wieder zurück. In den Jahren 1924 bis etwa 1927 war die literaturbezogene Rundfunkproduktion gekennzeichnet durch zahlreiche Bearbeitungen literarischer und dramatischer Texte einerseits und Formexperimente auf der Suche nach dem «akustischen Film» andererseits.

Typisch für letzteres war die «Zauberei auf dem Sender» von Hans Flesch mit dem Untertitel «Versuch einer Rundfunkgroteske» (1924), die in satirischer Form akustische Illusionsmöglichkeiten erprobte und demonstrierte.

Über die Funktion des – noch zu entwickelnden – Hörspiels, das heute eine Produktion von Spezialisten für Spezialisten in spezialisierten Programmnischen geworden ist, bestand damals Einigkeit unter Sendern und Empfängern. Der Intendant der berliner Funkstunde, Carl Hagemann, beschwor die originäre Rundfunkkunst als «höchst eigene, ihm allein zugehörige, aus seinem letzten Wesen geborene Kunstübung» (Die Szene, 1928). Und die KPD-Zeitung «Rote Fahne» schrieb: «Die Schaffung einer Hörspielkunst ist eines der wichtigsten Probleme – wenn nicht *das* Problem des Rundfunks.» (Januar 1928)

Etwa ab 1928/29 hatte die literarische Produktion im Rundfunk ihre Form gefunden; das «Worthörspiel» setzte sich durch. Friedrich Knilli sieht darin heute einen Abstieg vom «totalen Schallspiel» zum «verworteten Hörspiel» (Deutsche Lautsprecher, 1970).

Vor allem den Autoren der «Neuen Sachlichkeit» erschien das Worthörspiel als *die* zeitgemäße literarische Form. Wenn Alfred Döblin, Mitbegründer eines «Bundes Freier Rundfunkautoren», im Hörspiel die Verschmelzung der herkömmlichen Gattungen Epik, Dramatik und Lyrik sah, dann beschreibt das eben keine Eigenart eines speziellen akustischen Genres, sondern die literarischen Bemühungen der «Neuen Sachlichkeit» überhaupt.

Literatur und Rundfunk

(...) Es steht so, um es gleich zu sagen: für die Musik und die Journalistik bedeutet der Rundfunk im wesentlichen kein Novum, er ist da nur ein neues technisches Mittel der Verbreitung. Für die Literatur aber ist der Rundfunk ein veränderndes Medium. Formveränderung muß oder müßte die Literatur annehmen, um rundfunkgemäß zu werden, und wie stellt sich oder kann sich überhaupt die Literatur zu diesen Ansprüchen des Rundfunks stellen?

Ich stelle nun mit Vergnügen fest: in einer Hinsicht kommt der Rundfunk der Literatur weit entgegen und kann er eine Leistung an der Literatur vollbringen. Die Literatur baut mit der Sprache, welche an sich ja noch immer ein akustisches Element ist. Wenn seit der Erfindung der Buchdruckerkunst fortschreitend die Literatur in unserer Zeit zu einem stummen Gebiet geworden ist, so braucht das nicht unbedingt ein Vorteil zu sein. Ja, es ist bestimmt für die Literatur und die Sprache ein Nachteil. Der Buchdruck, die Drucktype, hat, um es ruhig auszusprechen, die Literatur und uns alle in einer unnatürlichen Weise zu Stummen gemacht; bestimmt hat dadurch unsere Sprache Schaden genommen, die lebende Sprache ist in ungenügender Weise in die geschriebene eingedrungen,

Faust II. Teil im Norag-Schauspiel

Die Kaiserschlacht im Funksaal

Indessen dicht uns Mikrophon gedrängt die Feldherren vor dem Kaiserzelt die Beobachtung der Schlacht schildern, marschieren rechts singende Heerscharen unter der Leitung eines Hilfsregisseurs vorüber, entbrennen im Hintergrunde die ritterlichen Schläge der Gewaltigen, leuchten die geheimnisvollen Zeichen des stummen Kapellmeisters, läuten und wimmern die Sturmglocken links, klirren die Panzer, brausen die Stürme, krachen die Felsen auf dem Tisch der Geräusche und jauchzen Drommeten und Pauken zum fröhlichen Krieg. Und alle, die sich im Funksaal entwickeln und hinter dem Vorhang ihr Einsetzen erwarten, gehorchen dem stummen Wink des Gesamtregisseurs, der von seinem Podium herab Freund und Feind mit suggestiver Kraft führen muß

(Nach einer Zeichnung von Hans Gröninger)

und so hatte die Buchdruckerkunst bei uns offenbar eine Anämie und Vertrocknung der Sprache im Gefolge. Da tritt nun im ersten Viertel des 20. Jahrhunderts überraschend der Rundfunk auf und bietet uns, die wir mit Haut und Haaren Schriftsteller sind, aber nicht Sprachsteller – und bietet uns wieder das akustische Medium, den eigentlichen Mutterboden jeder Literatur. Ich muß freilich sofort einen Einwand machen und Wasser in diesen Wein gießen. In eine ursprüngliche und natürliche Situation werden wir von dem Rundfunk nicht zurückgeführt. Es ist zwar die mündliche Sprache, die lebende Sprache, die dort am Mikrophon gesprochen werden kann, aber das Radio zeigt sich doch sofort als künstliches, sehr künstliches technisches Mittel; denn unsere mündliche Sprache lebt vom Kontakt zwischen Redner und Hörer. Ferner: die lebende Sprache steht auch nie allein, sie ist immer begleitet von Mimik, von wechselnden Gebärden, von Blicken. Diese Situation kann der Rundfunk nicht erneuern. Man weiß zwar, da es einem gesagt wird, daß jetzt viele tausend Menschen dahinten hören, wenn man spricht, aber faktisch sitzt man isoliert im Aufnahmeraum, und diese tausend Menschen existieren bestenfalls in unserer Phantasie. Aber auch dann erleben wir nicht die Resonanz, die Rückwirkung unseres Publikums auf uns; und darum fehlt dem Rundfunk die Kraft, die die Sprache und das Gesprochene erst wirklich zum Leben bringt, es fehlt das letzte Anfeuernde und Regulierende. Also zur natürlichen menschlichen Situation des Sprechers, des Erzählers etwa, kommen wir doch nicht, aber immerhin zu einer weniger künstlichen Situation.

Immerhin wird hier der Literatur wieder die tönende Sprache angeboten, und das ist ein großer Gewinn, dessen wir uns einmal ganz bewußt werden müssen. Es ist ein Vorteil, der ausgenützt werden muß. Es heißt jetzt Dinge machen, die gesprochen werden, die tönen. Jeder, der schreibt, weiß, daß dies Veränderungen bis in die Substanz des Werkes hinein im Gefolge hat.

(Alfred Döblin: Literatur und Rundfunk, in: Gerhard Hay [Hg.]: in: Literatur und Rundfunk 1923–1933, Hildesheim 1975, S. 230–236, Gerstenberg)

~~~~~~

Im literarischen Betrieb griff der Rundfunk zu, wo er sich eine Möglichkeit der Verwertung ausrechnen konnte; er hängte sich eher an anderswo erfolgreiche Trends an, als selbst Impulse zu geben. Wie das geschah, beschrieb der Kritiker und Hörspielautor Arno Schirokauer 1929 in der «Literarischen Welt»:

«Man nimmt sich ein paar Namen, die Einem aus Theaterkritiken geläufig sind und schließt, daß, wer ein Drama bauen kann, mit einem Hörspiel auch noch fertig wird; man kauft sich die ‹Arrivierten›; man wünscht kein Risiko zu haben; man nimmt, was man von den Theaterkritikern getippt bekommt; man besorgt sich aktuelle Leute, die an der Literaturbörse hoch notiert sind, man bedenkt Zuckmayer oder Brecht oder Bronnen mit ‹Aufträgen›. (...)

Ich empfehle eine andere Politik. Verpflichtet durch seine Mittel, verpflichtet durch seine beispiellose Öffentlichkeit, verpflichtet als Institut des denkbar vollständigsten Kunstsozialismus, verpflichtet durch seine Jugend und Neuartigkeit, verzichte der Rundfunk auf die Freuden des Hinterher-Entdeckens, des Nachstammelns, der Nachahmung. Er erziehe eine neue Jugend, die erst unterwegs ist, zu einer neuen und endlich unprivaten Kunst. (...) Die Öffentlichkeit der Rundfunkkunst hat als erste Folge die, daß die Existenz des Künstlers aus einer ganz privaten zu einer ganz politischen wird.»

«Im Anfang des Rundfunks war die Langeweile. Da sie in einer brillanten und reizvoll technischen Maskierung einherging (denn immer wieder blendete das technische Wunder), merkten sie nur wenige. Entsetzliche Dinge wurden damals getrieben. Das Musikprogramm wurde aus vermoderten Konzertsälen bezogen, Literatur aus der ‹Gartenlaube›, der Vortragsteil legte Wert auf die Sitten und Gebräuche der Minnesänger (unter dem Titel ‹Volksbildung›), Legionen Gurken wurden eingelegt (‹Für die Hausfrau›).» Das schrieb 1930 rückblickend Hans Flesch, erster künstlerischer Leiter der Südwestdeutschen Rundfunkdienst A.G. in Frankfurt, später von 1929 bis 1933 Intendant des Berliner Senders. Flesch setzte sich – was bei den Rundfunkverantwortlichen nicht die Regel war – sowohl experimentell als auch theoretisch mit den Möglichkeiten und Bedingungen seines Mediums auseinander. Schon 1924 sendete er Tonexperimente, ließ etwa Musik aus verschiedenen Räumen mit unterschiedlicher Mikrofonaufstellung übertragen, um beim Hörer eine Vorstellung von den Bedingungen der Sendung zu erzeugen. Oder er erprobte, daß der frankfurter Dialekt schon bei Hörern in Nordhessen nicht mehr verstanden wurde. «Flesch gehörte zu den ersten», schreibt Wolfgang Schivelbusch 1982 in einer Darstellung des frankfurter Senders, «die erkannten, daß die Sendung das Gesendete in seinem Wesen verändert und daß der Rundfunk sich über diese Veränderung von Wort und Musik in seiner Produktion stets bewußt sein muß. Von den Rundfunk-Praktikern der zwanziger Jahre war er der erste, der den ‹intellektualisierenden Charakter› des Radios klar erkannte, beschrieb und die praktischen Folgerungen für die Programmgestaltung zog.» (Intellektuellendämmerung. Zur Lage der Frankfurter Intelligenz in den zwanziger Jahren, Frankfurt/Main 1982, S. 65)

Die künstlerische Wirkung eines Kunstwerks beruht auf der suggestiven Kraft, die nur durch das unmittelbare Hören ausgelöst werden kann, und durch die Dazwischenschaltung der Maschine wird dieser «seelische» Teil der Wirkung aufgehoben, mindestens stark gestört und geschwächt. Und nur der intellektuelle Teil bleibt unangefochten. Da wir nun beim Anhören unbekannter musikalischer Werke durch die Arbeit, das Verstehen und Erfassen eines Musikstückes, nicht zum wesentlichen seelischen Genuß kommen (...), so scheint mir hier die wichtigste Aufgabe des Rundfunks zu beginnen. Das Rundfunk-Hören ist eine Art Partiturlesen für jedermann, d. h. es vermittelt dem Laien dieselbe Art von Kenntnissen – natürlich nicht im gleichen Maße und auf ganz anderem Wege! – wie sie der Musiker durch die Lektüre der Partitur erwirbt.

(Hans Flesch: Mein Bekenntnis zum Rundfunk, in: Funk 1925, S. 445)

Flesch, dessen Schwager Paul Hindemith und der Reporter Paul Laven entwickelten Ansätze einer «‹funkspezifischen› Reproduktion von Realität» (Schivelbusch). Man erarbeitete eine spezielle Form der Rundfunkreportage, die im frankfurter Sender unter dem Titel «Verirrte Mikrophone» lief. Die Schilderung einer solchen Reportage, die Laven in seinen Erinnerungen gibt, gemahnt heute an unverbindlichen Programmstandard, damals war das eine pionierhafte Erforschung der formalen, aber auch der publizistischen Möglichkeiten des Mediums:

«Es begann an der Frankfurter Hauptwache um 20 Uhr. Das Mikrophon in den Wirbel des Verkehrs gestellt, war zum ersten Mal, ohne ein Ereignis festhalten zu wollen, dem *Studio*, seinem verlesenen Vortragsdienst und Rollenwechsel, allem künstlichem Geräuschzauber fern. Das, was der Zufall vor und hinter erschautem, unmittelbar in Worte gekleidetem Bild herbei- und vorbeiführte, galt es in einem amüsanten Mosaik (...) zusammenzufügen. Zehn Minuten später brauste der Rundfunkwagen zum Hauptbahnhof. Während der Sender, mit dem wir neben der Übertragungsleitung Verbindung hatten, meldete, daß Anrufe mit Fragen und guten Wünschen sich mehrten, trug ich das Marmormikrophon eilends an die Lokomotive eines einfahrenden Zuges ...» (Paul Laven: Aus dem Erinnerungsbrevier eines Rundfunkpioniers, in: Gerhard Hay [Hg.]: Literatur und Rundfunk 1923–1933, a. a. O., S. 22)

Auch für die frühe Standardform des Radios, den «Rundfunkvortrag» beziehungsweise das «Radio-Essay», forderte Hans Flesch statt des üblichen Ablesens eines vorbereiteten Manuskripts eine Form, die der Gleichzeitigkeit von Sendung und Empfang entspräche: «Der Rundfunk-Essayist müßte vor dem Mikrophon und ohne andere Vorbereitung als die seines wirklichen und gründlichen Wissens, seiner Beherrschung der Materie und seiner Überlegenheit über die Schwierigkeiten des sprachlichen Ausdrucks im Augenblick des Sprechens, dem gleichen Augenblick, in dem gehört wird, frei und zwanglos seinen Gedanken sprachliches Leben verschaffen.»

Realität im Vortragswesen war hingegen, daß beispielsweise bei der berliner Funkstunde auf dem Pult für Vortragende eine Anweisung mit

114

Bildbeispielen angebracht war: «Soll Ihre Sprache natürlich klingen, dann sprechen Sie bitte auf das Mikrophon und nicht in das Manuskript.»

Sportreportage, 1930

Dem Versuch, den «vermoderten Konzertsälen» zu entgehen, diente manchen Sendern ihre Beteiligung an öffentlichen Veranstaltungen, wie zum Beispiel den Badener Musiktagen, von denen die Sender sich wiederum Impulse für ihr Programm versprachen. Außerdem wurden Auftragsarbeiten an Komponisten für «funkspezifische» Arbeiten vergeben; so entstanden beispielsweise «Minimax», «Drei Anekdoten für

116

Radio» und «Wir bauen eine Stadt» von Paul Hindemith und «Radio-Blues» von Ernst Krenek. In der frankfurter Sende-reihe «Studio-Konzert» gab Theodor Adorno Einführungen – so anspruchs-voll wie unpopulär; «Der Deutsche Rundfunk» reagierte: «Wer von der großen Menge des Publikums kennt schon Herrn Dr. Wiesengrund-Adorno?»

Wo der frankfurter Intendant Hans Flesch die abstrahierende, «intellektua-lisierende» Wirkung der Rundfunk-Di-stribution auf die Kunst behauptete, be-schwor sein kölner Kollege Ernst Hardt gerade das «Seelische»: «Die Wesenheit des Hörspiels schafft den gesamten Komplex der Mimik um und steigert sie zu reinem, wirklich ganz zwecklosem Seelenausdruck, also zu reiner Kunst.»

Hardt, Autor einiger romantisierend-lyrischer Dramen, war Intendant des Weimarer Nationaltheaters und Gene-ralintendant des kölner Schauspielhau-ses, bevor er 1926 Leiter der Westdeut-schen Rundfunk A.G., der Werag, wurde. Zuvor, nach dem Ersten Welt-krieg, war er an der Gründung der «De-mokratischen Partei» beteiligt gewesen, einer politischen Eintagsfliege, für die er sein soziales Kunstverständnis formu-liert hatte: «Freieste Bahn für jeden

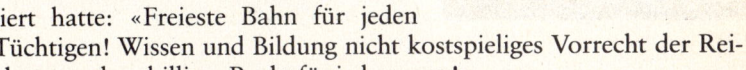

Tüchtigen! Wissen und Bildung nicht kostspieliges Vorrecht der Rei-chen, sondern billiges Recht für jedermann!»

Diese seine Vorstellung versuchte Hardt bei der Werag mit einer Sen-dereihe zu verwirklichen, die «Stunde des Arbeiters» hieß und über die er sagte: «Der Westdeutsche Rundfunk hat in seiner Stunde des Arbei-ters sich bemüht – und ich glaube mit Erfolg sich bemüht – dem Menschlichen des Arbeiters nach bestem Einfühlungsvermögen jen-seits aller Politik mit seelhaften Werten entgegenzustehen.» «Stunde des Arbeiters» – das hieß zum Beispiel: 64 Wochen hintereinander jeden Sonntag «Eine Doppelstunde Goethe» oder, von Hardt selbst verfaßt, sechs Folgen «Was ist ein Kunstwerk?»

Hardts Vorstellungen von der sozialen und politischen Funktion des Mediums, über das er verfügte, kann man nur idealistisch und mystisch-überhöht nennen:

«Die Industrialisierung der Welt hat einen neuen Typus Mensch erzwungen, seine Arbeit ist nicht mehr Erfüllung einer inneren Berufung, nicht mehr Sinn und Lust des Lebens. (...) In einer Zeit, in der der wirtschaftliche Unterbau der zivilisierten Staaten auf den Schultern solcher durch lustlose Arbeit leidenden Existenzen gelegt wurde, mußte notwendig eine Erfindung gemacht werden, die blitzschnell und allumfassend – wie ein rieselnder, alles reinigender Strom – Geist und Seelen mit Lebensanreiz, mit Erweckung, mit Freude, mit Weltbezug, mit Heiterkeit und mit Belehrung, in einem Wort mit allen Kräften geistigen und seelhaften Menschentums auf die einfachste, billigste und müheloseste Weise durchspülen konnte, und zwar zu jeder Zeit und an jedem Ort. – Diese Erfindung ist der Rundfunk.

Für den Arbeiter unserer Zeit ist der Rundfunk das mächtigste, das unaufhörlich wirkende, ja das unentrinnbare Mittel zur eigenen Differenzierung, zur Vermenschlichung, zur Kulturhaftigkeit, er ist wahrhaft seine innere Zuflucht und deshalb glaube ich, daß gerade hier die verantwortungsvollste Aufgabe des Rundfunks sich offenbart und die dennoch nur einen winzigen Bruchteil unserer Programmzeit erfordert, weil sie nicht quantitativ, sondern nur qualitativ gelöst werden kann. (...)

Der Drang der gesamten Arbeiterschaft lautete kurz und bündig: Menschwerdung. Menschwerdung durch den Rundfunk.» (Arbeiterschaft und Rundfunk, in: Rundfunkjahrbuch 1929, Berlin 1930, S. 227–232)

Gleichwohl wurde dieser Ernst Hardt Initiator und Regisseur des theoretisch begründeten, intellektuell fordernden Sendeexperiment, das über den Rundfunk der Weimarer Republik hinaus, Wirkung zeigte und diskutiert wurde. Unter Hardts Regie produzierte – und vereinnahmte – das Radio Bertolt Brechts «Lindberghflug».

«Ein schwieriges Metier und eine ungesunde Produktion» – Bertolt Brecht

Nachdem Brecht an einer Diskussion im Sendestudio teilgenommen hatte, war er vom Intendanten der kölner Werag, Ernst Hardt, aufgefordert worden, ein Hörspiel zu schreiben, das aufgeführt und übertragen werden sollte bei den Badener Kammmermusiktagen im Juli 1929, die in dem Jahr unter dem Thema «Originalmusik für den Rundfunk» standen.

Brecht lieferte, mit Musik von Kurt Weill und Paul Hindemith, ein Stück, das er erst «Lindberghflug», dann «Der Flug der Lindberghs» und später, nachdem der Ozeanflieger Charles Lindbergh deutliche Sympathien für die deutschen Nationalsozialisten gezeigt hatte, «Ozeanflug» nannte.

Nach Brechts Verständnis war der «Lindberghflug» kein Experiment *für* das Radio, sondern ein Experiment *mit* dem Radio: «Dem gegenwärtigen Rundfunk soll der Lindberghflug nicht zum Gebrauch dienen, sondern er soll ihn verändern. Eine neue Kunst wird endlich ihren Gebrauchswert nennen und angeben müssen, wozu sie gebraucht werden will.» (Versuche 1–4, Frankfurt/Main 1977, S. 23)

Radio und die Flieger

Zu der Zeit, wo die Menschheit
Anfing sich zu erkennen
Haben wir Wägen gemacht
Aus Holz, Eisen und Glas
Und sind durch die Luft geflogen
Und zwar mit einer Schnelligkeit, die den Hurrikan
Um das Doppelte übertraf.
Und zwar war unser Motor
Stärker als hundert Pferde, aber
Kleiner als ein einziges.
Tausend Jahre fiel alles von oben nach unten
Ausgenommen der Vogel.
Selbst auf den ältesten Steinen
Fanden wir keine Zeichnung
Von irgend einem Menschen, der
Durch die Luft geflogen ist
Aber wir haben uns erhoben
Gegen Ende des dritten Jahrtausends unsrer Zeitrechnung
Erhob sich unsre

Stählerne Einfalt
Aufzeigend das Mögliche
Ohne uns vergessen zu machen: das
Noch nicht Erreichte.
Diesem ist dieser Bericht gewidmet.

(Bertolt Brecht: Der Ozeanflug. Versuche 1–4,
Frankfurt/Main 1977, S. 21 f, Suhrkamp)

Die Auseinandersetzung des Autors Bertolt Brecht mit dem Rundfunk war zunächst abstrakt-theoretisch; getragen von der Faszination durch das neue Medium und von der Kritik an den «alten» Institutionen der Kunstdistribution. Fruchtbar wurde diese Auseinandersetzung, als die Theorie sich an Brechts eigener Praxis als Radioautor stieß, als die Einschätzung der Apparate sich an der Erfahrung mit den Apparaten rieb, an ihrer Realität ebenso wie an ihrer Ideologie.

Als ein Medium, das «auf ästhetische Vorbildung nicht angewiesen» ist und schon allein deshalb dem Theater überlegen sei, erschien Brecht der Rundfunk in seiner ersten Äußerung über das neue Medium. Für die «Funkstunde» vom 2. Januar 1927 schrieb er:

«Wichtiger als gut zu leben ist: in einer guten Zeit zu leben. Es ist für eine Generation, deren Passion darin besteht, Theaterstücke zu machen, keine Annehmlichkeit, ein schlechtes, das heißt ein für ihre Stücke unbrauchbares Theater vorzufinden. Aber es ist eine gute Zeit, in der die reine Produktion, weit entfernt, ein überlebtes, abgenutztes und appetitloses Theater zu beliefern, sich entschließt, dieses Theater zu beseitigen. Tatsächlich ist unsere Produktion für dieses Theater nur tödlich. Andererseits entstellt das Theater von heute unsere Stücke bis zur Unkenntlichkeit, auch wenn es verhältnismäßig gut arbeitet. Jede andere Reproduktion unserer Theaterstücke ist für sie besser als die des Theaters. Schon in einer Verfilmung wären sie einfach verständlicher und eindrucksvoller.

Deshalb ist der Rundfunk, eine technische Erfindung, die sich das Bedürfnis der Masse erst schaffen und nicht sich einem schon abgenutzten alten Bedürfnis unterwerfen muß, eine große und fruchtbare Chance für unsere Stücke. (...)

Das Theater ist allzulange Eigentum einer kleinen Schicht gewesen, die behauptete, sie sei die Nation. Es ist kein Zufall, daß das Theater heute, wo diese Schicht ganz deutlich *nicht* mehr die Nation ist, dem Untergang geweiht ist und eine Erfindung wie der Rundfunk, der doch sozusagen viel zu tun hat, die bisherige Verpflichtung des Theaters, sich um die Kunst zu kümmern, einfach mitübernimmt.

Man kann sagen, daß von seiten des Rundfunks Mut nötig ist, sich mit Kunst zu befassen. Aber wenn diese großen, unbelasteten, neuen Institutionen keinen Mut hätten, wer sollte dann Mut haben?» (Bertolt Brecht: Junges Drama und Rundfunk, in: Funkstunde Nr. 1, 2. 1. 1927, S. 2 f)

Es verwundert nicht, daß gerade der Arbeiter-Radio-Bund, der ja Erfahrungen gemacht hatte mit dem «Mut» der «unbelasteten» Institution, diesen Versuch eines Autors, das Radio einfach als eine neue Bühne für seine dramatische Produktion zu reklamieren, als den Euphemismus kritisierte, der er war. Der «Arbeiterfunk» entgegnete: «Man ist zuerst erstaunt, in diesem oberflächlichen Blatt einen Beitrag eines literarischen Revolutionärs zu finden. (...) Über das Theater, das seine Stücke aufführt, spricht er das Verdammungsurteil aus, den Rundfunk hofiert er auf der Eselswiese desjenigen Senders, wo ein Alfred Braun das geistige Regiment führt. (...) Brechts ‹Funkstunden›-Artikel ist entweder eine grobe Fahrlässigkeit oder, was bedenklicher wäre, ein Beispiel mehr dafür, daß es der Funkokratie immer wieder glückt, mit ihren goldenen Fangpraktiken ‹kritische Gewissen in Schlaf zu lullen›.»

In einem zweiten Beitrag – ebenfalls 1927, auf eine Umfrage des «Berliner-Börsen-Couriers»: «Können die Rundfunk-Programme künstlerischer und aktueller werden?» – beschäftigte sich Brecht weniger mit (erhofften) Reproduktionsmöglichkeiten seiner dramatischen Produktion, sondern eher mit den Strukturen des Mediums. Allerdings immer noch geprägt von der Faszination durch die neue Technik, das heißt: ungetrübt von eigenen Erfahrungen. Er reichte «Vorschläge für den Intendanten des Rundfunks» ein: «Meiner Ansicht nach sollten Sie aus dem Radio eine wirklich demokratische Sache zu machen versuchen. In dieser Hinsicht würden Sie zum Beispiel schon allerhand erreichen, wenn Sie es aufgäben, für die wunderbaren Verbreitungsapparate, die Sie zur Verfügung haben, immerfort nur selbst zu produzieren, anstatt durch ihre bloße Aufstellung und in besonderen Fällen noch durch ein geschicktes zeitsparendes Management die Ereignisse produktiv zu machen.» Brecht regte an – auch gegen «Gesetze, die dies zu verhindern versuchen» – Parlamentssitzungen und Gerichtsprozesse zeitgleich zu übertragen.

Über das Verhältnis von Rundfunk und Kunst notierte Brecht: «1. Die Frage, wie man die Kunst für das Radio, und die Frage, wie man das Radio für die Kunst verwerten kann – zwei sehr verschiedene Fragen –, müssen zu irgendeinem Zeitpunkt der wirklich viel wichtigeren Frage untergeordnet werden, wie man Kunst und Radio überhaupt verwerten kann. 2. Diese Frage wird, wenn wir recht haben oder recht bekommen, folgendermaßen beantwortet werden: Kunst und Radio sind pädagogischen Absichten zur Verfügung zu stellen. 3. Die Möglichkeit der Durchführung einer solchen direkten pädagogischen Verwertung der Kunst scheint heute nicht gegeben, weil der Staat kein Interesse daran hat, seine Jugend zum Kollektivismus zu erziehen.» (Gesammelte Werke, Bd. 18, Frankfurt/Main 1975, S. 123 f, Suhrkamp)

«Ein Mann, der was zu sagen hat und keine Zuhörer findet, ist schlimm dran. Noch schlimmer sind Zuhörer dran, die keinen finden, der ihnen was zu sagen hat.» 1929, als Bertolt Brecht Rundfunkautor wurde, war das Radio in Deutschland sechs Jahre alt; es hatte drei Millionen Teilnehmer, die Sendegesellschaften teilten sich einen jährlichen Etat von 30 Millionen Mark. «In diesen Städten beginnt jede Art künstlerischer Produktion damit, daß ein Mann zu dem Künstler kommt und sagt, er habe einen Saal. Daraufhin unterbricht der Künstler seine Arbeit, die er für einen anderen Mann unternommen hat, der ihm gesagt hat, er habe ein Megaphon. Denn das Metier des Künstlers besteht darin, etwas zu finden, wodurch es hinterher entschuldigt werden kann, daß man Saal und Megaphon unüberlegterweise gemacht hat. Es ist ein schwieriges Metier und eine ungesunde Produktion.» (Gesammelte Werke, Bd. 18, Frankfurt/Main 1975, S. 120)

Als der Rundfunk bei Brecht um etwas «Funkisches» nachkam, war Brecht bereits so etwas wie ein junger Arrivierter. Seine «Hauspostille» war gerade erschienen, das Songspiel «Mahagonny» mit Erfolg aufgeführt, und im Jahr zuvor hatte die «Dreigroschenoper» einen Riesenerfolg gehabt. Für das Radio hatte er bisher Shakespeares «Macbeth» und «Hamlet» eingerichtet, sein Drama «Mann ist Mann» war in einer Hörspielfassung gesendet worden; zunächst von der berliner Funkstunde und dann von der kölner Werag in der Regie von Ernst Hardt. Und dieser Ernst Hardt hatte Brecht aufgefordert, ein «Sendespiel» zu verfassen. Brecht schrieb an Hardt – bereits im Oktober 1927 –: «Ich hätte gern mit Ihnen einmal über die Möglichkeiten eines wirklichen Sendespiels gesprochen, ich habe ein solches skizziert, es heißt ‹Die Geschichte der Sintflut›, in naiver Art. Es gehen ziemlich moderne Großstädte dabei unter! Aber es ist sehr schwer, so etwas zu schreiben, wofür man keine Gewähr der Verwendung hat und sogar im besten Fall, nämlich wenn es aufgeführt wird, lächerlich wenig bekommen kann. (Was wohl auch daher kommt, daß der Rundfunk noch kein Repertoire mit Wiederholungsmöglichkeiten hat. Solch ein Stück müßte man jedes Jahr an einem bestimmten Tag aufführen.) (…) Es müßte eine große Sache sein, die erste dieser Art, es könnte eventuell sogar die ‹Kölner Sintflut› heißen. Übrigens ist das ganze Projekt für mich eine wichtige, aber keine eilige Sache.» (Zitiert nach: Gerhard Hay: Bertolt Brechts und Ernst Hardts gemeinsame Rundfunkarbeit, in: Jahrbuch der deutschen Schillergesellschaft, 12, Suttgart 1968, S. 133)

Bei dieser Skizze blieb es; eine Zusammenarbeit zwischen Hardt und Brecht kam erst zwei Jahre später zustande. Der «Lindberghflug» entstand, als Brecht intensiv im Studium des Marxismus steckte. Und seine dramatische Produktion war bestimmt von der Reihe der «Versuche», der Entwicklung eines erzieherischen epischen Theaters. Es ist geschrieben «zu einem Zeitpunkt, wo gewisse Arbeiten nicht mehr so sehr individuelle Erlebnisse sein (Werkcharakter haben) sollen, sondern mehr auf die Benutzung (Umgestaltung) bestimmter Institute und Institutionen gerichtet sind (Experimentcharakter haben) und zu dem Zweck, die einzelnen, sehr verzweigten Unternehmungen kontinuierlich aus ihren Zusammenhängen zu erklären» (Versuche 1—4, a. a. O., S. 6).

Getragen von der Auffassung, daß der Rundfunk in besonderer Weise der montierten Form und der Stationentechnik des epischen Dramas dienen könnte, daß aber, um die erzieherische Wirkung freizusetzen, die Vereinzelung des Rundfunkhörers aufgehoben werden müßte, wurde der «Lindberghflug» das erste von Brechts Lehrstücken: «Das Lehrstück ist zur Selbstverständigung der Autoren und derjenigen, die sich dabei beteiligen, gemacht und nicht dazu, irgendwelchen Leuten ein Erlebnis zu sein. Das Lehrstück lehrt dadurch, daß es gespielt, nicht dadurch, daß es gesehen wird. Prinzipiell ist für das Lehrstück kein Zuschauer nötig, jedoch kann er natürlich verwendet werden. Es liegt dem Lehrstück die Erwartung zugrunde, daß der Spielende durch die Durchführung bestimmter Handlungsweisen, Einnahme bestimmter Haltungen, Wiedergabe bestimmter Reden und so weiter gesellschaftlich beeinflußt werden kann.» (Gesammelte Werke, Bd. 17, a. a. O., S. 1024)

«‹Der Flug der Lindberghs› ist ein Radiolehrstück für Knaben und Mädchen, nicht die Beschreibung eines Atlantikfluges, sondern ein pädagogisches Unternehmen; er ist zugleich eine bisher nicht erprobte Verwendungsart des Rundfunks, bei weitem nicht die wichtigste, aber einer aus einer Reihe von Versuchen, welche Dichtung für Übungszwecke verwenden.» (Versuche, Heft 1, 1930, Umschlaginnenseite)

Der Rundfunkapparat sollte bei diesem «Radiolehrstück» lediglich Zulieferer für eine Übung der Hörer (im Idealfall Schulklassen) sein. Der eine Teil (die Geräusche der Elemente, die Chöre, die Wasser- und Motorengeräusche usw.) hat die Aufgabe, die Übung zu ermöglichen, das heißt einzuleiten und zu unterbrechen, was am besten durch einen Apparat geschieht. Der andere *pädagogische* Teil (der Fliegerpart) ist der Text für die Übung: der Übende ist Hörer des einen Textteils und Sprecher des anderen Teils. Auf diese Art entsteht eine Zusammenarbeit zwischen Apparat und Übenden, wobei es mehr auf Genauigkeit als auf Ausdruck ankommt.» – «Der Staat soll, was die Musik betrifft, alles hervorbringen, was besondere Apparate und besondere Fähigkeiten verlangt, aber der Einzelne soll eine Übung hervorbringen.» – «Der Lindberghflug hat keinen Wert, wenn man sich nicht daran schult. Er besitzt keinen Kunstwert, der eine Aufführung rechtfertigt, die diese Schulung nicht bezweckt. Er ist ein *Lehrgegenstand*.» (Versuche, Heft 1–4, 1977, S. 23)

Die Geschichte der Aufführung des «Lindberghflugs» bei den Badener Kammermusiktagen ist eine Geschichte von Kompromissen und verhinderten Absichten. Die Abfolge der Aufführungen des Stücks, die es dort gegeben hat, ist nicht ganz klar. Eine öffentliche Generalprobe, die im Programmheft der Musiktage ausgedruckt war, hat nicht stattgefunden. Dabei war es gerade diese öffentliche Generalprobe und nicht die Rundfunksendung, bei der Brecht die Möglichkeiten seines Lehrstücks demonstrieren wollte, die Rundfunksendung konnte nur ein «akustisches Gemälde» sein, also eine – im Sinne Brechts – «falsche» Aufführung. In einem Brief an Ernst Hardt hatte Brecht kurz vor den Kammermusiktagen geschrieben:

«Ich habe über die Radiosendung des Lindberghflugs etwas nachgedacht, und zwar besonders über die geplante öffentliche Generalprobe. Diese könnte man zu einem Experiment verwenden. Es könnte wenigstens optisch gezeigt werden, wie eine Beteiligung des Hörers an der Radiokunst möglich wäre. (Diese Beteiligung halte ich für notwendig zum Zustandekommen des ‹Kunstakts›.)

Ich schlage also folgenden kleinen Bühnenaufbau für diese Demonstration vor: vor einer großen Leinwand sitzt auf der einen Seite der Bühne der Radioapparat, Sänger, Musiker, Sprecher usw., auf der anderen Seite der Bühne ist durch einen Paravant ein Zimmer angedeutet, und auf einem Stuhl vor einem Tisch sitzt ein Mann in Hemdsärmeln mit der Partitur und summt, spricht und singt den Lindberghpart. Dies ist der Hörer. Da ziemlich viel Sachverständige anwesend sein werden, ist es wohl nötig, auf der einen Seite die Aufschrift ‹der Rundfunk›, auf der anderen die Aufschrift ‹der Hörer› anzubringen.» (Zitiert nach: Brechts Modell der Lehrstücke, hg. von Reiner Steinweg, Frankfurt/Main 1976, S. 37, es 751)

Diese geplante Generalprobe hat nicht stattgefunden. Nach der Aufführung für den Rundfunk setzte Brecht in Baden-Baden noch eine

Demonstrationsaufführung des «Lindbergflugs», Baden-Baden 1929

Aufführung vor Publikum an, bei der er selbst in die Regie eingriff. «Vielleicht», so berichtet ein Rezensent, «als Protest gegen die sehr stimmungshafte Sendung unter der Regie von Hardt.»

In Hardts Regiebuch zum «Lindberghflug» gibt es auch einen Hinweis darauf, wie schwer der ehemalige Theaterregisseur das Wesen des akustischen Mediums begriff. An einer Stelle, in der es im Text heißt: «Bis jetzt war es Tag, aber jetzt / Kommt die Nacht», da hatte sich Hardt am Rand als Regieanweisung notiert: «Mond unmöglich».

Bei der nachträglichen Aufführung in Baden-Baden, schrieb Brecht später, sei er auf den Wunsch der Hörer nach ungestörtem musikalischem Genuß nicht eingegangen, sondern er habe, indem er die Vorstellung öfters unterbrach, seine Vorstellungen von einer experimentellen Zusammenarbeit von Hörern und Rundfunk demonstriert. Es existiert ein Redemanuskript, das eine Vorstellung von dieser Demonstration vermittelt, aber auch davon, wie sehr Brecht von dieser Rundfunkveranstaltung zu Kompromissen gezwungen worden war. Wer diese Rede geschrieben hat, ist unklar, denkbar ist, daß sie von Hardt entworfen, von Brecht korrigiert und vielleicht noch einmal überarbeitet wurde:

125

«Die meisten von Ihnen haben gestern abend den Lindberghflug Brechts in einer Wiedergabe durch den Rundfunk gehört, und zwar als eine Art akustischen Gemäldes. Das menschliche Erlebnis des Lindbergh wurde zu gestalten versucht, das Gefühlsmäßige wurde betont. Der Hörer wurde zur Empfindung angeregt, im Ganzen handelte es sich um eine künstlerische Suggestion, die auf den Hörer ausgeübt werden sollte, um in ihm Illusionen zu erzeugen. Da dies aber nur eine Möglichkeit ist, Werke wie den Lindberghflug zu verwerten, aber nicht die *einzige* Möglichkeit, möchten wir eine konzertante Aufführung des Werkes gleichzeitig dazu benützen, eine andere Verwendungsmöglichkeit solcher Werke zu demonstrieren, die zugleich auch eine andere Verwendung des Rundfunks bedeuten würde.

Sie sehen also auf der Bühne auf der einen Seite den Rundfunk placiert, auf der anderen Seite den Hörer, und Sie werden sehen, daß Rundfunk und Hörer hier gemeinsam das Werk aufführen, also sich gegenseitig sozusagen in die Hände spielen, und zwar so, daß der Rundfunk dem Hörer alles das ins Haus liefert, was der Hörer selbst schwer erzeugen kann, was er aber braucht, um seinen Part aufführen zu können. Was den Hörer betrifft, so übernimmt er den Hauptpart, nämlich jenen Part, der geeignet ist, ihn zu erziehen. (...) Sie werden einwenden, daß dieses Experiment so bald nicht durchgeführt werden kann. Ganz abgesehen von den organisatorischen Schwierigkeiten – es müßten ja dem Hörer Partituren ins Haus geliefert werden – und abgesehen von den pädagogischen Schwierigkeiten (es müßten breite Massen musikalisch geschult werden).

Sie werden vor allem fragen, warum soll der Hörer Musik machen, wenn ihm niemand zuhört, also nur für sich selbst. Nun könnte man dem Hörer etwa die Erbauung versprechen, die ein Mann erfährt beim Absingen des Lindberghparts, beim Sichhineinversetzen in einen zähen Mann, der sich zu seinem Ziel durchkämpft. Aber eine Beteiligung aus Genußsucht würde Brecht, da es hier um das Pädagogische geht, ablehnen. Auf die Frage also, was hier jemand zwingen könne, mitzutun und erzogen zu werden, antwortet Brecht: nur der Staat.

Damit Sie sich den pädagogischen Wert vorstellen können, den eine solche Kunstübung für den Staat besäße, stellen Sie sich etwa vor, daß die Knabenschulen mit dem Rundfunk zusammen solch ein Werk aufführten. Tausende junge Leute würden in ihren Klassenzimmern angehalten werden, jene heroische Haltung einzunehmen, die Lindbergh in diesem Werk auf seinem Flug einnimmt.» (Nach: Brechts Modell der Lehrstücke, hg. von Reiner Steinweg, a. a. O., S. 39 f)

«Jene heroische Haltung» – das war genau die doppelte Unzulänglichkeit der Aufführungen in Baden-Baden, sowohl der Rundfunkübertragung als auch der von Brecht veranstalteten Demonstration. Denn um irgendeinen Heros geht es in dem Lehrstück von der Überlegenheit des technischen und sozialen Fortschritts über Ideologie, Religion und gesellschaftliche Willkür eben gerade nicht. Im Gegenteil: Seine Fortschritts- und Technikgläubigkeit mutet heute eher befremdlich an.

Ideologie

Darum beteiligt euch
An der Bekämpfung des Primitiven
An der Liquidierung des Jenseits und
Der Verscheuchung jedweden Gottes, wo
Immer er auftaucht.
Unter den schärferen Mikroskopen
Fällt er.
Es vertreiben ihn
Die verbesserten Apparate aus der Luft.
Die Reinigung der Städte
Die Vernichtung des Elends
Machen ihn verschwinden und
Jagen ihn zurück in das erste Jahrtausend.
(Bertolt Brecht: Der Ozeanflug, a. a. O., S. 15)

Das pädagogische Prinzip des Lehrstücks wurde bei der Aufführung in Baden-Baden nicht wirksam; hilfsweise warf es ein Projektor auf die Rückwand des Bühnenaufbaus: «Im Verfolg der Grundsätze: der Staat soll reich sein, der Mensch soll arm sein, der Staat soll verpflichtet sein, vieles zu können, dem Menschen soll es erlaubt sein, weniges zu können, soll der Staat, was die Musik betrifft, alles hervorbringen, was besondere Apparate und besondere Fähigkeiten verlangt, aber der Einzelne soll eine Übung hervorbringen. (Versuche, Heft 1, 1930, S. 23 f)

Brechts Erfahrungen mit der Sendung des «Lindberghflugs» war, daß ein Stück, das gemacht war, um den Rundfunk zu verändern, nach den Gesetzen des Rundfunks verwertet und dabei selbst bis zur Unkenntlichkeit verändert wurde. Die Zeitschrift der Werag lobt in ihrer Berichterstattung ein vermeintliches Rundfunkkunstwerk: «Ein Meilenstein in der Entwicklung des Rundfunks und seiner Kunstübung. Ein Hörspiel, das kühn einen Stoff zum Vorwurf wählt, wie er nicht zeitgemäßer sein könnte, und das zugleich die schöpferische Phantasie des Wort- und Tondichters in neue Bahnen lenkt.» Brechts Notizen zu seinem Stück und zu seinen Erfahrungen mit dem Medium, das er zuvor ohne Ein-

schränkungen dem Theater vorgezogen hatte, klingen, was die Möglichkeit einer gezielten Verwertung im Radio angeht, eher resigniert:
«teils der gewohnheit meinesgleichen folgend teils dem auftrag
habe ich ein gedicht geschrieben für das radio
schildernd den flug eines fliegers über das atlantische meer im
    vergangenen jahr
ich habe dazu entworfen den genauen plan seiner verwendung
neue aufgaben der apparate im dienste der pädagogik
und alles drucken lassen nach meinem recht als schriftsteller
nach wochen das gedruckte durchlesend
schien mir der plan undurchführbar
die großen institutionen
wurden in ihm angesprochen mit namen
der plan entsprach der genauen
betrachtung der vorhandenen apparate
er deutete kindlich die unverkennbaren anzeichen
entstehender bedürfnisse der massen
beruhte auf der zunehmenden konzentration der produktionsmittel
und der spezialisierung der arbeitskräfte
der dringenden notwendigkeit geistiger ausbildung möglichst vieler
zur bedienung unserer stetig feiner werdenden maschinen
und erstrebte zur ermöglichung für die arbeit notwendiger
    mechanisierung
eine einfache schulung des geistes in der mechanik
viele gründe ergaben den plan jener öffentlichen übung
neuer verwendung der vorhandenen ungenützten apparate
und entschuldigten ihn vor den fachleuten aber
wieviele gründe immer dafür sprachen einer zumindest
fehlte den plan
auszuführen
nachdenkend über jenen grund der fehlte
vielen gründen gegenüber die vorhanden waren»
(Nach: Brechts Modell der Lehrstücke, hg.
von Reiner Steinweg, a. a. O., S. 69 f)

Was immer im Radio aufgeführt werde, notierte Brecht, Schlechtes
oder Gutes, ergebe immer eine eigentümliche Klassenteilung zwischen
den Ausführenden und den Aufnehmenden. Man wisse aber, daß diese
Spaltung zur Verkümmerung der Ausführung und der Aufnahme
führe. Und er faßte seine Erfahrungen mit seinem Radiolehrstück zusammen: «Der Lindberghflug hat weder einen ästhetischen noch einen
revolutionären Wert, der unabhängig von seiner Anwendung besteht,
die nur der Staat organisieren kann. Seine richtige Anwendung aber

macht ihn immerhin so weit ‹revolutionär›, daß der gegenwärtige Staat kein Interesse hat, diese Übungen zu veranstalten.» (Gesammelte Werke, Bd. 18, a. a. O., S. 126 f)

1932 formulierte Brecht in der «Rede über die Funktion des Rundfunks» seine eigentliche *Radiotheorie*. Inzwischen hatte er weitergehende Erfahrungen mit öffentlichen und staatlichen Institutionen gemacht. Er führte einen Prozeß gegen die Filmgesellschaft, die seine «Dreigroschenoper» in einer entschärften und unverfänglichen Version verfilmt hatte; die Polizei war gegen eine Aufführung der «Mutter» eingeschritten; Brechts und Dudows Film «Kuhle Wampe» war von der Filmprüfstelle verboten und nach Protesten erst unter Auflagen und mit Schnitten freigegeben worden.

Seine jetzigen Überlegungen zum Rundfunk bewahrten, auf den «notwendigen Aufstand des Hörers, seine Aktivierung und seine Wiedereinsetzung als Produzent» bauend, Kontinuität zu dem Kommunikationsmodell, das er im «Lindberghflug» zu erproben versucht hatte. Im Gegensatz zu seinen früheren Äußerungen zum Rundfunk orientiert sich Brecht nun weniger an der Frage der Verwertbarkeit von Produkten der künstlerischen Produktion im Radio, sondern er formuliert Forderungen, die die Distributionsformen des Mediums betreffen, und deren augenfällige Undurchführbarkeit den mangelnden demokratischen Charakter des Rundfunks deutlich werden läßt: «Undurchführbar in dieser Gesellschaftsordnung, durchführbar in einer anderen, dienen die Vorschläge, welche doch nur eine natürliche Konsequenz der technischen Entwicklung bilden, der Propagierung und Formung dieser *anderen* Ordnung.» (Gesammelte Werke, Bd. 18, a. a. O., S. 138)

Es ging Brecht darum, den Rundfunk in eine revolutionäre politische Strategie einzubeziehen. Die Strukturen der Institution werden jeweils gegenüber den vermittelten Inhalten das Übergewicht behalten. Ohne die Änderung des Radios zu einem Kommunikationsinstrument werden seine Inhalte zwangsläufig folgenlos bleiben. «Ganz abgesehen von seiner zweifelhaften Funktion (wer vieles bringt, wird keinem etwas bringen), hat der Rundfunk eine Seite, wo er zwei haben müßte, er ist ein reiner Distributionsapparat, er teilt lediglich zu. Und um nun positiv zu werden, das heißt, um das Positive am Rundfunk aufzustöbern, ein Vorschlag zur Umfunktionierung des Rundfunks: Der Rundfunk ist aus einem Distributionsapparat in einen Kommunikationsapparat zu verwandeln. Der Rundfunk wäre der denkbar großartigste Kommunikationsapparat des öffentlichen Lebens, ein ungeheures Kanalsystem, das heißt, er wäre es, wenn er es verstünde, nicht nur auszusenden, sondern zu empfangen, also den Zuhörer nicht nur hören, sondern auch sprechen zu machen und ihn nicht zu isolieren, sondern in Beziehung zu setzen. Der Rundfunk müßte demnach aus dem Lieferantentum herausgehen und den Hörer als Lieferanten organisieren.» (Gesammelte Werke, Bd. 18, a. a. O., S. 129)

Das war kein Aufruf zum Boykott. Die Zulieferer zum Programm, so Brecht, hätten immer auch die Bedingungen der Institution Radio im Auge zu haben: «Es ist keineswegs unsere Aufgabe, die ideologischen Institute auf der Basis der gegebenen Gesellschaftsordnung durch Neuerungen zu erneuern, sondern durch unsere Neuerungen haben wir sie zur Aufgabe ihrer Basis zu bewegen. Also für Neuerungen, gegen Erneuerung! Durch immer fortgesetzte, nie aufhörende Vorschläge zur besseren Verwendung der Apparate im Interesse der Allgemeinheit haben wir die gesellschaftliche Basis dieser Apparate zu erschüttern, ihre Verwendung im Interesse der wenigen zu diskutieren.» (Gesammelte Werke, Bd. 18, a. a..O., S. 133)

«Originalbeiträge für den Rundfunk» fertigte Brecht erst wieder im Exil, auf der Flucht vor den Nationalsozialisten «öfter die Länder als die Schuhe wechselnd». Ausländische Rundfunksender waren für ihn eine der wenigen verbliebenen Möglichkeiten, öffentlich wirksam zu bleiben. Der Rundfunk wurde für Brecht, wie für andere Exilierte, eine Art «Ersatz»-Medium, demgegenüber er jetzt von Fall zu Fall auch seine rundfunktheoretischen Überlegungen zurückstellte.

Die Funktion als Ersatzmedium hatte das Radio für Brecht schon im letzten Jahr der Weimarer Republik bekommen. Sein Stück «Die heilige Johanna der Schlachthöfe» konnte wegen einer Intervention der Nationalsozialisten und ihrer deutschnationalen Verbündeten an keinem deutschen Theater mehr gespielt werden; es gab aber noch eine Sendung im Rundfunk – wenn auch gekürzt und politisch entschärft. Im Bühnenstück erfährt Johanna Dark, daß den Unterdrückten nur hilft, wer an ihren Kämpfen teilnimmt; in der Hörspielfassung immerhin noch, daß Elend und Schlechtigkeit nicht die Natur der Armen sind, sondern von Geschäften und Ideologien gemacht. Die Sendung wurde von Herbert Jhering eingeleitet: «Es wird einmal zu den denkwürdigsten, aber unrühmlichsten Merkmalen in der Kulturgeschichte unserer Zeit gehören, daß das Theater die Vermittlung eines der größten und bedeutendsten Dramen der Epoche dem Rundfunk überlassen mußte.»

Im Exil schrieb Brecht für den deutschsprachigen Dienst von Radio Moskau das Gedicht «An die Gleichgeschalteten», für den «Deutschen

Freiheitssender» im republikanischen Spanien die «Deutschen Satiren», 19 Gedichte über die deutschen Zustände, für den Sender des «Nationalkomitees Freies Deutschland» in der Sowjetunion das Gedicht «An die deutschen Soldaten im Osten» und im Auftrag des schwedischen Rundfunks das Hörspiel «Das Verhör des Lukullus». Er habe damit, notierte Brecht, «so ziemlich die Grenze dessen erreicht, was noch gesagt werden darf». Der schwedische Rundfunk sah von einer Sendung ab. Eine Emigrantengruppe führte das Hörspiel als Schattenspiel auf; im Mai 1940 sendete die schweizer Station Beromünster den «Lukullus».

Ein Bild seiner Szenenfolge «Furcht und Elend des Dritten Reiches» nannte Brecht nach der Werag-Sendereihe «Die Stunde des Arbeiters» und setzte ihm als Motto voran:

> «Es kommen die Goebbelsorgane
> Und drücken die Membrane
> Dem Volk in die schwielige Hand.
> Doch weil sie dem Volk nicht trauen
> Halten sie ihre Klauen
> Zwischen Lipp' und Kelchesrand.»

(Gesammelte Werke, Bd. 3, a. a. .O., S. 1150)

In den USA, wo Brecht während der letzten Jahre seines Exils lebte, bot er der Regierung seine Mitarbeit an: «Es könnte von Bedeutung sein, wenn jetzt von hier aus Radiosendungen nach Deutschland hinein arrangiert würden, in welchen das Volk über die Weltlage aufgeklärt wird. (...) Sie wissen, daß ich mich da wirklich nützlich machen könnte.» (Klaus Völker: Bertolt Brecht. Eine Biographie, München, Wien 1967, S. 341) Man lehnte ab. Im amerikanischen Rundfunk war Brecht nur ein einziges Mal zu hören. Im Oktober 1947 übertrug der Rundfunk Ausschnitte aus dem Verhör Brechts vor dem «Ausschuß für unamerikanische Aktivitäten», der eine angebliche kommunistische Verschwörung in der Filmbranche beweisen sollte. Am nächsten Tag reiste Brecht ab nach Zürich.

In Ostberlin, wo Brecht mit einem österreichischen Paß lebte, formulierte er einen «Vorschlag für ein deutsches Gespräch im Rundfunk», das aber nicht realisiert wurde. Hier bekommt seine Radiotheorie aus den Jahren 1927 bis 1932, mit ihrer bemerkenswert unkritischen Gleichsetzung von Rundfunk und Staat, eine späte politische Pointe.

An ein Blatt, auf dem er notierte, «der Rundfunk ist trotz einiger Bemühungen nach wie vor tot», heftete Brecht einen Ausschnitt aus einem DDR-Radioprogramm mit Ankündigungen wie: «Klingende

Kurzweil», «Frohe Menschen – frohes Lied», «Rhythmus und Schwung bringen gute Laune», «Beschwingt und heiter geht es weiter». Auf dem gleichen Blatt gibt es eine merkwürdige Anknüpfung an seine frühe Radiotheorie. Dort hatte er formuliert: «Der Rundfunk wäre der denkbar großartigste Kommunikationsapparat des öffentlichen Lebens, ein ungeheures Kanalsystem, das heißt, er wäre es, wenn er es verstünde, nicht nur auszusenden, sondern zu empfangen, also den Zuhörer nicht nur hören, sondern auch sprechen zu machen.» (Gesammelte Werke, Bd. 18, a. a. O., S. 129)

Jetzt wendet er den gleichen Gedanken in frappierend ähnlicher Formulierung nicht mehr auf den Rundfunk an, sondern auf eine zentrale politische Instanz des Staates: «Wir könnten aber die Volkskammer als ein großes Kontaktinstrument von Regierung *und* Bevölkerung und von Bevölkerung zu Regierung einrichten, als ein großes Sprech- und Horchinstrument. (...) Natürlich müßten auch sie (die Abgeordneten – P. D.) nicht nur reden, sondern auch fragen.»

«Die Tendenz allein tut es nicht» – Walter Benjamin

Inwieweit die Erfahrungen, die er bei seiner praktischen Arbeit für den Rundfunk gemacht hat, seine theoretischen Überlegungen beeinflußt haben, ist bei Walter Benjamin nicht ganz so deutlich. Jedenfalls war Benjamins Arbeit für die Sender in Frankfurt und Berlin keinesfalls sporadisch, sondern sie war so regelmäßig und umfangreich, daß sie sicher einen guten Teil des Erfahrungshintergrunds abgegeben hat, vor dem die Aufsätze «Das Kunstwerk im Zeitalter seiner technischen Reproduzierbarkeit» und «Der Autor als Produzent» entstanden sind. Ein Text zur speziellen Theorie des Radios, «Reflexionen zum Rundfunk», ist noch nicht veröffentlicht worden.

«Hier quatschen alle Universitätslehrer durch den Rundfunk», schrieb Benjamin 1925 in einem Brief. Im Südwestdeutschen Rundfunk in Frankfurt hatte gerade jener Professor Franz Schulz, der Benjamins Habilitationsschrift hatte durchfallen lassen, eine Folge von kunst- und literaturwissenschaftlichen Vorträgen eröffnet.

1929 kam auch Benjamin dann zum Südwestdeutschen Rundfunk; neben seiner Mitarbeit an der «Literarischen Welt» und der «Frankfurter Zeitung» war der Rundfunk, für den er Erzählungen, Rezensionen und kulturhistorische Aufsätze verfaßte, für ihn eine Möglichkeit des Broterwerbs. Begeistert war er von seiner Rundfunkarbeit offenbar nicht. 1930 schrieb er in einem Brief: «Ich habe in Frankfurt zwei Radiovorträge gehalten und kann mich nun mit etwas zweckdienlicheren Dingen befassen, im übrigen hoffe ich, in absehbarer Zeit die Brotarbeit, wenigstens die journalistische, so sehr wie nur möglich einzuschränken.» (Wolfgang Schivelbusch: Intellektuellendämmerung. Zur Lage der Frankfurter Intelligenz in den zwanziger Jahren, Frankfurt/Main 1982, S. 70f)

Weniger unzufrieden schien Benjamin mit der Arbeit fürs Radio da, wo sie ihm experimentellen Umgang mit dem Medium ermöglichte. In seinen «Hörmodellen» erprobte er unterschiedliche literarische Ausdrucksformen für den Rundfunk, das waren zum Teil Produktionen für den Kinder- und Jugendfunk, dann kunstgeschichtliche Sendungen («Was die Deutschen lasen, während ihre Klassiker schrieben») und, in Zusammenarbeit mit Wolf Zucker, die vom frankfurter Sender so genannten «Auditor»-Hörspiele («Gehaltserhöhung, wo denken Sie hin?», «Frech wird der Junge auch noch»), «reine soziologische Etuden», so Wolfgang Schivelbusch, «die Situationen aus dem Alltagsleben behandelten, die in der jeweils sich anschließenden Diskussion von Vertretern der im Spiel dargestellten Personengruppen noch einmal durchgenommen werden».

Und Walter Benjamin war, was bei der Beurteilung seiner medientheoretischen Texte meist nicht beachtet wird, ein *Allround-Journalist*. Er schrieb Industriereportagen: «Borsig», «Besuch im Kupferwerk», «Gang durch ein Messingwerk»; Sendungen über historische Themen: «Hexenprozesse», «Räuberbanden im alten Deutschland», «Straßenhandel in Alt- und Neu-Berlin»; und eine Reihe von Sendungen über große Katastrophen: «Der Untergang von Herculaneum und Pompeji», «Theaterbrand von Kanton 1845», «Eisenbahnkatastrophe von Firth of Tay», «Die Überschwemmung des Mississippi» (sämtliche für den berliner Sender). Benjamin betätigte sich als Autor einer Sendung «Denksport», erfand die «Funkspiele: Dichter nach Stichworten», und er führte Gespräche vor dem Mikrofon, beispielsweise im März 1931 eines mit Ernst Rowohlt zum «Tag des Buches: Vom Manuskript zum 100. Tausend» (Südwestdeutscher Rundfunk, Frankfurt).

Walter Benjamins 1934 im pariser Exil gehaltener Vortrag «Der Autor als Produzent» knüpft an Brechts Forderung an, die Apparate nicht zu beliefern, ohne sie zu verändern und an die Überlegung, daß, wer das nicht intendiert, den Institutionen eben nicht bloß zuliefert, sondern gleichzeitig zu ihrer Stabilisierung beiträgt – selbst dann, wenn die Inhalte im Sinne des gesellschaftlichen Fortschritts akzeptabel sind, weil «einen Produktionsapparat zu beliefern, ohne ihn – nach Maßgabe des Möglichen – zu verändern, selbst dann ein höchst anfechtbares Verfahren darstellt, wenn die Stoffe, mit denen dieser Apparat beliefert wird, revolutionärer Natur scheinen. Wir stehen nämlich der Tatsache gegenüber – für welche das vergangene Jahrzehnt in Deutschland Beweise in Fülle geliefert hat –, daß der bürgerliche Produktions- und Publikationsapparat erstaunliche Mengen von revolutionären Themen assimilieren, ja propagieren kann, ohne damit seinen eigenen Bestand und den Bestand der ihn besitzenden Klasse ernstlich in Frage zu stellen.» (Gesammelte Schriften, Bd. 1, 2, Frankfurt/Main 1974, S. 692, Suhrkamp) «Es gehört zu den entscheidenden Vorgängen der letzten zehn Jahre in Deutschland, daß ein beträchtlicher Teil seiner produktiven Köpfe unter dem Druck der wirtschaftlichen Verhältnisse gesinnungsmäßig eine revolutionäre Entwicklung durchgemacht hat, ohne gleichzeitig imstande zu sein, seine eigene Arbeit, ihr Verhältnis zu den Produktionsmitteln, ihre Technik wirklich revolutionär zu durchdenken. Ich spreche, wie Sie sehen, von der sogenannten linken Intelligenz ...» (Gesammelte Schriften, Bd. 1, 2, a. a. O., S. 688)

Vom «Autor als Produzent» fordert Benjamin: «Seine Arbeit wird niemals nur die Arbeit an Produkten, sondern stets zugleich die an den Mitteln der Produktion sein. Mit anderen Worten: seine Produkte müssen neben und vor ihrem Werkcharakter eine organisierende Funktion besitzen. Und keineswegs hat ihre organisatorische Verwertbarkeit sich auf ihre propagandistische zu beschränken. Die Tendenz allein tut es nicht. (...) Nun kommt zwar doch auf Meinungen viel an, aber die beste nützt nichts, wenn sie nichts Nützliches aus denen macht, die sie haben. Die beste Tendenz ist falsch, wenn sie die Haltung nicht vormacht, in der man ihr nachzukommen hat. Und diese Haltung kann der Schriftsteller nur da vormachen, wo er überhaupt etwas macht: nämlich schreibend. Die Tendenz ist die notwendige, niemals die hinreichende Bedingung einer organisierenden Funktion der Werke. Diese erfordert weiterhin das anweisende, unterweisende Verhalten des Schreibenden. Und heute ist das mehr denn je zu fordern. *Ein Autor, der die Schriftsteller nichts lehrt, lehrt niemanden.* Also ist maßgebend der Modellcharakter der Produktion, der andere Produzenten erstens zur Produktion anzuleiten, zweitens einen verbesserten Apparat ihnen zur Verfügung zu stellen vermag. Und zwar ist dieser Apparat umso besser, je mehr er Konsumenten der Produktion zuführt ...» (Gesammelte Schriften, Bd. 1, 2, a. a. O., S. 696) – wobei sich Benjamin eher auf die Haltung bezieht, die der Zuschauer in Brechts epischem Theater einnehmen soll (oder gegenüber seinen eigenen «Hörmodellen»), als auf die heute im Radio grassierenden Formen der «Hörerbeteiligung», wo das Publikum beispielsweise per

Telefonanruf selbst bestimmen kann, in welcher Reihenfolge eine Schlagerparade abgespielt wird.

Anstatt nämlich zu fragen: wie steht ein Werk zu den Produktionsverhältnissen der Epoche? ist es mit ihnen einverstanden, ist es reaktionär oder strebt es ihre Umwälzung an, ist es revolutionär? – anstelle dieser Frage oder jedenfalls vor dieser Frage möchte ich eine andere Ihnen vorschlagen. Also ehe ich frage: wie steht eine Dichtung *zu* den Produktionsverhältnissen der Epoche? möchte ich fragen: wie steht sie *in* ihnen? Diese Frage zielt unmittelbar auf die Funktion, die das Werk innerhalb der schriftstellerischen Produktionsverhältnisse einer Zeit hat. Sie zielt mit anderen Worten unmittelbar auf die schriftstellerische *Technik* der Werke.

Mit dem Begriff der Technik habe ich denjenigen Begriff genannt, der die literarischen Produkte einer unmittelbaren gesellschaftlichen, damit einer materialistischen Analyse zugänglich macht. Zugleich stellt der Begriff der Technik den dialektischen Ansatzpunkt dar, von dem aus der unfruchtbare Gegensatz von Form und Inhalt zu überwinden ist. Und weiterhin enthält dieser Begriff der Technik die Anweisung zur richtigen Bestimmung des Verhältnisses von Tendenz und Qualität, nach welchem wir am Anfang gefragt haben.

(Walter Benjamin: Der Autor als Produzent, in: Gesammelte Schriften, Bd. 1, 2, a. a. O., S. 685 f)

Benjamins Überlegungen sind präziser als die vorangegangenen Brechts, weil sie die neuen Medien Rundfunk und Film als *Massen*-Medien reflektieren, und sie sind radikaler wegen der Erfahrung des faschistischen Sieges in Deutschland und dessen Inbesitznahme der Medien.

Das Medium ist nicht gut oder schlecht «an sich», sondern ihm gegenüber vereinigen sich die einander widersprechenden Haltungen, die in der Gesellschaft gegenüber kulturellen Erscheinungen schon vorher vorhanden und wirksam waren. In seinem Aufsatz «Das Kunstwerk im Zeitalter seiner technischen Reproduzierbarkeit» schreibt Benjamin: «Die technische Reproduzierbarkeit des Kunstwerks verändert das Verhältnis der Masse zur Kunst. Aus dem rückständigsten, z. B. einem Picasso gegenüber, schlägt es in das fortschrittlichste, z. B. angesichts eines Chaplin, um. Dabei ist das fortschrittliche Verhalten dadurch gekennzeichnet, daß die Lust am Schauen und am Erleben in ihm eine unmittelbare und innige Verbindung mit der Haltung des fachmännischen Beurteilers eingehen.» (Gesammelte Schriften, Bd. 2, 2, a. a. O., S. 496 f).

Als *Massen*-Medien verändern und gefährden die neuen Institutionen auch die parlamentarisch-demokratischen Systeme, die sie hervorgebracht haben: «Die heutige Krise der bürgerlichen Demokratien schließt eine Krise der Bedingungen ein, die für die Ausstellung der Regierenden maßgebend sind. Die Demokratien stellen den Regierenden unmittelbar in eigener Person und zwar vor Repräsentanten aus. Das Parlament ist sein Publikum! Mit den Neuerungen der Aufnahmeapparatur, die es erlauben, den Redenden während der Rede unbegrenzt vielen vernehmbar und kurz darauf unbegrenzt vielen sichtbar zu machen, tritt die Ausstellung des politischen Menschen vor dieser Aufnahmeapparatur in den Vordergrund. Es veröden die Parlamente gleichzeitig mit den Theatern. Rundfunk und Film verändern nicht nur die Funktion des professionellen Darstellers, sondern genauso die Funktion dessen, der, wie es die Regierenden tun, sich selber vor ihnen darstellt. Die Richtung dieser Veränderung ist, unbeschadet ihrer verschiedenen Spezialaufgaben, die gleiche beim Filmdarsteller und beim Regierenden. Sie erstrebt die Aufstellung prüfbarer, ja übernehmbarer Leistungen unter bestimmten gesellschaftlichen Bedingungen. Das ergibt eine neue Auslese, eine Auslese vor der Apparatur, aus der der Star und der Diktator als Sieger hervorgehen.» (Gesammelte Schriften, Bd. 2, 2, a. a. O., S. 491 f)

Wenn auch die medientheoretischen Aussagen Benjamins auf einen möglichen demokratischen Gebrauch der Institute gerichtet sind (angesichts der Erfahrungen mit der nationalsozialistischen Massenpropaganda eine optimistische Haltung), analysiert Benjamin auch ihre technische Brauchbarkeit für den Faschismus: *«Der massenweisen Reproduktion kommt die Reproduktion von Massen besonders entgegen.* In den großen Festaufzügen, den Monstreversammlungen, in den Massenveranstaltungen sportlicher Art und im Krieg, die heute sämtlich der Aufnahmeapparatur zugeführt werden, sieht die Masse sich selbst ins Gesicht. Dieser Vorgang, dessen Tragweite keiner Betonung bedarf, hängt aufs engste mit der Entwicklung der Reproduktions- bzw. Aufnahmetechnik zusammen. Massenbewegungen stellen sich im allgemeinen der Apparatur deutlicher dar als dem Blick (...) Das heißt, daß Massenbewegungen, und so auch der Krieg, eine der Apparatur besonders entgegenkommende Form des menschlichen Verhaltens darstellen.» (Gesammelte Schriften, Bd. 2, 2, a. a. O., S. 506)

Entscheidend sind also nicht die technischen, sondern die politischen Bedingungen:

«Die zunehmende Proletarisierung der heutigen Menschen und die zunehmende Formierung von Massen sind zwei Seiten eines und desselben Geschehens. Der Faschismus versucht, die neu entstandenen proletarisierten Massen zu organisieren, ohne die Eigentumsverhältnisse, auf deren Beseitigung sie hindrängen, anzutasten. Er sieht sein Heil darin, die Massen zu ihrem Ausdruck (beileibe nicht zu ihrem Recht) kommen zu lassen. Die Massen haben ein Recht auf Veränderung der Eigentumsverhältnisse; der Faschismus sucht ihnen einen *Ausdruck* in deren Konservierung zu geben. *Der Faschismus läuft folgerecht auf eine Ästhetisierung des politischen Lebens hinaus.* Der Vergewaltigung der Massen, die er im Kult eines Führers zu Boden zwingt, entspricht die Vergewaltigung einer Apparatur, die er der Herstellung von Kultwerten dienstbar macht.

Alle Bemühungen um die Ästhetisierung der Politik gipfeln in einem Punkt. Dieser eine Punkt ist der Krieg. Der Krieg, und nur der Krieg, macht es möglich, Massenbewegungen großen Maßstabs unter Wahrung der überkommenen Eigentumsverhältnisse ein Ziel zu geben. So formuliert sich der Tatbestand von der Politik her. Von der Technik her formuliert er sich folgendermaßen: Nur der Krieg macht es möglich, die sämtlichen technischen Mittel der Gegenwart unter Wahrung der Eigentumsverhältnisse zu mobilisieren. Es ist selbstverständlich, daß die Apotheose des Krieges durch den Faschismus sich nicht *dieser* Argumente bedient.» (Gesammelte Schriften, Bd. 2, 2, a. a. O., S. 506)

Das Gegenmodell der faschistischen Ästhetisierung der Politik sieht Benjamin in der Politisierung der Kunst im Kommunismus verwirklicht – worunter kein parteipolitisches Programm zu verstehen ist und kein realhistorischer Ort, sondern beispielsweise die Arbeitsweise von Medienpraktikern wie Tretjakov und Eisenstein, die für Benjamin den Autor als Produzenten verkörpern, der sich folgenden Fragen stellen muß: «Gelingt es ihm, die Vergesellschaftung der geistigen Produktionsmittel zu fördern? Sieht er Wege, die geistigen Arbeiter im Produktionsprozesse selbst zu organisieren? Hat er Vorschläge für die Umfunktionierung des Romans, des Dramas, des Gedichts? Je vollkommener er seine Aktivität auf diese Aufgabe auszurichten vermag, desto richtiger die Tendenz, desto höher notwendigerweise auch die technische Qualität seiner Arbeit. Und andererseits: je genauer er dergestalt um seinen Posten im Produktionsprozeß Bescheid weiß, desto weniger wird er auf den Gedanken kommen, sich als ‹Geistiger› auszugeben. Der Geist, der sich im Namen des Fascismus vernehmbar macht, *muß* verschwinden. Der Geist, der ihm im Vertrauen auf die eigene Wunderkraft entgegentritt, *wird* verschwinden. Denn der revolutionäre Kampf spielt sich nicht zwischen dem Kapitalismus und dem Geist, sondern zwischen dem Kapitalismus und dem Proletariat ab.» (Gesammelte Schriften, Bd. 1, 2, a. a. O., S. 701)

Der Radio als Möbel

Dieses Bild stammt aus der «Berliner Illustrirten Zeitung» vom Oktober 1923; es gehört zu einem Vorbericht über die Einführung des Rundfunks in Deutschland, nimmt also eine Situation vorweg, für die gerade erst die Bedingungen geschaffen werden sollten. Noch stand der Apparat auf dem Wohnzimmertisch.

Der folgende Text von Günther Anders wurde zum erstenmal 1956 veröffentlicht, als die Fernsehgeräte eben aus den Wirtshausstuben in die Wohnzimmer vorgedrungen waren.

Daß die vom Zeichner für den Rundfunk vorausgeahnten sozialen Veränderungen erst vom Fernsehen erfüllt wurden, begründet die Hoffnungen, die dieses Buch in das Radio setzt.

Schon vor Jahrzehnten hatte man beobachten können, daß das soziale Symptommöbel der Familie: der massive, in der Mitte des Zimmers stehende, die Familie um sich versammelnde Wohnzimmertisch seine Gravitationskraft einzubüßen begann, obsolet wurde, bei Neu-Einrichtungen überhaupt schon fortblieb. Nun erst hat er, eben im Fernsehapparat, einen echten Nachfolger gefunden; nun erst ist er durch ein Möbel abgelöst, dessen soziale Symbol- und Überzeugungskraft sich mit der des Tisches messen darf; was freilich nicht besagt, daß TV nun zum Zentrum der Familie geworden wäre. Im Gegenteil: was der Apparat abbildet und inkarniert, ist gerade deren Dezentralisierung, deren Exzentrik; er ist der *negative Familientisch*. Nicht den gemeinsamen *Mittelpunkt* liefert er, vielmehr ersetzt er diesen durch den gemeinsamen Fluchtpunkt der Familie. Während der Tisch die Familie zentripetal gemacht und die um ihn Sitzenden dazu angehalten hatte, die Weberschiffchen der Interessen, der Blicke, der Gespräche hin und her spielen zu lassen und am Tuche der Familie weiterzuweben, richtet der Bildschirm die Familie zentrifugal aus. Tatsächlich sitzen ja die Familienmitglieder nun nicht einander gegenüber, die Stuhlanordnung vor dem Schirm ist bloße Juxtaposition, die Möglichkeit, einander zu sehen, einander anzusehen, besteht nur noch aus Versehen; die, miteinander zu sprechen (wenn man das überhaupt noch will und kann), nur noch durch Zufall. Nicht mehr zusammen sind sie, sondern nur noch beieinander, nein nebeneinander, bloße Zuschauer. Von einem Tuch, an dem sie gemeinsam webten; von einer Welt, die sie gemeinsam ausmachten, oder an der sie gemeinsam teilnehmen, kann keine Rede mehr sein. Was vor sich geht, ist allein, daß die Familienmitglieder gleichzeitig, im besten Falle zusammen, niemals aber gemeinsam dem Fluchtpunkt entgegen in ein Reich der Unwirklichkeit ausfliegen oder in eine Welt, die sie eigentlich (da auch sie selbst ja nicht wirklich an ihr teilnehmen) mit niemandem teilen; oder wenn teilen, so nur mit allen jenen Millionen «Solisten des Massenkonsums», die ihnen gleich und die gleichzeitig mit ihnen ihren Bildschirm anstarren. *Die Familie ist nun in ein Publikum en miniature umstrukturiert, das Wohnzimmer zum Zuschauerraum en miniature und das Kino zum Modell des Heims gemacht.* Wenn es noch etwas gibt, was die Familienmitglieder nicht nur gleichzeitig, nicht nur nebeneinander, sondern wirklich gemeinsam erleben oder unternehmen, so ist es allein die Hoffnung auf jene Zeit, so allein die Arbeit für jene Stunde, in der der Apparat endgültig abgestottert und ihre Gemeinsamkeit ein für alle Mal beendet sein wird. Das unbewußte Ziel ihrer letzten Gemeinsamkeit ist also deren Erlöschen.

(Günther Anders: Die Antiquiertheit des Menschen, Bd. 1, München 1980, S. 108 ff, C. H. Beck)

Die
technische
Entwicklung...

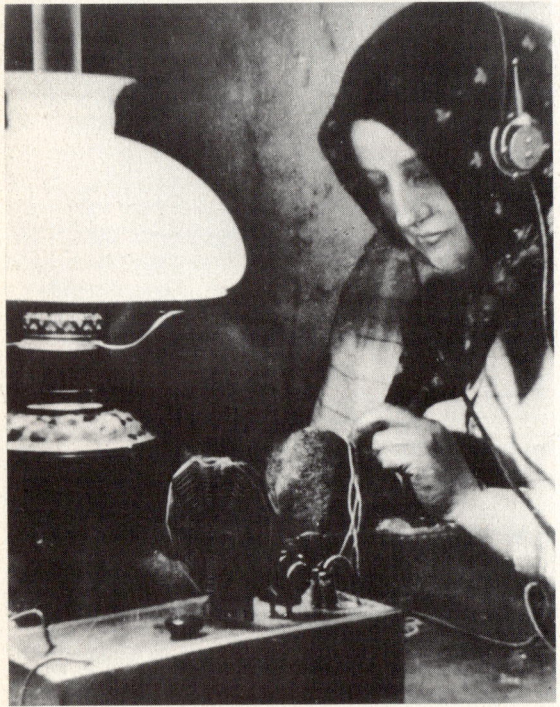

... ermöglicht ...

... den allmählichen Übergang ...

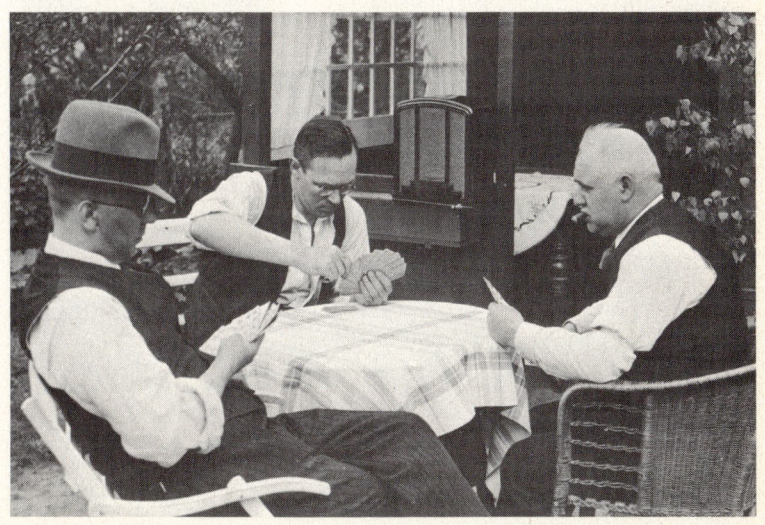

... von der einseitigen Informationszuteilung ...

... durch die Massenmedien ...

... zur zweiseitigen Individualkommunikation (Lothar Späth: Das Kabel – Anschluß an die Zukunft, 1981, S. 12)

Rundfunk im Nationalsozialismus: Volksempfänger

Am 30. Januar 1933 wurde der Vorsitzende der Nationalsozialistischen Deutschen Arbeiterpartei, Adolf Hitler, Kanzler einer Koalitionsregierung. Einige erkannten darin das Ende der deutschen Republik, die schon vorher von den Regierungen Papen und Schleicher arg gerupft worden war; für andere hatte es den Anschein eines ganz normalen Regierungswechsels; und wechselnde Regierungen war man gewohnt. Dies war die neunzehnte seit dem Ende des Ersten Weltkriegs.

Der deutsche Rundfunk feierte den neuen Kanzler mit einer Übertragung des Fackelzuges vor der Reichskanzlei, den Anhänger der NSDAP ihrem Führer darbrachten: «Wir werfen einen Blick in das Arbeitszimmer Adolf Hitlers. Im hellen Licht steht er am Fenster und blickt hinaus auf die vorbeimarschierende SA und die ungeheuren Menschenmassen, die ihm zujubeln. Bei ihm steht der Reichstagspräsident und Minister Göring und Reichsinnenminister Frick. Ein dauernder Jubel dringt herauf. Adolf Hitler steht mit todernstem Gesicht am Fenster, er ist eben aus seiner Arbeit herausgerissen, keine Spur von irgendwelcher Siegesstimmung oder dergleichen, eine ernste Arbeitsstimmung, die auf seinem Gesicht liegt. Er ist eben unterbrochen worden. Und doch leuchtet es in seinen Augen über dieses erwachende Deutschland, über diese Massen von Menschen aus allen Ständen, aus allen Schichten der Bevölkerung, die hier vorbeimarschieren, Arbeiter der Stirn und der Faust; alle Klassenunterschiede sind verwischt.»

Alle Klassenunterschiede sind verwischt – das war fast eine zutreffende Kurzfassung des verschwommenen Programms, mit dem die Nazis ihren Wahlkampf geführt hatten. Und der Reporter, den die berliner Funkstunde zu diesem Ereignis geschickt hatte, war in gewissem Sinne ein politischer Experte: Wulf Bley war SA-Sturmführer in der Sturmabteilung 9.

«Hier ist die elementare Kraft des Volkes zum Durchbruch gekommen», schilderte Eugen Hadamovsky diese Übertragung. Hadamovsky war Vorsitzender des nationalsozialistischen «Reichsverbandes Deutscher Rundfunkteilnehmer» und später «Reichssendeleiter» und Direktor der Reichs-Rundfunk-Gesellschaft. «Und der Rundfunk, unser in dieser Stunde geborener Rundfunk, hat gar nichts

Hitler hört (die Ergebnisse der Reichstagswahl 1933)

Hitler spricht
(1936 auf dem
Reichsparteitag in
Nürnberg).

Reichskanzler Adolf Hitler

hörte am 5. März 1933 das Ergebnis der schicksalsbestimmenden Reichstagswahl durch einen **SABA** Apparat!

Ein rein deütsches Erzeügnis dient dem Führer!

anderes zu tun, als diesen elementaren Aufbruch einzufangen und den Millionen draußen im Lande zu übermitteln und sie zum Miterleben aufzurufen.» (Hadamovsky)

Der Aufruf zum Miterleben kennzeichnet die Dramaturgie, nach der die Nationalsozialisten ihre Politik inszenierten und öffentlich darstellten. Die Millionen, die Massen, sind einbezogen. Nicht in politische Entscheidungen – die wurden mehr noch als vorher hinter verschlossenen Türen getroffen –, sondern sie sind aufgerufen und eingeplant zur Dekoration der Macht. Den neuen Machthabern gelten sie nicht als Beweger der Geschichte, sondern sie gehören unverzichtbar zur ästhetischen Ausgestaltung von machtpolitischen Entscheidungen und sich regelmäßig einstellenden «historischen Augenblicken». So kehrt sich bei den Faschisten die Funktion politischer Veranstaltungen um: Sie sind nicht mehr Ausdruck der Interessen der Menschen, sondern die Menschenmassen haben den faschistischen Interessen Nachdruck zu verleihen und sie öffentlich zu legitimieren.

Die Massen feierten die Nazis auf deren Propagandaveranstaltungen; und die Nazipropaganda feierte die jubelnden Massen. Für sich

148

aber notierte der Nazi-Chefpropagandist Joseph Goebbels: «Die Masse ist eine schwache, faule, feige Mehrheit von Menschen.» Natürlich steht dieser Satz nicht im Widerspruch zu der Rolle, die die jubelnden, marschierenden oder gelobenden Massen bei den faschistischen Feiertagen, Aufmärschen und Weihestunden (und den Rundfunkübertragungen davon) zugewiesen bekamen – vielmehr erklärt der Satz von Goebbels diese Rolle. Die demonstrative Öffentlichkeit, die herzustellen die Massen gebraucht wurden, täuschte über die politischen Ziele hinweg, vermittelte aber gleichzeitig das Gefühl einer Beteiligung «am Ganzen», wenn auch einer Beteiligung, die eher der Anwesenheit bei einem religiösen Ritus entspricht als der Teilhabe an Politik. Wer dabei war – ob direkt oder am Lautsprecher – erfuhr gleichzeitig Geborgenheit und Abhängigkeit; er erfuhr Geborgenheit um den Preis von Abhängigkeit.

Die Reportage vom Fackelzug zu Ehren Hitlers – war das nun die letzte Sendung des Rundfunks der Weimarer Republik oder die erste des nationalsozialistischen Radios? –, diese Reportage beschwor den Aufmarsch als «spontanen Aufbruch der Volksmassen», gleichwohl war dieser Aufzug organisiert und befohlen. Die Beteiligten werden das nicht als Widerspruch empfunden haben. Auch die Teilhabe an einem religiösen Ritus ist organisiert, und das subjektive Beteiligtsein wird dadurch nicht abgeschwächt. Die Rundfunkreporter brachten das Kunststück fertig, die organisierte Spontaneität oder die spontane Organisation zu rühmen.

Beim Versuch, einige der Jubelnazis zu interviewen, gab es eine kleine Panne: Einer berichtete, eine Gruppe von Polizeibeamten auf einem Wagen sei aufgestanden, um den Anstreicher zu grüßen, ein anderer sagte, sie seien sitzen geblieben. Der nationalsozialistische Reporter stellte die Einigkeit, die er vermitteln wollte, wieder her: Die stehenden Polizisten hätten eben durch Aufstehen gegrüßt und die sitzenden durch Sitzenbleiben.

«Jedem Volksgenossen muß klar werden, daß er einfach nicht abseits stehen darf, wenn er sich nicht selber ausschalten will von den geschichtsbildenden Ereignissen des im Aufbau befindlichen Freiheitsstaates Adolf Hitlers», erklärte Hadamovsky. Es geht also nicht einfach um politische oder gesellschaftliche Ereignisse, sondern mindestens um geschichtsbildende. Was aber war den Nazis, diesen Geschichtsklitterern, die Geschichte? Mit historischen Prozessen, mit Kämpfen und Interessen hat sie – so wurde immer wieder suggeriert – nichts zu tun. Wohl aber mit Wünschen und Träumen. Versprochen wurde ein Sprung aus der Historie, aus Entehrung, Entbehrung und

Not. Nicht in eine Zukunft, sondern in eine Tat, über deren Ziel nichts Präzises gesagt zu werden braucht. «Ein Volk steht auf» – über die Richtung des Aufbruchs wird hinter verschlossenen Türen verhandelt. Der kollektive Sprung aus der Geschichte, hinein in ihren angeblichen mythisch-rassischen Urgrund, erlaubt dem einzelnen den Sprung aus den eigenen, objektiven, jedoch nicht wahrgenommenen Interessen. Wenn Geschichte als Kampf und Ausgleich von Interessen aufgehoben werden soll, dann müssen auch die Interessen der Benachteiligten im vorgeblichen Gemeinwohl aufgehen. Die Unterdrückten heben sich auf in der «Volksgemeinschaft»; was bleibt, was noch zunimmt, ist ihre Unterdrückung.

Die Reportage vom Fackelzug am 30. Januar war nicht nur das erste Beispiel der von nun an folgenden Übertragungen nationalsozialistischer Massenaufmärsche, sondern die nationalsozialistische Propaganda machte aus dieser Sendung auch gleich die Legende von ihrer «Rundfunkrevolution», so wie sie auch die Machtübergabe durch den Weimarer Staat als «nationale Revolution» feierte.

«Revolutionäre Nationalsozialisten sind damals ohne Amt und Auftrag in das Funkhaus hineingegangen, haben im Direktionszimmer, weil sie dort niemanden vorfanden, ihre Visitenkarten niedergelegt und dann mit Technikern und Arbeitern, die wußten, was die Stunde geschlagen hatte, Mikrophone und Apparaturen auf Autotaxen geladen.» So die Darstellung des Paul Joseph Goebbels, der als Minister mit dem zynischen Etikett «für Volksaufklärung und Propaganda» Allmacht über den deutschen Rundfunk erhielt. Gestimmt hat an dieser Darstellung allenfalls, daß Visitenkarten im Spiel waren. Noch dicker als Goebbels trug der Reichssendeleiter Eugen Hadamovsky auf. Er sei, schrieb er später, gerade «zufällig» in Berlin gewesen, als Hitler zum Kanzler ernannt wurde, und fand sich nachdenklich «inmitten der jubelnden Massen vor der Reichskanzlei» wieder: «Durften wir hier stehen und nur an uns denken, während Millionen draußen ohne Verbindung mit den begeisterten Massen hier, ohne Verbindung mit dem Führer waren? Wir hatten den Rundfunk in der Opposition bekämpft, jetzt mußte er unser werden. (...) Jetzt, noch in dieser Stunde der Machtergreifung, mußte dieser Rundfunk nationalsozialistisch werden und das Fanal der Revolution für das ganze deutsche Volk sein.» Er sei dann, schreibt Hadamovsky weiter, «spontan» zum Funkhaus gefahren und habe gegen die Rundfunkhierarchie, aber mit Hilfe seiner Parteigenossen im Sender, die Übertragung durchgesetzt. «Mit einem Mal war die Garde der ältesten Kämpfer beisammen. (...) Da war alles, was wir brauchten an Gerät und Mikrophonen, aus den Räumen des Funkhauses zusammengeholt.» (Dein Rundfunk. Das Rundfunkbuch für alle Volksgenossen, München 1934, S. 9 f)

Dieser Darstellung widersprach Richard Kolb, Mitglied der NSDAP und Sendeleiter der berliner Funkstunde. Kolb galt als «unzuverlässig», weil er dem eher linken Strasser-Flügel der Partei angehörte, und er wurde bald nach München abgeschoben. Das Verdienst an der Übertragung stehe einzig und allein ihm zu, behauptete Kolb – und war damit wohl eher eine Leistung des Rundfunks der Weimarer Republik; die letzte vor seiner endgültigen Zerschlagung.

Als Sendeleiter habe er, so Richard Kolb, der berliner Nazigauleitung auf Anfrage die Übertragung zugesagt und die Intendanten der übrigen Rundfunkanstalten entsprechend instruiert. Die Post habe die technischen Vorbereitungen getroffen und Leitungen geschaltet. Der Reichsrundfunkkommissar und die Staatskommissare bei den regionalen Rundfunkanstalten hatten ihre Zustimmung gegeben. Goebbels' Autotaxen und der «Techniker und Arbeiter, die wußten, was die Stunde geschlagen hatte», bedurfte es nicht; diese Sendung, aus der die Nazis gleichzeitig eine erste große Demonstration ihres künftigen Programmspiels und ihre «Eroberung des Rundfunks» gemacht haben, entstand auf dem Boden der Legalität, der im Weimarer Rundfunk bereitet worden war.

Bald nach ihrer Machtergreifung räumten die Nationalsozialisten in den Rundfunkanstalten auf. Im Juni 1933 verlautbarte die Reichs-Rundfunk-Gesellschaft: «Bereits jetzt sind seit Beginn der Neuordnung des Rundfunks 98 leitende und 38 sonstige Angestellte aus den Rundfunkgesellschaften ausgeschieden. Soweit ihre Stellen nicht infolge der gleichzeitig durchgeführten Vereinfachung des gesamten Geschäftsbetriebes eingespart werden konnten, sind sie überall durch langjährige Kämpfer für die nationale Erhebung ersetzt worden, die durch bisherige Arbeit und persönliche Qualität die Gewähr dafür boten, den Rundfunk auf dem von Dr. Goebbels gewiesenen Weg vorwärts zu führen.»

Allerdings werden von den «98 leitenden Angestellten» die meisten in den mittleren Etagen gesessen haben; in den Chefetagen ging das Aufräumen zunächst langsamer vor sich, einfach weil die NSDAP zu wenige geeignete Leute hatte. Außerdem mußte sie vorerst noch Rücksicht auf ihre Koalitionspartner nehmen. Bei einer Rede vor den Intendanten und Direktoren aller Sender im März 1933 versuchte Propagandaminister Goebbels, sie gleichzeitig zu umwerben und einzuschüchtern: «Ich weiß, daß unter Ihnen Männer sitzen, die nicht meiner Partei angehören. Das geniert mich nicht. Ich muß nur verlangen, daß sie sich auf demselben weltanschaulichen Boden bewegen, auf dem wir uns bewegen. Im übrigen aber habe ich den lieber, der offen und ehrlich sagt: ich bin nicht Ihrer Couleur, als den, der nun plötzlich die Konjunktur wittert und sich blitzschnell mit der Geschwindigkeit eines Affen noch auf die neue Plattform hinüberbegibt.»

Wer sich allerdings nicht schnell genug auf die neue Plattform gerettet hatte, für den gab es nur ein paar Monate später keine Rücksichtnahme mehr; die Nazis waren jetzt auf das Bündnis mit den Deutschnationalen nicht mehr angewiesen. Die nationalsozialistische Propaganda, die ihren Rundfunk als etwas ganz Neues, originär Nationalsozialistisches feierte, brauchte die Abrechnung mit dem alten Radio. Dazu sollte ein groß aufgezogener Schauprozeß gegen die «Männer des Systemrundfunks» dienen. In der Zeitschrift «NS-Funk» formulierte Hadamovsky die Anklage (Januar 1935):

«Ich klage das System Bredow vor dem deutschen Volk an:
der politischen Verlotterung und Pfründenwirtschaft,
der jüdischen Versippung und des Kultur-Bolschewismus,
der Profitjägerei und Dividendengesinnung,
er Sabotage an der nationalsozialistischen Erhebung.»

Einer der ersten auf der schwarzen Liste war der bisherige Rundfunkkommissar Hans Bredow. Er hatte gleich nach Hitlers Ernennung zum Reichskanzler um seinen Abschied ersucht. Der demokratische Widerständler gegen das neue Regime, der später in der Bundesrepublik aus ihm gemacht wurde, war er gleichwohl nicht. Ein Brief, den er am 10. Februar 1933 an das Innenministerium des Nationalsozialisten Frick schrieb, weist darauf hin, daß Bredow versucht hat, seine Stellung bei den neuen Machthabern zu verbessern. Gleichzeitig dokumentiert dieser Brief das Klima der politischen Schnüffelei, das zu dieser Zeit bei den Sendern geherrscht hat:

«In Erledigung Ihres Schreibens vom 9. Februar teile ich Ihnen mit, daß dem Verlangen des Herrn Reichsministers des Innern, die KPD-Mitglieder aus dem Funkbetrieb zu entfernen, in folgender Weise entsprochen worden ist. Es wurde(n) (...) auf Grund der gemachten Feststellungen die nachstehenden Persönlichkeiten entfernt:

1. Lubsynski, stellvertretender   3. Duecker, Mechaniker
   Oberingenieur   4. Kleinert, Mechaniker
2. Dr. Weigt, Ingenieur   5. Göhr (Erich), Bote.

Hierbei wurde Verdächtiges nicht gefunden, jedoch durch Beobachtungen mitgeteilt, daß Dr. Weigt den gestrigen Nachmittag mit den Mechanikern Duecker und Kleinert zugebracht hat. (...)

Mit den besten Empfehlungen, Ihr sehr ergebener Bredow.»

Der Rundfunk-Schauprozeß, der sich über zwei Jahre hinzog, brachte nicht den Erfolg, den sich die Nationalsozialisten erhofft hatten. Er

Das obere Bild zeigt links beginnend: Kurt Magnus, Hans Flesch, Heinrich Giesecke, Alfred Braun, Friedrich Ebert, Ernst Heilmann im KZ Oranienburg begann, so hatte es Goebbels angekündigt, mit einer «großen Portion von Grausamkeit». Der Direktor der berliner Funkstunde, Knöpfke, wurde von der SA aus einem Krankenhaus geholt und im berüchtigten Keller des Columbia-Hauses mißhandelt, der kölner Intendant Hardt kam ins Gefängnis; der frühere berliner Intendant Hans Flesch, der Direktor der Reichs-Rundfunk-Gesellschaft, Kurt Magnus, der frühere Leiter der literarischen Abteilung beim berliner Sender, Alfred Braun, und andere wurden ins Konzentrationslager Oranienburg gebracht. Der Chefingenieur des berliner Rundfunks, Schaefer, der leipziger Intendant Neudeck und Knöpfke begingen Selbstmord, sie waren nicht die einzigen. Vor seinem «Reichsverband Deutscher Rundfunkteilnehmer» machte sich Hadamovsky über die Radioleute lustig, die ins KZ eingeliefert worden waren: «Mit den letzten Vorgängen, die sich in den Funkhäusern und um den Rundfunk herum abgespielt haben, endet die demokratische Epoche des Rundfunks und damit endet zugleich die Epoche der Rundfunk-Liliputaner. Zehn Jahre System-Rundfunk haben uns zehn Jahre verkalkten Liberalismus beschert, zehn Jahre geistloser, sich aber geistig dünkender Perversitäten, und zehn Jahre einer unglaublichen Korruption. (...) Jetzt wird Herr Kohl Zeit und Gelegenheit haben, einmal über volkswirtschaftliche Gesichtspunkte – sagen wir: etwas *konzentriert* – nachzudenken (Gelächter, Applaus). Übrigens hat auch der ehemalige Rundfunkkommissar, Herr Dr. Bredow, einen Wunsch geäußert, und Wünschen soll man sich nicht immer verschließen, wenn es nicht unbedingt notwendig ist. Herr Dr. Bredow hat telegraphiert, er möchte auch in ein Konzentrationslager. Der Mann will Urlaub haben (Gelächter). Ich glaube, meine Volksgenossen und Volksgenossinnen, wir können Herrn Dr. Bredow eine Antwort geben: Wenn Sie das wollen, dann ist es überflüssig, daß Sie ein Telegramm schicken; melden Sie sich bitte morgen früh um sechs Uhr bei dem Lagerkommandanten in Oranienburg!» (Deutsches Rundfunk-Archiv, Frankfurt, Aufnahme) – Zur Charakterisierung dieses Rundfunk-Multifunktionärs Eugen Hadamovsky gibt es eine Geschichte, die gleichzeitig kennzeichnet, wie die Nazipropagandisten miteinander umgingen: Hadamovsky erhielt eines Tages ein «Dokument», daß ihm «in Anbetracht seiner Verdienste um Kunst und Wissenschaft» der «Adlerschild des Deutschen Reiches» verliehen worden sei. Auch Goebbels erschien mit großem Gefolge, um zu gratulieren, und brachte den «Völkischen Beobachter», der in großer Aufmachung die Meldung von der Auszeichnung brachte. Als Hadamovsky mit der Ausgabe des «Völkischen Beobachters» in der Hand zur Ministerkonferenz erschien, erklärte ihm Goebbels vor versammelter Mannschaft, daß nur der Führer persönlich den Adlerschild verleihe, daß der Reichssendeleiter sich seine Verdienste

154

nur in seiner Einbildung anmaße und daß er, Goebbels, deswegen diese Komödie mit ihm aufgeführt habe. Dafür habe er eigens ein halbes Dutzend Exemplare des «Völkischen Beobachters» für Hadamovsky drucken lassen.

Zu Beginn des Schauprozesses gegen die Rundfunkverantwortlichen waren an jedem Verhandlungstag Übertragungen und Berichte über alle deutschen Sender verbreitet worden; dann wurden, als sich zeigte, daß die Anklage nicht zu halten war, diese Berichte immer seltener. Als schließlich die Verteidiger plädierten und die Angeklagten das Schlußwort hatten, wurden die Mikrofone im Gerichtssaal abmontiert.

Es gab zwar keine Rehabilitation der Angeklagten, aber nur der ehemalige Intendant Flesch mußte eine Strafe von einem Jahr absitzen – weil er keinen Ariernachweis erbringen konnte. Hans Bredow erhielt nach dem Prozeß eine Pension zugesprochen.

«Neue Zeiten bedingen neue Männer und damit neue Ideen», erklärte Joseph Goebbels, «ich habe kein Mittel unversucht gelassen, um wenigstens die personelle Reform des Rundfunks an der Spitze absolut durchzuführen. (...) Ich habe dabei festgestellt, daß solche Reformen nur von Menschen durchgeführt werden können, die eine große Portion von Grausamkeit in sich tragen. (...) Ich habe mich letzten Endes entschlossen und diesen Entschluß schon immer gehabt, die Schlüsselstellungen beim Rundfunk mit hundertprozentigen Nationalsozialisten zu besetzen.» (Vom Kaiserhof zur Reichskanzlei. Eine historische Darstellung in Tagebuchblättern, München 1934, S. 121)

Jede Epoche, die sich im Ablauf der Jahrhunderte geschichtsbildend der Nachwelt einprägt, hat für ihre geistige Haltung die ihr eigentümlichen Verkündungsmittel. Das Mittelalter, das von der Weltanschauungseinheit des Katholizismus beherrscht wurde, hatte in der räumlichen und geistigen Einheit der Kirche das Verkündungsmittel für seine Weltanschauung. Mit der Erfindung der Buchdruckerkunst, mit der anbrechenden Zeit des Humanismus, der das Verkündungsmittel der totalen Kirche überwandt, mit der Popularisierung des Buches, zunächst mit der Gutenbergbibel und dann durch das weltliche Schrifttum, wurde das gedruckte Wort Verkündungsmittel einer Zeit, für die die individualistische Freude des Lebens Lebensinhalt einer immer stärker auf individualistische Erlebnisse gestellten Menschheit wurde.

Letztes und konsequentes Verkündungsmittel individualistischer Lebensäußerungen wurde die Zeitung, die unter Berücksichtigung aller vorhandenen geistigen Lebensformen, mögen sie weltanschaulichen oder wirtschaftlichen Charakter getragen haben, eine Fülle von Sparten für die verschiedenartigen Interessengebiete ihrer Leser einrichtete. (...)

Das liberalistische Zeitalter mit seiner Hingabe an einen hemmungslosen Individualismus wurde abgelöst wiederum durch die Totalität einer Weltanschauung, die vom Politischen her dem deutschen Volk eine geistige Gestalt in der von Adolf Hitler geschaffenen Einheit der Nation gab. Verkündungsmittel dieser Zeit ist der Rundfunk.

Es ist längst noch nicht in der deutschen Öffentlichkeit genügend erkannt, daß Nationalsozialismus und der Rundfunk als dessen Verkündungsmittel eine unlösliche Einheit sind, und daß, historisch betrachtet, die neue Weltanschauung des Nationalsozialismus sich mit dem modernsten technischen Instrument das ihm eigentümliche Ausdrucksmittel schaffen mußte. (...)

Die Geschichte wird einmal die absolute Gemeinsamkeit von Nationalsozialismus und Rundfunk aufzuzeigen haben. Diese Gemeinsamkeit ist, was heute vielleicht noch anekdotisch erscheinen mag, was in der Geschichte aber einmal einen tiefen Sinn bekommen wird, bis auf das Jahr 1923 zurückzuverlegen. Im Jahre 1923 begann der deutsche Rundfunk seine ersten Sendungen. Das Jahr 1923 ist durch die Münchener Erhebung Adolf Hitlers das Jahr der nationalen Selbstbesinnung geworden, die eigentliche Geburtsstunde der nationalsozialistischen Revolution und des nationalsozialistischen Staates. Beide Ereignisse bedeuten in der damaligen Zeit eine politische und eine technische Sensation. Beide Ereignisse aber bedeuten heute den Aufbruch zweier Erscheinungen zu einer Epoche, deren gemeinsame Entwicklung das Jahr 1933 eingeleitet hat. Dieses Jahr war das Jahr einer zehnjährigen Erinnerung an die Münchener Erhebung und an die ersten Sendungen des deutschen Rundfunks. Was damals in den Geburtsstunden in keinerlei Beziehung zueinander zu stehen schien, hat sich heute zu gestaltender Gemeinsamkeit zusammengefunden. Die technische Erfindung von einst ist das Ausdrucksmittel jener Weltanschauung von einst, die ein Volk zur Nation geformt hat.

Wir wissen, daß auch der heutige Rundfunk noch von seiner Vollkommenheit weit entfernt ist. *Aber wir wissen auch, daß erst der Nationalsozialismus kommen mußte, um seiner Erfindung überhaupt einen Sinn zu geben, daß erst der Nationalsozialismus kommen mußte, um ihn als geistiges Instrument zu handhaben.* Jung und zukunftsfreudig stehen der Nationalsozialismus und sein Verkündungsmittel, der Rundfunk, an der Schwelle des Jahres der nationalsozialistischen Gestaltung, beide traditionslos, *aber besessen von dem einen Willen, Führer und Volk im deutschen Lebensraum zu einer Schicksalseinheit zusammenzuschweißen.* Aus der revolutionären Erneuerung des deutschen Volkstums im nationalsozialistischen Geiste ist das neue Deutschland der nationalen Selbstbesinnung erwachsen, dessen geistiger Künder und Träger der deutsche Rundfunk diesseits und jenseits der Grenzen sein soll.

(Funk, Nr. 7, 9. Februar 1934)

~~~~~~~~~~~~~~~~~~~~~~

Die Nationalsozialisten verhielten sich, als hätten sie den Rundfunk neu erfunden. Tatsächlich entwickelten sie ihn zum perfekten Propagandainstrument.

Eugen Hadamovsky: «Erst die nationalsozialistische Bewegung gab dem Rundfunk seinen eigentlichen Sinn; er verdankt ihr die Erlösung vom Abseitigen, Ästhetisierenden, Volksfremden.»

Adolf Hitler: «In der Größe der Lüge liegt immer ein gewisser Faktor des Geglaubtwerdens, da die breite Masse eines Volkes (…) bei der primitiven Einfalt ihres Gemütes einer großen Lüge leichter zum Opfer fällt als einer kleinen, da sie selbst ja wohl manchmal im kleinen lügt, jedoch vor zu großen Lügen sich doch zu sehr schämen würde.»

Joseph Goebbels: «Nur wer die Probleme auf die einfachste Formel bringen kann und den Mut hat, sie auch gegen die Einsprüche der Intellektuellen ewig in dieser vereinfachten Form zu wiederholen, der wird auf die Dauer zu grundlegenden Erfolgen in der Beeinflussung der öffentlichen Meinung kommen.»

Adolf Raskin, Intendant des Reichssenders Saarbrücken und später verantwortlich für die deutsche Rundfunkpropaganda im Ausland: «Im Rundfunk darf es nichts geben, was nicht auf den letzten und tiefsten Sinn der Propaganda hinzielt. Wahrer, rechter Rundfunk ist Propaganda schlechthin. Er ist der Inbegriff des Wortes ‹Propaganda›.»

Die Nationalsozialisten haben den Rundfunk immer gemäß ihrer Bestimmung von Propaganda eingesetzt, nur über die Frage, *wie* die optimale Propaganda auszusehen habe, gab es im streng zentralisierten Propagandaministerium wechselnde Direktiven. Mit der Konsequenz, daß immer mal wieder prominente Parteigenossen aus der Rundfunkführung gekippt und alle paar Jahre die gerade herrschenden Programmkonzeptionen auf den Kopf gestellt wurden.

Über die erste Zeit seiner Herrschaft schreibt Hadamovsky in einem Rechenschaftsbericht (Dein Rundfunk. Das Rundfunkbuch für alle Volksgenossen, 1934): «Wir begannen im Rundfunk mit einer phantastischen Welle politischer Beeinflussung, Agitation und Propaganda in jeder Form. Vom 10. Februar bis zum 4. März gingen fast Abend für Abend Reden des Reichskanzlers über einzelne oder alle deutschen Sender. (…) Es war schon ein solches massiertes Trommelfeuer notwendig, um das ganze Volk zum Aufhorchen zu bringen und seine Aufmerksamkeit auf die neue Regierung Hitler zu lenken.»

Allein 1933 wurden 50 Hitler-Reden übertragen; allabendlich gab es eine «Stunde der Nation», mit Programmen wie: «Blut und Scholle», «Bauern suchen das Reich», «Ein Trupp SA», «Deutsche Passion 1933», «Erbkrank – erbgesund».

Dazu kamen die nationalsozialistischen Standardfeiertage mit ihrem ständigen «Meer von Fahnen», dem «Aufmarsch der Hunderttausende», mit Uniformen, Marschkolonnen und endlosen Reden: Jahrestag der Machtergreifung, Gründungstag der NSDAP, Heldengedenktag, Führers Geburtstag, Tag der deutschen Kunst, Reichsparteitag, Erntedanktag auf dem Bückeberg, Eröffnung des Winterhilfswerks und der unter den Nazis eingeführte Muttertag. Am 1. Mai 1933 und 1934, vom internationalen Kampftag der Arbeiterschaft umgefälscht zum «Tag der nationalen Arbeit», brachte der Reichsrundfunk jeweils 17 Stunden lang ununterbrochen Maifeiern, Ansprachen und einschlägige Hörfolgen.

Diese bemüht gigantischen Dauerübertragungen fanden ihre Entsprechung in Programmformen, die man in den ersten Jahren des Nazirundfunks häufig einsetzte und bei denen ein beträchtlicher Produktionsaufwand entfaltet wurde, um sie möglichst bedeutend klingen zu lassen. Das formale Konzept dieser «Hörfolgen», «Hörfilme» und «Mysterienspiele» war, den Hörer emotional unter Druck zu setzen.

Ein mit großem Aufwand angekündigtes Programmvorhaben, das zahlreichen ausländischen Sendeanstalten zur Übernahme angeboten wurde, schlug auf die Urheber zurück, nämlich die Übertragung des «Reichstagsbrandprozesses», der im September 1933 vor dem Reichsgerichtshof in Leipzig begann. Angeklagt waren außer dem Holländer Marinus van der Lubbe, der den Brand gelegt hatte, der Vorsitzende der kommunistischen Reichstagsfraktion, Ernst Torgler (der Vorstandsmitglied des Arbeiter-Radio-Bundes gewesen war und sich später den Nazis für deren antisowjetische Kriegspropaganda zur Verfügung stellte), und der Bulgare Georgij Dimitroff, Mitglied des Exekutivkomitees der Kommunistischen Internationale, deren westeuropäisches Büro in Berlin er geleitet hatte. In dem als Schauprozeß inszenierten Verfahren wollten die Nazis den Nachweis führen, daß die Kommunisten – nach dem Verbot der KPD und ihrer Organisationen – einen Putsch geplant hätten. Der Reichstagsbrand, so die Anklage, habe das Fanal dazu sein sollen.

Die Nationalsozialisten konnten die Publizität, die sie dem Schauprozeß verschafft hatten, gar nicht so schnell zurückschrauben, wie sie gern gewollt hätten. Göring und Goebbels marschierten als Zeugen auf; SA und Polizei hatten versucht, die Angeklagten in der Haft psychisch zu zermürben. Trotzdem wurde das Schaustück für die Nazis ein Fiasko. Dimitroff benutzte seine Rolle als Angeklagter, um die Zustände im Nazireich anzuprangern.

Die Anklage erwies sich als nicht haltbar; der Reichsgerichtshof mußte Dimitroff und Torgler freisprechen. Der Rundfunk brach die Übertragung von einem Tag auf den anderen ab; die Berichterstattung über den Prozeßverlauf unterlag fortan strengen Sprachregelungen.

Werbeplakat, Mai 1933

«Das Mikrophon der Funkstunde Berlin steht jetzt, in den frühen Morgenstunden des 5. April, in der übel beleumdetsten Gegend Berlins, und zwar in der Gegend, die einst die Hochburg des deutschen Bolschewismus war, in der Münz- und Grenadierstraße und in der Schendelgasse, dicht am Bülowplatz. Gerade ist eine größere polizeiliche Aktion eingeleitet: fünfzehn, zwanzig große Polizeibereitschaftswagen mit je ungefähr 30 Schutzpolizeibeamten, außerdem 60 bis 80 Kriminalbeamte von der politischen Polizei im Horst-Wessel-Haus, und neuerdings führt die Polizei immer ein Kommando SS mit, das die Arbeit der Schutzpolizei unterstützt. Ein ungeheures Aufsehen, eine irrsinnige Angst bei den Kommunisten, bei den sozialdemokratischen Funktionären, bei allen Leuten hier, die uns seit Jahren unterdrücken wollten, die nationale Bewegung niederknüppeln wollten. Sie haben alle in ihren Wohnungen noch tausenderlei Drucksachen versteckt, verbotenes Hetzmaterial. Bevor sie zur Besinnung kommen, sind die einzelnen Suchkommandos in die Häuser eingedrungen. Alles ist genau vorbereitet. Die Beamten stürmen die Treppen hinauf: Achtung, Polizei! Aufmachen! Und dann, nach wenigen Minuten, kommen dann die ersten politischen Gefangenen. Herr Kommissar, warum ist dieser Mann hier festgenommen worden, auf diesem Wagen hier?»

«Einen Moment, ich kann das nicht so übersehen, ich werde mir mal seinen Paß geben lassen. Haben Sie keinen Paß da?»

«Ich hab ihn gegeben zum Verlängern.»

«Was?»

«Ich hab ihn gegeben zum Verlängern.»

«Wann haben Sie den Paß zum Verlängern gegeben?»

«Am Freitag.»

«Haben Sie da nicht eine Bescheinigung bekommen?»

«Nein, ich habe bloß eine Nummer bekommen.»

«Wo haben Sie die denn?»

«Zu Hause hab ich sie.»

«Die müssen Sie aber bei sich tragen! Damit Sie in der Lage sind, sich auszuweisen.»

«Ich wohne doch Kirchplatz 4.»

«Na, das werden wir ja auf dem Polizeipräsidium feststellen.»

«Ich hab noch nichts gegessen.»

«Na, wir werden alles feststellen.»

«32 Jahre wohne ich auf einem Revier.»

«Er ist Ausländer, ja?»

«Was sind Sie für'n Staatsangehöriger?»

«Tarnow.»

«Wo sind Sie geboren?»

«In Tarnow.»

«Aha. Sie sind polnischer Staatsangehöriger?»

«Polnischer Staatsangehöriger, ja.»

«Sagen Sie mal, wie lange sind Sie in Deutschland?»

«Seit 27. März 97.»

«Was machen Sie denn eigentlich in Deutschland?»

160

«Ich hab ein Möbelgeschäft. Kirchplatz 4.»

«Und Aufenthaltsgenehmigung?»

«Ich wohn doch 36 Jahre hier, da hat mir das Polizeirevier gesagt, ich hab's nicht nötig.»

«Na ja, Herr Kommissar, 36 Jahre wollen die einzelnen Herrschaften natürlich alle schon hier gewohnt haben!»

(Rundfunkreportage, April 1933, Aufnahme im Deutschen Rundfunk-Archiv, Frankfurt)

In den ersten Jahren der Naziherrschaft gab es den Versuch, eine Art faschistischer Volkskunst zu schaffen, im Rundfunk unter dem Motto «Volk sendet für Volk». Für diese «Volkssender-Programme» gab es einen Wettbewerb unter den NS-Betriebsgruppen. Es traten zum Beispiel singend und musizierend Einheiten der Hitlerjugend, des BDM (Bund Deutscher Mädchen) oder der SA auf. Sendetitel: «Wir zwingen dem Alltag ein Lächeln ab», «Die Heimat nimmt uns in Dienst und Pflicht», «Soldatische Haltung des neuen deutschen Arbeiters», «In der Faust den Hammer, im Herzen das Lied». Noch hatte der Strasser-Flügel der NSDAP, der sich selbst als sozialistisch verstand, einen gewissen Einfluß im Propagandaministerium. Horst Dressler-Andress, Präsident der Reichsrundfunkkammer und Abteilungsleiter Rundfunk im Goebbels-Ministerium, war ein Exponent dieses Flügels, zeitweilig wurde auch Goebbels dazu gerechnet. Der aber war taktisch zu klug, die Tendenzen an der Spitze seiner Partei nicht rechtzeitig zu erkennen.

Noch aber konnte Dressler-Andress seine Vorstellungen von einer nationalsozialistischen Arbeiterkultur verbreiten: «Die erste Phase bei der Schaffung des neuen deutschen Menschen war der politische Kampf. Die zweite Phase gilt dem weltanschaulichen Kampf, der kulturellen Erziehung des neuen deutschen Menschen. (...) Meine Arbeiter, nachdem der politische Feldzug abgeschlossen ist, kommt es darauf an, den kulturellen Feldzug zu beginnen. Alles das, was im politischen Kampf überwunden wurde und was nicht imstande ist, eure Arbeit und den wahren Sinn eures Lebens geistig und seelisch zu erfüllen, muß vernichtet werden. Die neue Welt, wie sie politisch geworden ist, kann auch als geistige Welt nur ein Werk von unten nach oben sein. Entweder steigen alle Dichter und Bildungsphilosophen aus ihren einsamen, bewußt vom Volk abgeschlossenen Dachkammern herunter und gehen in die Schächte und Gruben, an die Stätten der Arbeit, um das wirkliche Leben zu erleben und zu gestalten, oder die aus den Zechen und Gruben und aus den Werkstätten werden der Zeit von Morgen Denkmäler des Erlebens hinstellen, an denen der Geist der Menschheit in Flammen geraten wird.» (Funk, Mai 1934)

Erst 1937 – für einen exponierten Vertreter des «linken» Flügels der

161

NSDAP also relativ spät – wurde Dressler-Andress von seinen Rundfunkämtern abgesetzt und auf den Posten des Amtsleiters der «Nationalsozialistischen Gemeinschaft Kraft durch Freude» abgeschoben.

Für bestimmte Sendeformen war im Rundfunk jetzt kein Platz mehr. Verpönt waren besonders Diskussionen und Zwiegespräche. In seinen 1940 erschienenen Buch «Der Rundfunk als Führungsmittel» schrieb Gerhard Eckert, der auch in der Bundesrepublik mit hohen Auflagen über Rundfunk und Fernsehen publiziert hat, die Zeit von Zwiegespr+äch und Diskussion «lag in den Jahren, als die politischen Gegensätze im Rundfunk nach Äußerung drängten. (…) Mit der Überwindung des politischen Dualismus war auch die Zeit des Zwiegesprächs untergegangen. Immerhin ist in einer Form das meinungsgebundene Zwiegespräch auch heute noch denkbar. Am Beispiel des Zwiegesprächs kann vorgeführt werden, wie ein Mensch sich von der Richtigkeit einer bestimmten Auffassung überzeugen läßt. Diese Entwicklung des Gesprächs setzt im allgemeinen voraus, daß es fingiert ist.»

Bis zum Frühjahr 1934 blieb die Struktur des Rundfunks der Weimarer Republik erhalten. Zwar hatten schon 1933 die regionalen Rundfunkgesellschaften ihre Anteile an der Reichs-Rundfunk-Gesellschaft abtreten müssen, wesentlicher aber war, daß Goebbels jetzt auch die Anteile forderte, die die Länder und Städte an den Regionalgesellschaften hielten. Bayern und Württemberg zögerten die Übergabe hinaus, aber im Frühjahr 1934 wurden die regionalen Anstalten liquidiert und hießen von da an «Reichssender».

Organisatorisch faßten die Nationalsozialisten was immer mit dem Radio zu tun hatte in der «Reichsrundfunkkammer» zusammen: Funkindustrie und Gerätehändler, einschließlich der Handelsvertreter und Antenneninstallateure, außerdem die Herausgeber und Mitarbeiter von Rundfunkzeitschriften. Für die künstlerischen und journalistischen Mitarbeiter beim Rundfunk war die Mitgliedschaft in der Kammer Voraussetzung; wurde sie verweigert, war das praktisch ein Berufsverbot. Schließlich wurden – über eine korporative Mitgliedschaft des «Reichsverbandes Deutscher Rundfunkteilnehmer» – auch die Hörer in der Reichsrundfunkkammer organisiert.

1935 wurde dieser Hörerverband aufgelöst. Eine Organisation der Hörer gegenüber dem Rundfunk war jetzt nicht mehr gefragt; eher gebraucht wurde eine Vertretung des Rundfunks gegenüber seinen Hörern. Dazu bauten die Nationalsozialisten ihre «Funkwarte»-Organisation und in den Betrieben das Netz der «Funkwalter» der Deutschen Arbeitsfront weiter aus. Horst Dressler-Andress schrieb als Präsident der Rundfunkkammer: «Der Funkwart ist derjenige Amtswalter der Bewegung, der im Dienste der Rundfunkführung den Volkswillen auf den Rundfunk hinlenkt.»

Kritische Auseinandersetzungen mit der gegenwärtigen Gestaltung des deutschen Rundfunkprogramms sind völlig unerwünscht. Dagegen sind positive Betrachtungen durchaus erwünscht, wenn sie jeglichen Hinweis auf die propagandistischen Absichten dieser Programmgestaltung vermeiden.
(Sprachregelung des Propagandaministeriums für die Presse, 1935)

Das technische Interesse am Rundfunk sollten sogenannte «Kreisfunkstellen der NSDAP» wecken, angepriesen als «eine einmalige Errungenschaft in der Geschichte deutscher Radioamateure» und ausgerüstet mit technischem Gerät, das die Nazis bei der Zerschlagung der sozialdemokratischen und kommunistischen Hörerorganisationen beschlagnahmt hatten.

Neue Hörer sollten durch die verhältnismäßig billigen «politischen Empfangsgeräte» gewonnen werden, den «Volksempfänger 301» (ab 1934) und den «Deutschen Kleinempfänger DKE» (ab 1936). Die Partei setzte durch, daß diese Geräte von allen Herstellerfirmen gebaut wurden; in einigen Betrieben wurden allen Arbeitern regelmäßige Ratenbeträge für einen Volksempfänger vom Lohn einbehalten. Außerdem waren diese Geräte technisch so schlicht, daß sie nur nahe gelegene Sender empfangen konnten; mit ihnen ausländische Sender zu hören war praktisch unmöglich. Zum «Volksempfänger 301», so genannt nach dem 30.1.1933, dem Tag der Ernennung Hitlers zum Reichskanzler, kam noch für den von den Nazis propagierten Gemeinschaftsempfang in Fabriken und Betrieben der «Deutsche Arbeitsfront-Empfänger 1011», der so hieß nach dem 10.11.1933, an dem eine Rede Hitlers aus den berliner Siemens-Werken übertragen wurde.

Die Zelebrierung dieser Rede war bezeichnend für jene Art von Programm, für das die «Funkwalter» Gemeinschaftsempfang organisieren sollten. Vor der Rede, die aus der Maschinenhalle von Siemens übertragen wurde und in allen deutschen Betrieben gehört werden mußte, heulten alle Fabriksirenen im Reich, dann war überall Arbeitsruhe, dann hörte man aus den Lautsprechern den langsam abklingenden Maschinenlärm bei Siemens, dann die Siemens-Sirene, und dann sprach der «Führer».

In der Programmstruktur des nationalsozialistischen Rundfunks gab es etwa 1934 eine erste Wende. Propagandaminister Goebbels sah plötz-

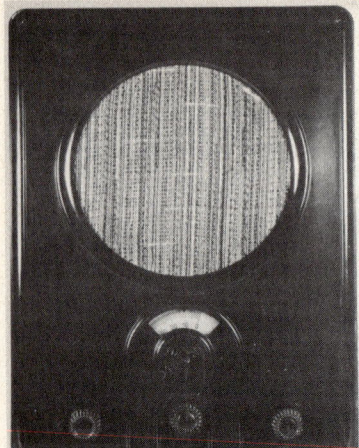

Volksempfänger «VE 301»

Deutscher Kleinempfänger «DKE 1938»

lich «mit dem Überhandnehmen der Politik geradezu eine Gefahr für den Rundfunk». Die Zeitschrift «Funk» schrieb im April 1934: «Der Augenblick ist nicht da, um am Rundfunk Experimente zu machen. Der Hörer hat solche Versuche gründlich satt, er will die Apparatur vergessen, um menschliche Substanz zu fühlen, um von einem revolutionären Willen angespornt zu werden, um die Stimme seines Bruders zu hören, der ihm in die Sorgen und Mühen seines Alltags begütigend zuspricht und ihn die festliche Größe einer höheren Welt, die als Sehnsucht in ihm lebt, spüren läßt.»

Nun setzte im Reichsrundfunk ein neues Trommelfeuer ein. Das nationalsozialistische Radio entdeckte sich plötzlich als Kulturträger: Bach, Händel, Mozart, Bruckner und viel Wagner; Wagner als «universeller Träger deutsch-germanischer Wesensart schlechthin».

Als «nationalsozialistische Kulturleistung ersten Ranges» feierte der Rundfunk einen «Beethoven-Zyklus»: innerhalb von zwölf Tagen Beethovens neun Symphonien, seine Oper und fast das gesamte Kammermusikwerk. Eugen Hadamovsky dazu 1934: «Der Rundfunk von heute hat kein anderes Ziel, als der nationalsozialistischen Bewegung zu dienen; aber er hat die Pflicht, ihr richtig zu dienen. Mit einem Programm bloßer politischer Reden aber kann er ihr nicht in der richtigen Weise dienen, weil der Hörer, ermüdet durch die Anstrengung seiner Aufmerksamkeit, einfach abschalten würde. (...) Der Rundfunk, wie er heute ist, enthält sich nur scheinbar der Propaganda, er bringt sie indirekt.»

Ein Erfolg dieser Okkupation der kulturellen Tradition war, daß eine

Zeitungsanzeige, 1935

große Zahl ausländischer Sender diese Produktionen übernahmen. Noch einmal Eugen Hadamovsky: «Wenn es manchem als Widerspruch erscheinen mag, daß der Rundfunk durch Kunst für die Politik, für eine Weltanschauung werben will, so muß erwidert werden, nur der Liberalismus machte einen Unterschied zwischen Politik und Kunst, den wir heute nicht mehr zulassen können.» (Der Rundfunk im Dienste der Volksaufklärung, 1934; zitiert nach: Heinz Pohle: Der Rundfunk als Instrument der Politik, a. a. O., S. 279)

Auch dieses Programmkonzept der Kulturpropaganda hielt kaum länger als ein Jahr, dann war es mit der Kunst wieder vorbei. Joseph Goebbels gab eine Begründung für den neuen Trend, wie er heute noch in vielen Unterhaltungsredaktionen gehandelt wird. Zur Eröffnung der Rundfunkausstellung 1936 erklärte er, es solle «besonderer Bedacht gerade auf die Entspannung und Unterhaltung gelegt werden, weil die weitgehend überwiegende Mehrzahl aller Rundfunkteilnehmer meistens vom Leben sehr hart und unerbittlich angefaßt wird, in einem nerven- und kräfteverzehrenden Tageskampf steht und Anspruch darauf hat, in den wenigen Ruhe- und Mußestunden auch wirklich Entspannung und Erholung zu finden. Demgegenüber fallen die wenigen, die nur von Kant und Hegel ernährt werden wollen, kaum ins Gewicht.»

Zusammen mit dem schleichenden Verbot des Jazz, das in seiner praktischen Auslegung alle ausländische Unterhaltungsmusik betraf, und dem Ausschluß aller Juden von der Rundfunkproduktion – und damit einem guten Teil der Unterhaltungsprogramme der Weimarer Republik – sorgte die neue Programm-Maxime für das Entstehen einer spezifischen deutschen Schlager-«Kultur», die sich mit immer noch den gleichen Scheuklappen gegenüber der gesellschaftlichen Wirklichkeit, zum Teil auch mit immer noch denselben Urhebern bis heute durch die einschlägigen Radio– und Fernsehprogramme schleppt.

Zweiter Weltkrieg:
Rundfunk als Waffe

Der Rundfunk wurde frühzeitiger auf den Krieg vorbereitet als andere Institutionen des Nazistaates. Im September 1936 hatte Hitler die deutsche Wirtschaft aufgefordert, sich auf den Ausbruch eines Krieges in vier Jahren vorzubereiten; die Wehrmacht wurde im Juni 1937 angewiesen, sich kriegsbereit zu halten. Das «Reichsverteidigungsreferat» des Propagandaministeriums trug seine Vorstellungen von der Rolle des Rundfunks im Krieg schon im Juni 1935 vor. Tenor: Das Rundfunksystem sollte so entwickelt werden, daß es «vom Gegner nicht beeinflußt werden kann», während natürlich eigene Sender «den Gegner an seinen empfindlichsten Stellen» treffen sollten. Außerdem wurde beim Oberkommando der Wehrmacht eine Abteilung «Wehrmachtspropaganda» eingerichtet, die an den Rundfunkprogrammen – beispielsweise an dem publikumswirksamen «Wunschkonzert für die Wehrmacht» – mitwirkte.

Durch den Rundfunk ist zu jeder Stunde die Einsatzbereitschaft des deutschen Volkes gegeben, wenn es gilt, Entschlüsse und Maßnahmen zu erfahren, die der Führer dem gesamten Volk unmittelbar bekanntgeben will.
(Neuer Funk-Bote, Mai 1937)

Der Zweite Weltkrieg begann damit, daß man einen propagandistischen Vorwand schuf. Eine SS-Einheit in polnischen Uniformen inszenierte einen Überfall auf den Sender Gleiwitz und ließ einen Toten zurück; vermutlich einen KZ-Häftling, den man in eine Uniform gesteckt hatte.

Mit den deutschen Truppen rückten Propagandakompanien in Polen und später in die übrigen besetzten Länder ein, zu denen jeweils ein Rundfunktrupp gehörte, außerdem Einheiten, die in jeder besetzten Stadt den lokalen Rundfunksender übernahmen und das Programm der neuen Herren ausstrahlten.

Von den «Blitzkriegen» und schnellen Siegen der Hitler-Armeen in den ersten Kriegsjahren berichtete der Großdeutsche Rundfunk mit sakral zelebrierten Nachrichten und Sieges-Sondermeldungen. Das Programm wurde immer wieder unterbrochen von Ankündigungen einer bevorstehenden Sondermeldung. Danach folgten Nationalhymne und Horst-Wessel-Lied. Schließlich gab es für die Ankündigung der Heeresberichte von den verschiedenen Fronten spezielle Signalfanfaren: eine Frankreichfanfare, eine Rußlandfanfare, eine Englandfanfare und so weiter.

Das Muster, nach dem die Kriegspropaganda gestrickt wurde, war eher schlicht. Nachrichten und aktuelle Sendungen, Soldatenfunk, HJ-Funk und Frauenfunk, selbst Hörspiele und Unterhaltung, folgten den «Leitsätzen für eine aktive deutsche Propaganda»:

«Deutschland gewinnt den Krieg.

Deutschland hat die besten Waffen, die besten Soldaten und die beste Führung der Welt.

Der Bolschewismus ist die größte Gefahr für die Menschheit.

Hitler hat die Welt von dieser Gefahr befreit.

Deutschland kämpft für soziale Gerechtigkeit gegen jüdisch-plutokratische Ausbeutung.

Deutschland schafft die neue Ordnung.

Hitlers Sieg bedeutet tausend Jahre Wohlstand, Glück und Frieden.»

(Erlassen im September 1941 vom Reichsaußenminister von Ribbentrop.)

Im einzelnen ergingen täglich Anweisungen aus dem Propagandaministerium an Presse und Rundfunk, und die ließen nichts aus. Es war sogar verboten, frühere Äußerungen Hitlers ohne eine spezielle Erlaubnis von Goebbels zu zitieren.

«Es soll nichts gebracht werden über den zwangsweisen Einsatz verheirateter Frauen in den Arbeitsprozeß.

Die Verwendung des Begriffs ‹Großdeutsches Weltreich› ist unerwünscht. Letzteres Wort ist für spätere Gelegenheiten vorbehalten.

Das Wort ‹Katastrophe› wird durch die Bezeichnung ‹Großnotstände›, das Wort ‹Katastropheneinsatz› durch ‹Luftkriegseinsatz› ersetzt.»

Gelegentlich bedurfte es einiger Akrobatik, den Sprachregelungen gerecht zu werden; oft folgten einander widersprechende in zu kurzen Abständen. Aber auch da war vorgesorgt: Goebbels' Anweisungen mußten einmal im Monat unter Zeugen verbrannt werden. Als 1939 Hitler und Stalin ihren gegenseitigen Nichtangriffspakt schlossen, demonstrierte der Rundfunk das verlangte rasche Reaktionsvermögen: der Reichssender Stuttgart zum Beispiel warf eine bereits ausgedruckte Sendung mit dem Titel «Ich klage Moskau an» aus dem Programm und ersetzte sie durch russische Volksmusik. Als Ersatz für den auf Widerruf gestrichenen Antikommunismus bat sich Goebbels verstärkt antisemtische Propaganda aus. Ziemlich genau zwei Jahre später, mit dem

Denke daran

Das Abhören ausländischer Sender ist ein Verbrechen gegen die nationale Sicherheit unseres Volkes. Es wird auf Befehl des Führers mit schweren Zuchthausstrafen geahndet.

Merkschildchen zum Anhängen an den Sendersuchknopf des Rundfunkgeräts

deutschen Angriff auf die Sowjetunion, kam im Rundfunk auch die antisowjetische Propaganda wieder zum Zuge – mit vermehrter Sendezeit.

Daheim im Reich versuchte man als erstes, die Hörer vor ausländischen Rundfunksendungen abzuschotten. Am ersten Tag des Krieges erging eine «Verordnung über außerordentliche Rundfunkmaßnahmen», die das Abhören ausländischer Sender verbot und für die Verbreitung von deren Nachrichten sogar die Todesstrafe androhte. Sowjetische Sender zu hören war schon seit 1934 verboten und wurde als hochverräterische Handlung verfolgt. Juden, in Deutschland lebende Russen, Polen und Tschechen durften gar keinen Radioapparat besitzen. Allein bis 1943 wurden 3450 Menschen verurteilt, weil sie ihr Radio auf ausländische Sender eingestellt hatten. Wie viele Todesurteile gefällt wurden, ist nicht bekannt. Im September 1941 zum Beispiel verurteilte das Landgericht Nürnberg einen Jochen Wild zum Tode, weil er seiner Frau erzählte, was er in ausländischen Sendungen gehört hatte.

Tran: «Mir kann jetzt keiner mehr was vormachen. Hier! Ich kriege jetzt alles aus erster Quelle! Vielleicht kann ich auch ab und zu mal, so hin und wieder, ausländische Sender hören.»

Helle: «Wie? Ausländische Sender willst du hören?»

Tran: «Ja, Auslandsnachrichten. London zum Beispiel.»

Helle: «London?»

Tran: «Ja, London. Kannst du mir nicht sagen, wie man das bekommt?»

Helle: «Ich weiß zwar nicht, *wie* du London bekommst, aber *was* du bekommst, wenn du London bekommst, das weiß ich.»

Tran: «Was denn?»

Helle: «Kittchen!»

Tran: «Ha ha, Kittchen!»

Helle: «Sogar Zuchthaus!»

Tran: «Auch wenn es keiner merkt?»

Helle «Ob das einer merkt oder nicht merkt, das spielt doch gar keine Rolle. So was tut man als guter Deutscher nicht!»

(Radio wird eingeschaltet): «... wurde wegen Abhörens ausländischer Sender zu zweieinhalb Jahren Zuchthaus verurteilt.»

Helle: «Siehste, was hab ich gesagt?»

Tran: «Aber Musik kann ich doch hören. Paris, schicke Musik, pariser Luft, nackige Mädchen ...»

Helle: «Du! Das ist auch verboten! Du kannst deine Tanzmusik auch von deutschen Sendern hören. Paß mal auf:»

(Radio wird wieder eingeschaltet; Tanzmusik. Tran singt mit.)

Helle: «Na, ist das nicht herrlich? Das alles nur für zwei Mark im Monat!»

Tran: «Ob ich da nicht Ermäßigung kriegen kann?»

Helle: «Warum willst du denn Ermäßigung haben?»

Tran: «Ja, weil ich jetzt doch keine ausländischen Sender mehr hören darf!»

(Sketch für das Kino-Vorprogramm, 1939, Deutsches Rundfunk-Archiv, Frankfurt)

~~~~~~

Funktionäre von Staat und Partei drängelten sich nach Ausnahmegenehmigungen, ausländische Sender hören zu dürfen; sie wurden fast nie erteilt. Hitler selbst beschränkte im November 1941 die Abhörberechtigung auf zehn Personen, darunter vier Minister. Das Kommando der Marinestation der Ostsee unterbreitete den Vorschlag, alle privaten Radioapparate einzuziehen und statt dessen Nachrichten durch öffentliche Lautsprecher zu verbreiten.

Tatsächlich hatte der nationalsozialistische Rundfunk seine Hörer selbst zum Auslandsempfang erzogen. Viele Hörer, vor allem die Soldaten, schalteten zunächst nur deshalb um, weil bestimmte Musik nur aus dem Ausland zu hören war. Der Jazz – dieses «Aftergequietsche ausländischer Juden», wie Hitler es nannte – und unmittelbar jede lebendige Unterhaltungsmusik waren im deutschen Radio verboten.

Zwar versuchte der Rundfunk in der Folge, den Anreiz zum Hören ausländischer Sender durch ein verstärktes Schlagerangebot abzuschwächen, aber erstens änderte das wenig an den Gewohnheiten der heimlichen Hörer, und zweitens handelte er sich damit eine endlose Briefflut von empörten Mitgliedern der NSDAP ein.

Immerhin dienten die Rundfunkprogramme auch im Krieg der Unterhaltung und dem Konsum. Und wie überall, so wurde auch beim Radio die Produktion von Konsumgütern eingeschränkt zugunsten der Herstellung von kriegswichtigen Produkten. Aus zehn verschiedenen regionalen Programmen wurde 1940 ein Einheitsprogramm. Die Rundfunkzeitschriften mußten 1941 ihr Erscheinen einstellen. 80 Prozent der Sprecher und Redakteure, 30 Prozent der Techniker beim Rundfunk wurden bis 1940 an die Front oder zu den Propagandakompanien eingezogen oder zu jenen Sendern, die tatsächlich eine wichtige Kriegsmaschine geworden waren, zu den (offiziellen oder geheimen) deutschen Auslandssendern.

Hier sind alle deutschen Sender!

Wir alle stehen heute zusammen in dem großen Freiheitskampf unseres herrlichen Reiches, auch wir Rundfunkhörer. Mit stolzer Überraschung erleben wir jetzt fast täglich, daß die Sendefolge plötzlich unterbrochen wird durch einen Trommelwirbel, schmetternde Fanfaren, brausenden Donnerhall, und mit heißem Herzen hören wir eine Sondermeldung ... Zuweilen spricht unser Ortssender in einer fremden Sprache, in den Abendstunden verstummt er und verweist uns auf andere Sender, die ihre Sendung fortsetzen; denn aus Gründen der Reichsverteidigung werden einige Sender mit Einbruch der Dunkelheit abgeschaltet. Je froher unsere Siegesmeldungen, je gewaltiger das Geschehen im Westen, je atemberaubender der Rhythmus der Hammerschläge unserer Wehrmacht, umso weniger ist es möglich, in beschaulicher Ruhe und drei Wochen im voraus ein Programm in allen Einzelheiten festzulegen und durchzuführen. Heute sprechen die *Taten* unserer Wehrmacht, und sie stellen alle menschliche Voraussicht in den Schatten. Auch der Rundfunk muß bestrebt sein, sich dieser Taten würdig zu erweisen, sich ganz in den Dienst unseres Kampfes zu stellen und seine Schlagkraft auf ein einziges Ziel zu richten: gegenwärtig zu sein, wenn der Augenblick es von ihm fordert. Aus diesem Grunde vereinigen wir von jetzt ab die schöpferische Arbeit der Gemeinschaft *aller* deutschen Sender, von denen jeder teilhat an der großen Aufgabe, *eine* große und großzügige Leistung zu schaffen, uns Hörern ein Programm zu geben, das alle Möglichkeiten in sich schließt, ohne sich in Kleines und Kleinliches zu verlieren. Wenn der Rundfunk sich dieser Tage würdig zeigt, so werden auch wir Hörer uns unseres Rundfunks würdig erweisen und es mit freudigem Dank begrüßen, daß wir mit einem kleinen Verzicht an der großen, gemeinsamen Aufgabe mithelfen dürfen. Lebten ein Beethoven, ein Mozart, ein Richard Wagner noch unter uns: sie selbst würden Geigenbogen oder Dirigentenstab mit heißem Herzen sinken lassen, wenn das Vaterland atemlos anderen, härteren Klängen zu lauschen sich anschickt.

(Illustrierter Rundfunk, Nr. 24, Juni 1940, S. 5)

1933 besaßen die Nationalsozialisten zwei Richtsender für Auslands-
programme, bis 1943 bauten sie hundert. Der Europasender Bremen,
der vorwiegend nach England strahlte, war einer der ersten und stärksten. Gesendet wurde insgesamt in 53 verschiedenen Sprachen. «In diesem Krieg spielt wie in keinem Krieg zuvor der Kampf um die öffentliche Meinung in den Ländern aller Kontinente eine entscheidende
Rolle. Hierbei haben die Erfahrungen des Krieges gezeigt, daß der
Rundfunk als das moderne weltumspannende Instrument der Propaganda die Möglichkeit der Beeinflussung der Völker nahezu unbegrenzt gestattet hat. Die Moral der feindlichen Bevölkerung und ihr
Kampfeswille können durch diese neue so gefährliche Waffe derart getroffen werden, daß der Rundfunk zur Vernichtung des Gegners beiträgt und somit die militärische Kriegsführung unterstützt.» (Arbeits-
und Finanzplan für die Auslands-Rundfunk-Gesellschaft «Interradio»)

Gründlich, wie deutsche Militärs sind, hatte das Oberkommando
der Wehrmacht schon vor dem Krieg geprüft, ob aggressive Propaganda mit dem internationalen Kriegsrecht vereinbar sei und wie weit
man gehen dürfe. Dabei war man zu dem Schluß gekommen: «Die
Verächtlichmachung des Gegners ist eine völkerrechtlich erlaubte
Kriegslist, wenn dabei auch noch so sehr gelogen und gefälscht wird.
Abhilfe ist nur durch Richtigstellung oder besser noch Gegenangriff
möglich, wobei natürlich ebenfalls von der Verbreitung von Greuellü-
gen Gebrauch gemacht werden kann.»

So ließen die deutschen Auslandssendungen das Wort «Lügen wie
gedruckt» hoffnungslos veraltet erscheinen. Die erfolgreichste Figur in
diesem Geschäft und bald einer der bestgehaßten Männer in England
war William Joyce, Sprecher und Chefkommentator; wegen seiner nä-
selnden Sprechweise, die der der besseren londoner Bürger entsprach,
bekam er den Namen «Lord Haw-Haw». Joyce, Geheimagent der Engländer bei den irischen Aufständen und vor dem Krieg Funktionär einer
britischen Faschistenorganisation, sprach seine Landsleute an, indem
er sich scheinbar nie völlig mit seinen deutschen Auftraggebern identifizierte und mit einer vorgeblich arbeiterfreundlichen Argumentation
die Unzufriedenheit vieler Engländer mit der konservativen Regierung
Chamberlain ausnutzte. In den ersten Kriegsjahren hörten ihn mehr als
zehn Millionen Engländer regelmäßig. 1940 schrieb die londoner
«Daily Mail»: «Auf dem Schlachtfeld der Propaganda ist England ent-
schieden geschlagen worden. Die deutschen Sendungen beeinflussen
nicht nur die britische Zivilbevölkerung, sondern auch die Streitkräfte.»

Während des deutschen Feldzuges gegen Frankreich verbreiteten drei in Saarbrücken stationierte deutsche Geheimsender, als französische Sender getarnt, gefälschte Nachrichten, Gerüchte und Schreckensmeldungen mit dem Ergebnis, daß der Strom der aus Paris fliehenden Menschen in eine Richtung gelenkt wurde, wo er die Marschwege der französischen Armee blockierte.

Auf solche «schwarze» Propaganda – im Gegensatz zur «weißen», die ihre Herkunft nicht verleugnet – waren die Nationalsozialisten zunehmend angewiesen; je weiter sich der deutsche Terror in Europa hineinfraß, desto weniger war die ausländische Öffentlichkeit bereit, überhaupt noch etwas zu glauben, was ersichtlich aus Deutschland kam.

Das deutsche Außenministerium gründete in Lissabon eine getarnte Agentur, die ausländischen Rundfunkstationen Meldungen und Berichte anbot, und das Propagangaministerium betrieb eine «Interradio AG», die im neutralen Ausland versuchte, über Kapitalbeteiligungen Einfluß auf Rundfunksender zu gewinnen. Und schließlich gab es unter dem Namen «Concordia» eine ganze Kette deutscher Geheimsender. Diese Tarnsender mußten die heimische Ideologie konsequent leugnen, um überhaupt wirksam sein zu können. Was sie tun konnten, war, Verwirrung zu stiften. Sie wechselten die Weltanschauungen wie durchgebrannte Röhren. Nach England hinein funkten ein vorgeblich schottisch- und ein vorgeblich irisch-separatistischer Sender, die «New British Broadcasting Station», die sich bürgerlich-pazifistisch gab, und der Sender «Workers Challenge» mit sozialistischem Vokabular. Dienstanweisung für die «Sendergruppe Concordia»: «Die Sender müssen mit präzisen Angaben arbeiten, dabei aber so vorsichtig sein, daß sie nicht gefaßt oder widerlegt werden können. Man muß nach den englischen Adressbüchern, Tageszeitungen und Zeitschriften bestimmte Personen ansprechen. (...) Man kann große Firmen der Schiebung verdächtigen und behaupten, daß die Inhaber ihr Vermögen ins Ausland geschafft hätten. Man kann sie der Zurückhaltung von Waren und von Lebensmitteln beschuldigen, die der Arbeiterschaft verloren gingen.»

Geheim
Feldkommando, den 19. Mai 1943

Lieber Kaltenbrunner!
Überlegen Sie einmal, ob wir nicht in Zusammenarbeit mit dem Auswärtigen Amt einen rein antisemitischen illegalen Sender für England und Amerika machen können. Er müßte gespeist werden mit Material, das – so wie es der «Stürmer» in der Kampfzeit gemacht hat – den Engländern und Amerikanern serviert wird. Ich halte hier eine sensationelle Aufmachung geradezu für wichtig. Ich bitte, sich mit

SS-Gruppenführer Dr. Martin einmal in Verbindung zu setzen, um den einen oder anderen Mitarbeiter des «Stürmer» zu gewinnen.

Außerdem sind sofort Leute einzusetzen, die in England die Gerichtsnachrichten und die Polizeiausschreibungen, daß ein Kind vermißt wird, verfolgen und kontrollieren, so daß wir dann in unseren Sendern entsprechende Kurznachrichten geben können, daß in dem Ort XY ein Kind vermißt würde und es sich wahrscheinlich um einen jüdischen Ritualmord handele.

Insgesamt glaube ich, könnten wir mit einer großen antisemitischen Propaganda in englischer, vielleicht auch sogar in russischer Sprache auf einer sehr starken Ritualmord-Propaganda den Antisemitismus in der Welt ungeheuer aktivieren.

Ich bitte Sie, diese Dinge einmal mit Ihren Mitarbeitern zu besprechen und schon gewisse Vorbereitungen zu treffen, um mir dann einen Vorschlag zu machen.

Ihr H. Himmler

(Nach: Joseph Wulf: Presse und Funk im Dritten Reich, Gütersloh 1964, S. 375 f)

Nach Frankreich hinein gaben sich pazifistisch die «Stimme des Friedens» und kommunistisch «Das erwachende Frankreich» und «Radio Humanité». Zur Verwirrung belgischer Hörer arbeiteten ein «Illegaler Flämischer Freiheitssender» und ein «Illegaler Wallonischer Sender». Angeblich die Station von in Europa lebenden Amerikanern, die gegen die Politik ihrer Regierung opponierten, war der «Sender der freien Amerikaner». Der Plan für einen okkultistischen Sender mit dem Namen «Katos», der mit Astrologie und Horoskopen Propaganda mit Richtstrahlern nach Amerika machen sollte, wurde wieder aufgegeben. In die Sowjetunion strahlten der vorgeblich nationalistische Sender «Für Rußland» und der antistalinistische, trotzkistische Hintermänner vortäuschende Schwarzsender «Alte Garde Lenins».

Verantwortlich für die «Concordia» war der stellvertretende Leiter der rundfunkpolitischen Abteilung im Auswärtigen Amt, der Jurist Kurt Georg Kiesinger, später Kanzler der Bundesrepublik. Kiesinger war im Außenministerium Ribbentrops zunächst politischer Zensor für die Auslandssendungen, wurde dann Verbindungsmann zum Propagandaministerium und war schließlich zuständig für die gesamte Ostpropaganda des Rundfunks und für die Geheimsender.

Daß Einzelheiten über Kiesingers Tätigkeit im Nazireich während seiner Bundeskanzlerschaft nicht bekannt wurden, dafür sorgten amerikanische Behörden. Als 1966 die «Washington Post» beim alliierten Dokumentationszentrum in Berlin die Akte Kiesinger einsehen wollte, wurde das von der amerikanischen Regierung verhindert.

1943 wurde eine «Dienststelle Kampfsender» unter der Leitung des Rundfunk-Chefkommentators Hans Fritzsche eingerichtet. Die Sender, meist fahrbare Wehrmachtssender, bekamen die Aufgabe zugewiesen, «Chaos hinter den Feindfronten» zu stiften. In Holland operierte der Kampfsender «Mary of Arnhem», der «Freiheitssender Flandern-Wallonien» stand im Ruhrgebiet, ‹Ida› im Westerwald. Der motorisierte Sender «Gustav» war zuständig für «englisch-amerikanisch-französische Kampfpropaganda». Am Oberrhein sendeten «Viktoria», «Oberrhein» und «Krautland calling», an der Donau «Prinz Eugen», hinter der Oder ein Sender mit dem Namen «Stimme der Freiheit», von dem sich der General Graf Schwerin von Krosigk versprach: «Das im rechten Augenblick von einem Russen in die Masse geworfene Zauberwort ‹Friede› (...) kann zusammenbruchartige Wirkungen auslösen und sich als die Posaune erweisen, unter deren Dröhnen die Mauern Sowjetjerichos zusammenstürzen.» (Brief an Goebbels, März 1945)

Der in Norditalien mal als «Soldatensender Heinrich», mal als «Wanda» operierende fahrbare Kampfsender wurde nach Kriegsende in der Nähe von Hof wieder eingesetzt – diesmal als Nebensender des amerikanischen «RIAS».

Auch die Kriegsgegner Deutschlands arbeiteten natürlich mit getarnten Rundfunksendern. Ein amerikanischer Geheimsender berichtete 1944 zwei Wochen lang von dem angeblichen Aufstand einer rheinischen Stadt gegen die Nazis. Über den Sender, der vorgab, ein von den Aufständischen besetzter deutscher Wehrmachtssender zu sein, bat allabendlich der nichtexistierende Bürgermeister dieser Stadt die Amerikaner, zu Hilfe zu kommen und die Stadt zu befreien.

Die englischen Geheimsender «Gustav Siegfried Eins» und «Soldatensender Calais» besaßen bei den deutschen Soldaten eine beträchtliche Popularität. Die sowjetische Rote Armee betrieb die Geheimsender «Sturmadler», «SA-Mann Weber», der an frühere sozialrevolutionäre Parolen der NSDAP erinnerte, und einen «Christlichen Sender».

Der britische Sender «Aspidistra», ausgestattet mit Vorrichtungen zum blitzschnellen Frequenzwechsel, sendete vorher aufgezeichnete Programmteile deutscher Sender, die mit gefälschten Anordnungen vorgeblicher deutscher Stellen angereichert waren, Panik verbreiten sollten und deutschen Verbänden Flüchtlingsströme in den Weg schickten.

Der sowjetische Sender «Geisterstimme» arbeitete auf der Wellenlänge des Deutschlandsenders und warf Zwischenrufe in die Pausen zwischen den einzelnen Nachrichten. Der deutsche Nachrichtenspre-

10 GEBOTE

gegen *Feindpropaganda!*

1 Der Feind treibt Propaganda, um dem deutschen Soldaten den Glauben an seine gerechte Sache und an den Endsieg zu nehmen und seinen Kampfgeist zu lähmen. Kämpfe dagegen!

2 Schriften, Bilder, Rundfunksendungen und Gerüchte werden vom Gegner verbreitet, nicht mit der Absicht, dich über die Wahrheit aufzuklären, sondern um dich seelisch zu vergiften und auf die Knie zu zwingen! Wehre dich!

3 Findest du feindliche Flugschriften oder Propagandablätter, so schreibe groß und deutlich darauf „Feindpropaganda", damit auch weniger einsichtige Kameraden merken, um was es sich handelt.

4 Liefere das gefundene Material deinen Vorgesetzten ab, damit die Führung von den feindlichen Propagandamethoden Kenntnis erhält.

5 Die ausländische Rundfunkpropaganda arbeitet mit bewußten Verdrehungen und von einzelnen schwer nachprüfbaren Lügen. Unterlasse deshalb das Abhören ausländischer Funksendungen. Es ist unehrenhaft und daher allgemein verboten.

6 Wenn du feindliche Aufrufe durch Lautsprecher oder Megaphone hörst, so melde deine Beobachtungen den Vorgesetzten.

7 Gebrauche niemals das gefährliche Wort „etwas Wahres wird schon dran sein". Wer es gebraucht, ist schon angesteckt.

8 Erhältst du Briefe, die über angebliche Mißstände klagen, so melde deinen Vorgesetzten den Inhalt. Dein Vorgesetzter wird dann Beseitigung der Mißstände sicherstellen. — Vorsicht mit Klagebriefen von Fremden oder unbekannten Absendern! Hierbei handelt es sich meist um getarnte Feindpropaganda.

9 Flüsterpropaganda dient nur dem Feinde. Unterstütze nicht sein Werk durch Weitertragen wilder Gerüchte. Es gibt Charakterlose, die derartiges glauben.

10 Wer Feindpropaganda hört, liest oder sieht und sie dann weiterverbreitet, stellt sich in den Dienst des Feindes.

ALSO: *Kampf der Feindpropaganda!*

cher: «Zum Feindflug auf England starteten deutsche Kampfflugzeuge ...» Zwischenruf der «Geisterstimme»: «Ist einer zurückgekommen?»

Am 1. September 1944 verfügte ein Erlaß Hitlers «über den totalen Kriegseinsatz», daß Zeitschriften eingestellt und alle Theater, Varietés, Akademien, Kunsthochschulen und Kunstausstellungen geschlossen werden mußten; Zeitungen mußten fusionieren, belletristische Literatur durfte nicht mehr erscheinen, Vortragsabende und Dichterlesungen durften nicht mehr stattfinden. Rundfunk und Film sollten jetzt als einzige «den Soldaten an der Front und der schaffenden Heimat Entspannung geben und kulturelle Werte vermitteln».

Für die Musikprogramme galt, daß sie verstärkt Munterkeit und Optimismus verbreiten sollten, auch wenn immer wieder stramme Parteigenossen in Hörerbriefen gegen die «undeutsche Tanz- und Unterhaltungsmusik» protestierten, die ihnen nicht in «diese heroische Zeit» paßte. Hans Fritzsche rechtfertigte die Schlager im Oktober 1944 in einem Aufsatz «Rundfunk im totalen Krieg»: «Unsere Soldaten fordern sie und betonen, daß ihnen die aufrüttelnden Impulse dieser Musik befreiende Entspannung nach großen Anstrengungen und neuen Auftrieb geben. Die Wünsche unserer Soldaten bestimmen uns, auch diese Musikgattung zu pflegen und weiter zu entwickeln, selbst wenn einige Volksgenossen in der Heimat glauben, darin eine weltanschauliche Gefährdung sehen zu müssen. Wir richten an sie die Bitte, jede unfruchtbare Diskussion darüber auf Kriegsdauer einzustellen.» Und noch im Februar 1945 erklärte Fritzsche, «daß die frische Note beibehalten bleiben soll». Gleichwohl wurden einzelne Schlager verboten, beispielsweise «Es geht alles vorüber, es geht alles vorbei».

Schon während der deutschen «Blitzsiege» hatte es im Radio diese merkwürdige Interessenteilung zwischen Sendern und Empfängern gegeben, daß nämlich die Menschen an den Radiogeräten in den Siegesmeldungen Informationen über die Verluste suchten, die sie und ihre Familien persönlich betrafen. Mit Fortschreiten des Krieges nahm im deutschen Rundfunk eine Art von Nachrichten zu, die über Tod und Leben entscheiden konnten: die Luftlagemeldungen. «Bomberverband mit ungewissem Kurs, Neueinflug Ostsüdost, Raum Berlin wird in breiter Front angeflogen.»

«Keine Propaganda, die das Radio sonst transportierte, konnte die niederschmetternde Wirkung der ‹Luftlagemeldungen› je paralysieren», schreibt der Rundfunkhistoriker Willi A. Boelcke (Die Macht des Radios, 1977).

Im Januar 1945 erging an den deutschen Auslandsrundfunk die Weisung: «Die Gesamtausrichtung der Information muß überlegene Kraft, Entschlossenheit und Ruhe ausstrahlen. Hierbei insbesondere die Berichte über die Rückwirkungen unserer offensiven Haltung im Westen sowie über den V-Beschuß beachten.»

Im Innern galt für den Rundfunk die Parole: «Stärke durch Furcht»; das Radio sollte Angst und Schrecken vor dem militärischen Zusammenbruch, vor den Nachkriegsplänen der Alliierten und vor der Rache der sowjetischen Soldaten schüren. Erich Kästner, der, mit Schreibverbot belegt, in Bayern lebte, notierte: «Solange man der Bevölkerung nur vor den eigenen Machthabern bange machte, war die Grenzfrage (nach der Machbarkeit von Propaganda – P. D.) nicht akut. Jetzt macht man nach zwei Seiten bange. Man zündet den Stall an zwei Ekken an, und nun wird es brenzlig. Nach welcher Seite wird die Herde, wild vor Angst, ausbrechen, und wen wird sie dabei niedertrampeln?» (Notabene 1945)

Als der Zusammenbruch des Tausendjährigen Reiches sich abzeichnete und nur die Naziführer das immer noch nicht wahrhaben wollten, bekam ihre Propaganda auch in Deutschland kaum mehr einen Fuß auf den Boden. In einem Stimmungsbericht von SD-Spitzeln aus Berlin, Anfang 1945, heißt es: «Unsere Propaganda sei wie die Kapelle auf einem sinkenden Schiff, die immer noch eifrig spiele.»

Die Kapelle spielte, als könnte sie dadurch die Katastrophe aufhalten. Aus den Volksempfängern tönte es von «aufgehaltenen Feindvorstößen», «planmäßigen Frontbegradigungen» und angeblichen Wunderwaffen. Ab dem 1. April 1945 wurde ein «Werwolf»-Sender zur moralischen Aufrüstung der zum Kriegsdienst eingezogenen Greise und Hitler-Jungen installiert. Täglich ab 19 Uhr meldete sich dieses «Organ einer Bewegung nationalsozialistischer Freiheitskämpfer» auf Langwelle; der Deutschland-Sender strahlte das Programm aus, das Erich Kästner so beschrieb: «Er stempelt Kinder zu Helden, weil sie Handgranaten aus den Fenstern geworfen haben. Und auch den deutschen Frauen und Mädchen sind ehrenvolle Fensterplätze zugedacht. Man fordert sie, auf Betreiben Himmlers und übrigens auch in den Zeitungen, zum Heroismus auf und empfiehlt ihnen, die einmarschierenden Feinde mit kochendem Wasser zu begießen. Man kommentiert den Vorschlag einer russischen Krankenschwester, stramme deutsche Mädchen zu sowjetischen ‹Staatsmüttern› zu machen, mit der Bemerkung, sie seien ‹als Matratzen› für die russischen ‹Untiere› vorgesehen. Diesen Kommentar hörten wir im Gasthof ‹Neuhaus› gemeinsam mit einer Schar halbflügger Seminaristinnen. Sie saßen rund um den Radioapparat und kicherten, als läse ihnen, nachts im Schlafsaal, ein nackter Mann aus ‹Josefine Mutzenbacher› vor.» (Notabene 45. Ein Tagebuch, Zürich 1961, S. 79)

In den Anweisungen des Propaganda-Staatssekretärs Fritz Naumann an Rundfunkmitarbeiter in den letzten Tagen der Naziherrschaft heißt es: «Sie müssen das Volk zu einer wilden Entschlossenheit bringen mit Ihrem Programm.» Wie dieser Anweisung nachzukommen sei, verdeutlichte im Februar 1945 Chefkommentator und Chefpropagandist Hans Fritzsche einigen Rundfunkleuten, die zwei aus der sogenannten «Festung Posen» geflohene deutsche Offiziere zu interviewen hatten. Zuerst, so Fritzsche, sei das «menschliche Profil» der beiden Offiziere zu betonen, um so Kontakt zum Hörer herzustellen. Dann sollten sie das «bolschewistische System des Abschlachtens» beschreiben und erklären, daß die Soldaten der Roten Armee alle Alten und alle Kinder ermorden und alle Männer nach Sibirien schicken. Und schließlich, um beim Hörer nicht nur «Trauer und Wehmut» zurückzulassen, müsse verbreitet werden, daß deutsche Soldaten jetzt keine Gefangenen mehr machten, sondern alle Rotarmisten erschlügen.

Noch Anfang April 1945 wollte Goebbels den Rundfunk «von Grund auf» reformieren, damit er sich besser der sich immer schneller verändernden Kriegslage anpassen könnte. Aber andere führende Nationalsozialisten hatten mittlerweile den Spaß am Radio verloren. Hatten sie am Anfang ihrer Herrschaft den Rundfunk zu dem ihrer Weltanschauung wesentlich entsprechenden Propaganda- und «Verkündungs»-Medium stilisiert, dessen technische Erfindung durch das Nazitum erst einen Sinn erhalten habe, so wollten sie ihn jetzt am liebsten ganz und gar abschaffen, als sie erkennen mußten, daß es ihnen nicht gelang, den Radioempfang wirksam zu kontrollieren. Schon zuvor hatten sie versucht, in einigen besetzten Ländern alle Radiogeräte einzuziehen, in anderen waren die Kurzwellenteile aus den Empfängern entfernt worden, in Deutschland wurde der Verkauf von Radios kontrolliert. Jetzt wurde überlegt, in einer großen Umtauschaktion alle Radios abliefern zu lassen und dafür solche auszugeben, die nur auf eine Wellenlänge fest eingestellt waren. Ein anderer Vorschlag war folgender: «In den Polizeirevieren sollen Verstärkeranlagen errichtet werden, von denen aus Feldkabel zu den einzelnen Wohnblöcken gezogen würden. An diese Feldkabel sollen dann die Lautsprecher der Apparate einzeln angeschlossen werden, so daß ein selbständiger Empfang in den Wohnungen nicht mehr möglich ist.»

Die «Luftlagemeldungen» wurden ohnehin nur noch über «Drahtfunk» gesendet; so sollte vermieden werden, daß ausländische Sender gefälschte Meldungen dazwischenstreuten. Weil diese fürs nackte Überleben notwendigen Informationen anders nicht mehr zu haben waren, ließen sich viele an den Draht anschließen. Und die Verkabelung des geschrumpften Reichsgebiets (wenn auch nur mit schlichtem Telefondraht) war bereits weit fortgeschritten. Hitler sprach davon, daß es zu seinen «Zielen der Friedensplanung» gehöre, den Rundfunkempfang aus dem Äther zugunsten des verdrahteten Programms ganz abzuschaffen.

Aufgrund seiner Erfahrungen im Kriege, der Undurchsetzbarkeit des Abhörverbots von Auslandssendern, war es für Hitler selbstverständlich, in seinem Machtbereich nach dem «endgültigen Sieg» den «Selbstempfang»-Rundfunk generell durch den Drahtfunk abzulösen. Für die Staatsführung sei er geradezu «ideal», weil durch ihn von vornherein alle fremdländischen Propagandaeinflüsse ausgeschaltet werden würden, erläuterte er beim Mittagessen am 17. Juli 1942 im Führerhauptquartier bei Winniza. Er habe zwar bei Kriegsbeginn dem Propagandaministerium den Auftrag erteilt, den Drahtfunk in Deutschland einzuführen, aber es sei nicht gelungen; das Propagandaministerium, obwohl es die Schuld auf andere Stellen abschiebe, habe versagt. Tatsächlich machte die angestrebte «verdrahtete Gesellschaft» in Deutschland nur wenig Fortschritte. Den «Geburtstag» des betriebsreifen, hochfrequenten deutschen Drahtfunks (150 bis 250 KHZ) bezeichnete der Erlaß einer Drahtfunkverordnung vom 19. März 1939. Doch sogleich regte sich in Deutschland berechtigtes Mißtrauen gegen den verdrahteten, als absolut störungsfrei angepriesenen «Hörbruder». War es der Anfang, das drahtlose Radio zu verdrängen, ein erster Schritt, die totale Rundfunkherrschaft des Staates herzustellen? Man witterte die Gefahr, die relative Hörfreiheit zu verlieren, Zwangshörer von ganz bestimmten, von Funktionären ausgewählten Programmen zu werden. Scheu herrschte allgemein davor, sich an den Draht legen zu lassen. Anfang 1943 gab es in Deutschland insgesamt 148 Drahtfunksendeämter, über 170000 Drahtfunkanschlüsse, aber an 16,2 Millionen Rundfunkteilnehmer (ohne Draht). Der Krieg hat die «Ziele der Friedensplanung», jeden Rundfunkhörer an das Drahtfunknetz anzuschließen, die Gefahr der «Verdrahtung» hinausgeschoben. Wer gegen Kriegsende dennoch in Deutschland seinen Radioapparat selber mit dem Telefon durch Draht verkoppelte, den trieb Hoffnung und Todesangst dazu. Er wollte die aus Sicherheitsgründen nur über Draht kommenden «Luftlagemeldungen» hören, wollte wissen, ob die anfliegenden alliierten Bomberverbände ihre Bombenlast über seiner Stadt oder über einer anderen ausschütten würden.

(Willi A. Boelcke: Die Macht des Radios, Frankfurt, Berlin, Wien 1977, S. 448f, Ullstein)

Am 25. April schloß sich der Ring der Roten Armee um Berlin; der Deutschlandsender und der Reichssender Berlin waren bereits ausgefallen. Im Bunker des berliner Funkhauses wurde weiter ein Programm produziert, das bis zum 29. April über ein immer noch intaktes Kabel quer durch die Fronten an den Sender Hamburg ging. Der und der Nebensender Flensburg waren die einzigen, die noch funktionierten.

Am 8. Mai kapitulierte das faschistische Deutschland, und noch eine Woche, bis zum 13. Mai, arbeitete der «Reichssender Flensburg» als Organ der «Reichsregierung» unter Großadmiral Dönitz. Er rief dazu auf, die Arbeit in den Betrieben weiterzuführen und die landwirtschaftlichen Pflichtabgaben zu erhöhen: Wenn alles in Scherben fiel, sollte die deutsche Wirtschaft in ihren Strukturen erhalten bleiben.

Noch vor den alliierten Anklägern im Nürnberger Prozeß konnte Hans Fritzsche den Stolz nicht verbergen, in einer perfekten Propagandamaschinerie mitgewirkt zu haben. Es sei, sagte er aus, «ein Irrtum zu glauben, daß dort im Propagandaministerium tausend kleine Lügen ausgedacht worden wären. Im einzelnen wurde ganz sauber und ehrlich gearbeitet, technisch sogar vollkommen. Hätten wir in tausend kleinen Dingen gelogen, dann wäre der Gegner leichter mit uns fertiggeworden, als er tatsächlich mit uns fertig geworden ist. Aber entscheidend für einen solchen Aufklärungsapparat ist ja nicht die Einzelheit, sondern entscheidend ist die letzte und tiefste Grundlage, auf der eine Propaganda aufgebaut ist.»

Radio im Widerstand

Widerstand gegen die faschistische Herrschaft und Rundfunk – das war zunächst eine Sache des Rundfunk*hörens*, der Beschaffung von Nachrichten und Informationen. Es war Gemeinsamkeit in der Vereinzelung, und es war das letzte Stück Unabhängigkeit und eigener Wille in einer total gleichgeschalteten Gesellschaft: Die Wolldecke über den Kopf und den Empfänger gezogen, immer in Gefahr, entdeckt, denunziert, verhaftet und verschleppt zu werden – das war die verbreitetste Form individuellen Widerstands. Die Blockwarte waren zur Kontrolle angehalten, aber es ging um lebenswichtige Nachrichten. Und für die Reste des organisierten Widerstands waren die ausländischen Sender oft der einzige Organisator.

Wer London und wer Moskau hört,
verdient den Schierlingsbecher.
Wer heute noch die Ordnung stört,
macht selbst sich zum Verbrecher.
Solch armer Irrer ist fürwahr
im Krieg nicht auf dem Posten,
und seine Dummheit kann sogar
die werte Rübe kosten!
(NS-Poesie gegen ausländische Sender)

Drei kleine Meckerlein,
die hörten Radio.
Der eine stellte England ein,
Da waren's nur noch zwo.

Lieber Gott, mach mich taub,
daß ich nicht am Radio schraub!
(Antifaschistische Flüsterpropaganda)

Hin und wieder gab es antifaschistischen Widerstand *im* Rundfunk, also innerhalb der deutschen Sender. Am 17. Juli 1944 fällte der Volksgerichtshof unter Roland Freisler vier Todesurteile. Die Verurteilten hatten in den Büros des berliner Rundfunks und auf dessen Vervielfältigungsgeräten anitfaschistische Flugblätter hergestellt. Zwei Rundfunksprecher gehörten der Widerstandsgruppe an, die am

20. Juli 1944 das Attentat auf Hitler vorbereitet und durchgeführt hatte. Und 1944 soll ein Sprecher des deutschen Auslandsrundfunks versucht haben, über den Sender einen Aufruf gegen den Nationalsozialismus zu verlesen. Er wurde in seiner Sprecherkabine zusammengeschossen.

Und immer wieder meldeten sich antifaschistische Piratensender. Seit 1941 begannen Mitglieder des Widerstandskreises «Weiße Rose», einen Sender einzurichten. Im Januar 1942 sind drei von vier Jugendlichen hingerichtet worden, die in München dem Aufruf des londoner Rundfunks gefolgt waren und an Hauswänden ein großes V für «Victory» gemalt hatten. Sie bauten einen Sender, den sie – als Ausdruck ihres Protests gegen die Zerstörung Rotterdams – «Sender Rotterdam» nannten und mit dem sie Sendeversuche mit einem Kurzwellen- und zwei Mittelwellensendern unternahmen, um die Peilung zu erschweren. Ebenfalls 1942 wurde ein achtzehnjähriger Rundfunkmechaniker zum Tode verurteilt, der zwei Sender gebaut und versucht hatte, antifaschistische Lieder zu senden. Der Vorsitzende des dresdener Arbeiter-Radio-Bundes, Alfred Althus, wurde verhaftet, weil er in seinem Radiogeschäft eine Gruppe von polnischen Arbeitern mit Radios versorgt hatte. Er wurde zum Tode verurteilt und hingerichtet. Begründung: «Wer jetzt im Kriege einem Polen als Deutscher zu erkennen gibt, daß es Deutsche gibt, die mit ihnen gemeinsame Sache machen wollen, um unserer Polizei ihre schwere Arbeit zu erschweren, wer jetzt im Kriege Polen zeigt, daß es Deutsche gibt, die mit ihnen sympathisieren, wer besonders dabei auf seine eigene marxistische Gesinnung und marxistische Erlebnisse nach der Machtergreifung hinweist und damit einen Polen ‹tröstet›, der stärkt dem staatsfeindlichen Polen das Rückgrat, der schwächt unsere Kriegsführung.» Der Vorsitzende der kommunistischen Hörerorganisation Freier Radio-Bund, Hans Kahle, floh und kämpfte im Spanischen Bürgerkrieg als Kommandeur der XI. (Internationalen) Brigade gegen Franco.

Eine unbekannte Widerstandsgruppe sendete während des Krieges aus der Ruine eines zerbombten Hauses in Berlin bis zu ihrer Entdeckung durch die Gestapo. In Leipzig arbeitete der Geheimsender «Simon», den einer der Gründer der Arbeiter-Radio-Bewegung, Kurt Wetzel, baute und betrieb. Der Schriftsteller Adam Kuckhoff, Mitbegründer des kommunistischen «Bundes Freier Rundfunk-Autoren», arbeitete in der Widerstandsgruppe Schulze-Boysen-Harnack, die Funkkontakt mit der Sowjetunion hielt; er wurde verhaftet und im August 1943 in Plötzensee hingerichtet.

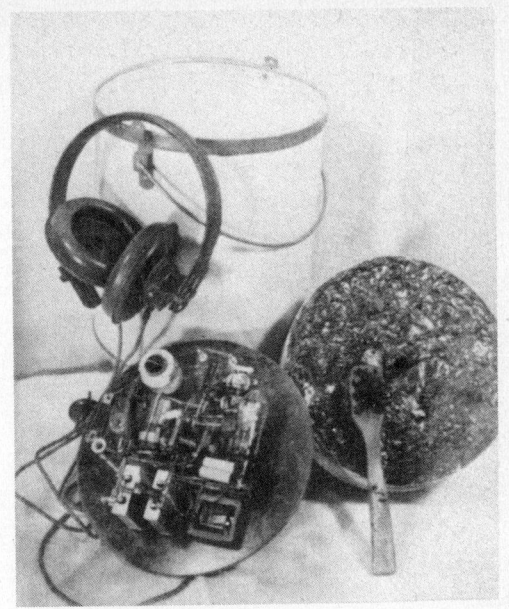

In einem Eimer getarnter
Radioempfänger
der Häftlinge
im KZ Buchenwald

Sogar in den Konzentrationslagern Buchenwald, Lichtenberg und
Esterwegen gab es organisierte Abhördienste für ausländische Rundfunkstationen; im KZ Sachsenhausen brachte die SS zahlreiche Häftlinge um, als sie 1944 dort ein Radiogerät entdeckte. Die Empfänger
waren von den Häftlingen aus Materialien gebastelt worden, die sie
den Wachmannschaften gestohlen hatten. Russische KZ-Häftlinge in
Buchenwald hatten einen selbstgebauten Radioempfänger getarnt, indem sie ihn in einen Marmeladeneimer einbauten.

In Buchenwald existierte auch ein von Häftlingen gebauter Rundfunksender; einer der Beteiligten war Armin Walther, Mitglied des Arbeiter-Radio-Bundes in Riesa. Als Antenne diente der Blitzableiter des
Lagerkinos; Stromquelle war die Beleuchtung des Todesstreifens um
das Lager. Als sich im April 1945 amerikanische Truppen dem Lager
näherten, wurde der Sender in Betrieb genommen: «An die Alliierten,
an die Armee des Generals Patton. Hier Konzentrationslager Buchenwald. SOS. Wir bitten um Hilfe. Man will uns evakuieren. Die SS will
uns vernichten.»

Für viele der vor den Nationalsozialisten aus Deutschland geflohenen
Schriftsteller, Journalisten und Publizisten waren ausländische Rund-

funksender die einzige – und oft eine wirksame – Möglichkeit, nach Deutschland hinein zu wirken, während die Exilpresse vornehmlich der Selbstverständigung der Emigranten diente. Insgesamt verbreiteten rund 120 ausländische Rundfunkeinrichtungen deutschsprachige Programme, die häufig mit Hilfe deutscher (beziehungsweise deutschsprachiger) Emigranten gemacht wurden.

Der erste Exilsender war eine Einrichtung oppositioneller Nationalsozialisten. 1934 installierte die «Schwarze Front» Otto Strassers in der Nähe von Prag einen Sender, der Schallplattenaufnahmen von Strassers Reden sendete. Anfang 1935 ließ die Gestapo den Betreiber des Senders ermorden. Wegen dieses Mordes wurde Mitte der sechziger Jahre der SS-Mann Alfred Naujocks angeklagt, der gleiche, der den fingierten Überfall auf den Sender Gleiwitz geleitet hatte, mit dem der Vorwand für den deutschen Angriff gegen Polen geschaffen wurde. Naujocks starb während des Prozesses.

Am 10. Januar 1937 und von da an fast täglich war abends von zehn bis elf, auf der Skala gleich neben dem Deutschlandsender, ein starker antifaschistischer Sender zu empfangen. Nach den ersten Takten der «Internationale» meldete sich der Sprecher Hanns Maassen, dessen Stimme noch viele von der kölner Werag her kannten: «Achtung! Achtung! Hier spricht der Deutsche Freiheitssender 29,8. Sollten Sie uns nicht im 29,8-Meter-Band erreichen, dann suchen Sie bitte etwas links oder rechts dieser Wellenlänge, wir weichen dem Störsender aus.» Und allabendlich verabschiedete sich der Sender mit den Worten: «Wir kommen morgen abend wieder, trotz Gestapo!»

«Die Stimme der Freiheit in deutscher Nacht auf Welle 29.8», wie der Sender sich nannte, bescherte der Gestapo tatsächlich einige Aufregung. Die Staatspolizei-Leitstelle in Berlin berichtete: «Ein im Januar dieses Jahres neu aufgetauchtes wirksames Propagandamittel war der ‹Freiheitssender› auf kurzer Welle. (…) Damit hatte die KPD einen Weg zu ihren noch bestehenden Anhängern gefunden, der mit Mitteln der geheimen Staatspolizei im Reiche schwer zu verlegen ist. Die in der Tätigkeit der illegalen KPD besonders in diesem Jahr entstandene Lücke durch Zerschlagung des technischen Apparats für die Herstellung und Verbreitung kommunistischer Schriften als geistiges Bindemittel (…) wurde dadurch wieder zum Teil ausgefüllt.»

Ein deutscher Störsender versuchte, auf die Wellenlänge des Freiheitssenders einen Pfeifton zu legen, der wegen seiner Intensität leicht auszumachen war und den heimlichen Hörer verraten konnte, und es begann eine hektische Suche nach dem Standort des Senders. Und auch die Hörer des Freiheitssenders glaubten zunächst, er sei irgendwo in

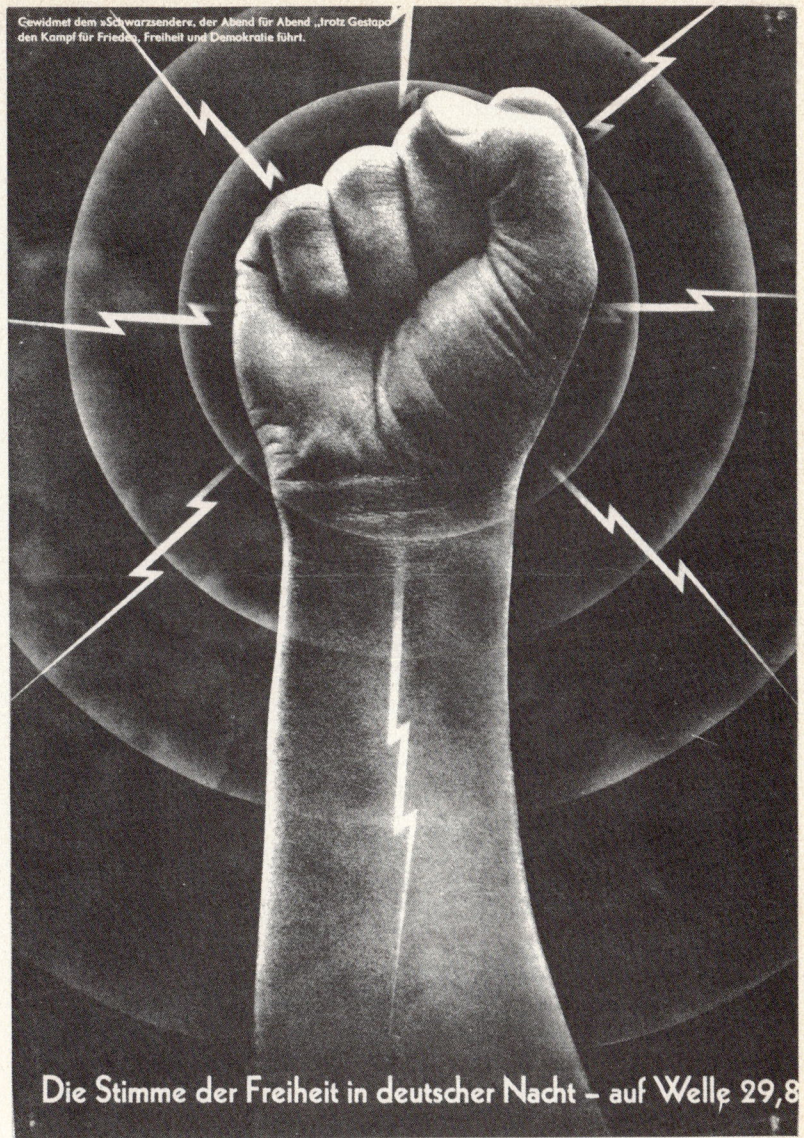

Gewidmet dem »Schwarzsender«, der Abend für Abend „trotz Gestapo
den Kampf für Frieden, Freiheit und Demokratie führt.

Die Stimme der Freiheit in deutscher Nacht – auf Welle 29,8

Collage von John Heartfield

Deutschland versteckt; wie sonst hätte er so präzise über aktuelle Vorgänge in Deutschland unterrichtet sein können, auch über solche, die das Regime geheimzuhalten versuchte? Aber auch wenn in englischen und französischen Zeitungen noch lange über den Standort gerätselt wurde, nach einigen Wochen muß die Gestapo doch herausbekommen haben, wo der Deutsche Freiheitssender tatsächlich stand: im republikanischen Spanien, also mitten im Ziel faschistischer Interventionspolitik.

Etwa 5000 Mann, Truppenteile der Luftwaffe, Panzereinheiten und Marineverbände, zusammengefaßt in der «Legion Condor», waren nach Spanien geschickt worden, um die Generäle zu unterstützen, die dort gegen die gewählte Volksfrontregierung geputscht hatten. Im April 1937 vernichteten diese Truppen die nordspanischen Städte Durango und Guernica.

Die deutschen Soldaten trafen in Spanien auch auf deutsche Antifaschisten. In den «Internationalen Brigaden», die der republikanischen spanischen Armee eingegliedert waren, kämpften ebenfalls etwa 5000 Deutsche, darunter die Schriftsteller Ludwig Renn, Willi Bredel, Hans Marchwitza, Bodo Uhse, Georg K. Glaser, Erich Weinert, Egon Erwin Kisch und der Sänger Ernst Busch, über dessen Lieder Heinrich Mann im Deutschen Freiheitssender sagte: «Hört das Lied der Zeit, hört alle seinen Schall und Schritt! (...) Das Lied der Zeit hat euren Tonfall! Ihr sollt es wiedererkennen, wenn die Platten mit den Brandgesängen vom Deutschen Freiheitssender euch in die Ohren gestürmt werden!» Und Erich Weinert beschrieb, ebenfalls im Deutschen Freiheitssender, die Bedingungen, unter denen diese Platten hergestellt wurden: «Diese Platten konnten nicht in der Ruhe des Friedens hergestellt werden. Wie oft mußten diese Aufnahmen oder die Fabrikation der Platten auf lange Zeit unterbrochen werden, weil ringsherum die Bomben Francos auf Barcelona niederdonnerten oder weil der elektrische Strom unterbrochen war.»

Der Freiheitssender war kurz vor der Bildung der spanischen Republik in Pozuelo del Rey in der Nähe von Madrid gebaut worden, für den deutschen Auslandsdienst nach Südamerika und Asien. Von der republikanischen Regierung war er dem Exekutivkomitee der kommunistischen Internationale zur Verfügung gestellt worden, das übergab ihn der Auslandsleitung der illegalen deutschen KP, die ihn wiederum dem «Komitee zur Schaffung einer deutschen Volksfront» mit Sitz in Paris zur Verfügung stellte. Das Volksfrontkomitee wurde im wesentlichen von einer Exilgruppe des «Schutzverbandes Deutscher Schriftsteller» getragen; Vorsitzender des Komitees war Heinrich Mann.

Erster und anfangs einziger Redakteur des Freiheitssenders war Gerhart Eisler, der Bruder des Komponisten Hanns Eisler. Dazu kamen vorübergehend Kurt Hager, dann Georg Stibi und Erich Glückauf. Nachfolger von Eisler wurde Hans Teubner. Die Redaktion hatte ihren Sitz bei der Volksfrontregierung in Valencia. Zuerst wurden alle Texte per Telefon zum Sender in Madrid gesprochen, dann kam Hanns Maassen als Sprecher nach Madrid.

Die Gestapo meldete 1938, das Hören des Freiheitssenders sei eine «Seuche, die nicht allein die rein links orientierten Kreise erfaßt hat». Eine Verbindungsstelle für den Freiheitssender in Paris, von der französischen Gewerkschaft CGT ins Leben gerufen, leitete Hörerbriefe und Informationen weiter, die von illegalen Gewerkschaftsgruppen aus Deutschland herausgebracht wurden. Als das nationalsozialistische Regime sein militärisches Engagement in Spanien noch leugnete beziehungsweise herunterzuspielen versuchte, veröffentlichte der Freiheitssender die Namen der deutschen Flieger über Guernica. Und immer wieder strahlte er Aufrufe zum Widerstand und zur Sabotage aus.

Zehn Gebote für Deutsche

1. Du sollst langsam arbeiten. Organisiere Streiks und wo nötig Sabotageakte. Wenn Du Soldat bist, sollst Du nicht schießen.

2. Du sollst gegen Hitler und seine Helfershelfer kämpfen, gegen Göring, Hess, Krupp, Thyssen, gemeinsam mit allen Gegnern Hitlers. Nur die Einheitsfront der Arbeiter und Bauern führt zum Sieg.

3. Du sollst die Wahrheit über Hitlers Greueltaten verbreiten, wann immer und wo immer Du kannst. Verbreite sie, schreibe sie auf kleine Zettel, die Du herumliegen lassen kannst, oder sage sie weiter. Die Wahrheit ist eine starke Waffe im Kampf gegen den Nationalsozialismus.

4. Du sollst Hitlers Lügen nicht glauben. Trau nicht den Nazizeitungen. Glaube dem Nazidruck kein einziges Wort.

5. Du sollst Dich nicht bestehlen lassen. Deine Steuern fließen in die Taschen der Nazigrößen und Kriegsgewinnler. Zahle keine Steuern mehr. Hole Dir Dein Geld von der Sparkasse oder von der Bank zurück. Bring kein Geld mehr zur Sparkasse.

6. Du sollst keine rassischen oder konfessionellen Unterschiede mehr kennen. In Hitlerdeutschland gibt es nur zwei Arten von Menschen – die einen stopfen sich die Taschen voll, ohne zu arbeiten, die anderen werden vom Regime gejagt und unterdrückt. Die Gejagten und Unterdrückten sind Deine Freunde.

7. Du sollst den Opfern der Nationalsozialisten helfen, wo immer du kannst. Die Frauen, deren Männer im Konzentrationslager sind, die Kinder, deren Eltern von Hitler umgebracht worden sind, sie brauchen Deine Hilfe und Sympathie.

8. Du sollst den Kampf gegen Hitler methodisch und systematisch führen. Schließe Dich niemandem an, bevor Du ihn nicht sorgfältig geprüft hast. Aber

verbünde Dich mit ihm, sobald Du sicher sein kannst, daß er gegen Hitler kämpft.

9. Du sollst mithelfen, Spione, Provokateure, Hitleragenten zu entlarven; sei wachsam und argwöhnisch; hüte Dich vor falschen Freunden, denn sie kommen in immer neuer Verkleidung. Wenn Du einen Spion entdeckt hast, melde allen Freunden seinen Namen.

10. Du mußt und sollst gegen Hitler kämpfen mit allen Dir zur Verfügung stehenden Mitteln und Kräften. Er hat die Blüte der deutschen Kultur des Landes verwiesen. Er hat die Blüte der deutschen Arbeiterklasse ins Gefängnis geworfen. Er hat die Blüte der deutschen Bauernschaft zu Sklaven gemacht. Und nun treibt er alle ins Verderben. Friede dem deutschen Volk, Tod dem Hitlerregime.

(Vom «Deutschen Freiheitssender» wiederholt verbreiteter Aufruf, nach: Ernst Loewy: Die Rundfunkarbeit der Exilierten, unveröffentl. Manuskript)

Für den Deutschen Freiheitssender arbeiteten – begünstigt durch dessen Zusammenhang mit dem Schutzverband Deutscher Schriftsteller – zahlreiche exilierte deutsche Autoren. In seinem Programm sprachen Thomas und Heinrich Mann, Arnold Zweig, Egon Erwin Kisch, Erich Weinert, Willi Bredel, Ludwig Renn, Alfred Kerr, Oskar Maria Graf, Gustav Regler, Ernst Toller, der Physiker Albert Einstein und der Maler und Grafiker Frans Masereel. Bertolt Brecht schrieb für den Freiheitssender seine «Deutsche Satiren», und der amerikanische Schriftsteller Ernest Hemingway wandte sich über den Freiheitssender an seine deutschen Leser: «Ich war in diesem Sommer bei der Ebro-Offensive der republikanischen spanischen Armee. Da sah ich Deutsche, die saßen in Heinkel- und Junkers-Flugzeugen; sie kamen in Überzahl, flogen über friedliche Dörfer, warfen ihre Bomben ab, pulverisierten die Häuser der Bauern, verbrannten die Ernte und flohen dann, ohne den Kampf anzunehmen, schleunigst zu ihrem Franco zurück, als sich die ersten republikanischen Flieger am Horizont zeigten. Unten aber, über die Ufer des Ebro, zogen auf alle Gefahr hin das Bataillon Thälmann und andere deutsche Bataillone. Sie wagten alles, wußten, daß in der Gefangenschaft ihnen der Tod drohte, aber sie führten ihren Auftrag aus, griffen an, siegten. Sie verpflegten später die Flüchtlinge aus den zerstörten Dörfern, sie nahmen sich der Kinder an, sie machten gut, was die Junkers schlecht gemacht hatten. (...) Ich grüße diese Deutschen und verfluche die anderen, die in den Junkers sitzen, samt denen, die die feigen Bombenschmeißer da unten hingeschickt haben. Das ist alles.» (Hans Teubner: In deutscher Nacht auf Welle 29,8, in: Beiträge zur Geschichte des Rundfunks, Berlin [DDR] 1971, Nr. 4, S. 12)

Die Reaktionen auf den Freiheitssender in Deutschland – sowohl die seiner Hörer als auch die offizieller Stellen – werden deutlich aus den Berichten, die die Mitglieder der verbotenen Arbeiterparteien an ihre

Linolschnitt von Heinz Kiwitz,
aus einer in Frankreich 1938
erschienenen Broschüre

Exilorganisationen schickten. In den Deutschlandberichten der Exil-SPD heißt es: «Bayern. Der Sender kam in eine Zeit, in der jede neue Kraftäußerung der antihitlerischen Opposition auf fruchtbaren Boden fiel. (...) Wie reagierte aber das Regime darauf? Zuerst tat es einmal gar nichts. Alles wartete auf den Gegenschlag und nichts geschah. Das bewog schon viele zu glauben: seht, sie können nichts mehr machen, sie sind am Ende. Dann setzten die Störsender ein, zuerst unzulänglich, aber im Laufe der Zeit mit immer besseren Methoden. Heute ist es schon so weit, daß der Sender tagelang nicht mehr hörbar ist. Dieses Störgeräuschs wegen ist es den meisten nicht mehr möglich, den Sender einzuschalten, weil man dieses Pfeifen durch alle Wände hindurch hört, so daß es den Nachbarn auch bei geschlossenen Türen nicht verborgen bleiben kann, daß man den Sender sucht. Die technischen Mittel haben also im Augenblick wieder dem Regime ein Übergewicht gegeben. (In München) waren 432 Mann verhaftet worden, von denen inzwischen wieder viele freigelassen wurden. (...) Bei verschiedenen Verhaftungen wurden die Radio-Apparate auseinandergenommen.» (Nach: Winfried B. Lerg und Ulrich Schulte-Döinghaus: Der Rundfunk und die kommunistische Emigration, in: Rundfunk und Politik 1923–1973, hg. von W. B. Lerg und R. Steininger, Berlin 1975, S. 200 f)

Die Deutschland-Informationen der Exil-KPD berichteten: «Köln.

Wir haben festgestellt, daß Pfarrer die Rede von Heinrich Mann stenographierten, dann vervielfältigten und weitergaben. Hamburg. Den Radio-Händlern wurde Anweisung gegeben, jeden, der einen Apparat mit Kurzwellenteil verlangt, sofort namentlich festzustellen. Die Leute gehen deshalb auch immer mehr dazu über, sich selbst ihre Apparate für den Kurzwellenempfang umzubasteln. Die Gestapo ist auch dazu übergegangen, überraschender Weise während der Sendezeit in die Wohnungen einzudringen und Verhaftungen vorzunehmen. Konstanz. Um festzustellen, wer den deutschen Freiheitssender hört, wurde in jedem Haus ein Hauswart eingesetzt, der beobachtet und horcht.» (Nach: Hans Teubner: In deutscher Nacht auf Welle 29,8, a. a. O., S. 13)

Zum Umbau der Empfänger für den Kurzwellenempfang verbreitete der Freiheitssender Bastelanleitungen; in Deutschland wurde bald auch der Verkauf geeigneter Bauteile meldepflichtig gemacht.

Als die francistischen Truppen bis ans Mittelmeer vorgedrungen waren und das republikanische Spanien geteilt war, wurden die Sendetexte von der Redaktion, die mit der Volksfrontregierung nach Barcelona ausgewichen war, mit Booten durch die Küstengewässer ins Studio nach Madrid transportiert. Am 9. Januar 1939 stellte der Deutsche Freiheitssender seinen Betrieb ein. Die Franco-Truppen marschierten auf Madrid, die Internationalen Brigaden waren auf Betreiben der Sowjetunion aus Spanien abgezogen. Die Redaktionsmitglieder des Senders konnten fliehen, der Sprecher Hanns Maassen fiel in die Hände der Franco-Soldaten.

Im März 1939 formulierte die Redaktion des Freiheitssenders für das Zentralkomitee der KPD ihre Ansichten über einen effizienten Widerstandssender. In diesem Papier, das der Vorbereitung des «Deutschen Volkssenders» der KPD in Moskau dienen sollte, wurden die Widersprüche deutlich, die sich aus dem Versuch ergaben, Volksfrontstrategie und Führungsanspruch der kommunistischen Partei miteinander zu vereinbaren. Über das Verhältnis des Senders zur KP und zur Volksfront hieß es: «Wir kämpfen für die Einheitsfront, für die Schaffung der Volksfront zur Verhinderung des Krieges, zum Sturz Hitlers, für ein freies demokratisches Deutschland. Die Sprache für die Einheit, die Volksfront, das ist nicht die Sprache von Deklamationen, nicht die Sprache von Diplomaten zu den Angehörigen unserer Klasse und zu unseren Verbündeten. Wir wollen nicht Proselyten machen, wir wollen, daß jeder richtig handelt, *jeder* auf Grund seiner Lage, seiner Bedürfnisse, seiner Wünsche. So weisen wir nach, daß die Einheitsfront für alle Sozialdemokraten und Kommunisten das dringendste Gebot ist. So weisen wir nach, warum alle anständigen, friedliebenden Menschen, alle ausgebeuteten Schichten, alle wegen ihrer Weltanschauung und ihres Glaubens Verfolgten zusammengehören in eine Front. Jedes Kampfbeispiel in den Betrieben oder Organisationen muß uns dienen, das *Lebendige* in der Einheitsfront zu zeigen, jedes Beispiel des Widerstands, der Opposition, das *Lebendige* der Volksfront zu popularisieren. Und von diesen *lebendigen Beispielen* zeigen wir leichter – allen Schichten – den Ausweg, das demokratische Deutschland nach dem Sturz Hitlers, wie auch der Weg zum Sturz Hitlers den Massen einleuchtender und damit möglich und leichter erscheint.»

An die Popularität des Deutschen Freiheitssenders versuchten zahlreiche Stationen anzuknüpfen, so ein Sender der «Deutschen Freiheitspartei» des ehemaligen Zentrumsabgeordneten Carl Spiecker, der Anfang 1938 von einem im Ärmelkanal kreuzenden Fischkutter aus operierte.

1939 meldete sich von Paris aus ein «Deutscher Freiheitssender», der von Willi Münzenberg geleitet wurde, der in Deutschland zahlreiche linke Publikationen herausgegeben hatte, unter anderem die «Arbeiter Illustrierte Zeitung», und der inzwischen einen Kurs der scharfen Opposition zu den kommunistischen Parteien eingeschlagen hatte. Sein «Freiheitssender» war der von Jean Giraudoux geleiteten Station «Radio Liberté» zugeordnet. Münzenbergs in Paris erscheinende Zeitschrift «Die Zukunft» charakterisierte den politischen Standort dieses Freiheitssenders im November 1939: «Für die Stimmung der breiten Massen der Arbeiter ist es nun bezeichnend, daß der Sender in letzter Zeit wiederholt scharf mit dem Hitler-Stalin-Pakt abgerechnet hat. Am 2. November hörten Radiofreunde in Dänemark eine Botschaft einer Betriebsgruppe in Bochum, die Stalin für den Hitlerkrieg verantwortlich machte und erklärte, in Zukunft den Kampf ebenso unerbittlich gegen Stalin wie gegen Hitler führen zu wollen. Die Belegschaft appellierte an alle Arbeiter Deutschlands, sich in einer unabhängigen deutschen Einheitspartei zu sammeln, die für alle, mit Ausnahme der Nationalsozialisten und stalinistischen Kommunisten, offen stehen soll. Wir notieren diese Tatsache als ein erfreuliches Zeichen der sich bildenden großen und gesunden Einheitsbewegung in Deutschland.» Die KPD reagierte indem sie die «Halunken des sogenannten Freiheitssenders» als «vorgeschobene Posten der englisch-französischen Imperialisten» bezeichnete, und als Störenfriede der deutsch-sowjetischen Eintracht – der deutsche Überfall auf die Sowjetunion stand noch aus.

In London arbeiteten, von der britischen Regierung ins Leben gerufen, ein Sender der österreichischen Sozialisten, «Radio Rotes Wien», und ein Sender linker Sozialdemokraten um die Gruppe «Neu Beginnen» mit dem Namen «Sender der Europäischen Revolution»: «Genossen, der Sender der Europäischen Revolution ist der Sender revolutionärer Sozialisten. Unser Ziel ist der Sturz des Hitler-Regimes, der Aufbau eines geeinten sozialistischen Europa. Sorgt dafür, daß immer mehr Menschen unsere Stimme hören können. Darum, wo immer du sicher sein kannst, daß du unbeobachtet bist, wo immer du weißt, daß du kein sinnloses Risiko läufst, wo immer sich dir eine vorteilhafte Gelegenheit bietet, schreibe in Blockbuchstaben: Europäische Revolution, Welle 31.2, 23 Uhr.» (März 1941) Mitarbeiter dieses Senders waren unter anderen der spätere sozialdemokratische Bundestagsabgeordnete Waldemar von Knoeringen, der spätere londoner ARD-Korrespondent Paul Anderson und schließlich der spätere Intendant des Süddeutschen Rundfunks, Fritz Eberhard.

Dieser linkssozialistische, bis zum deutschen Angriff auf die Sowjetunion jedoch dezidiert antisowjetische Sender wurde 1943 von der englischen Regierung, die jetzt mit der Sowjetunion im Bündnis war, abgeschaltet. Ihre «seriöse» Kriegspropaganda – im Gegensatz zu der der Tarnsender – ließ sie jetzt ausschließlich von der BBC betreiben. Auch dort kamen deutsche Emigranten zu Wort. Und die BBC lief anderen Auslandssendern zunehmend den Rang ab – nicht zuletzt wegen ihrer höheren Sendestärke und der geringeren Störanfälligkeit im Mittelwellenbereich, sicher aber auch wegen ihrer verläßlichen und umfassenden Nachrichtengebung.

Deutsche Hörer!

Die größte moralische Wohltat, die man dem deutschen Volk erweisen kann, ist, daß man es zu den unterdrückten Völkern rechnet. Denn wie sollte das Urteil über Deutschland lauten, und welche Hoffnungen könnte man für die Zukunft auf Deutschland setzen, wenn es die Untaten, die es unter seinem gegenwärtigen Regime begeht, freien Willens und mit klarem Bewußtsein beginge? Ihr, die ihr der Stimme der Freiheit lauscht, die von außen kommt, fühlt euch offenbar als Angehörige eines unterdrückten Volkes, und die Tatsache allein, daß ihr lauscht, ist schon ein Akt geistigen Widerstandes gegen den Hitler-Terror und der geistigen Sabotage des blutigen und unabsehbaren Abenteuers, in das er euch Deutsche gestürzt hat.

(Thomas Mann über BBC, August 1941)

Sender und Sendungen in Amerika, an denen deutsche Emigranten mitwirkten, strahlten nicht nach Deutschland, sondern dienten entweder zur Kommunikation der Exilierten untereinander oder suchten die Bevölkerung des Gastlandes anzusprechen. Bei rund 40 Stationen in den

USA gab es in den vierziger Jahren «Deutsche Stunden»; die meisten gaben sich betont neutral, einige verbreiteten nationalsozialistische Ideologie. In New York, Philadelphia, Chicago und einigen anderen Städten mieteten Emigrantengruppen Sendezeit bei kommerziellen Sendern. Etwas Ähnliches, «La Voz Del Día», besteht seit 1938 bis heute in Uruguay.

Regelmäßige Sendezeit stellte der Sender WEVD dem German-Jewish-Club zur Verfügung, der die Zeitschrift «Aufbau» herausgab. Die German American Writers Association, deren Vorsitzender Oskar Maria Graf und deren Sekretär Manfred George war, erhielt im Sommer 1940 für kurze Zeit einen Sendeplatz der Station WCNW. Und bei dem new yorker Sender WBNX kamen regelmäßig deutsche Künstler und Autoren zu Wort, so Lion Feuchtwanger, Emil Ludwig, Klaus und Thomas Mann, Max Reinhardt und Franz Werfel. Ebenfalls über WBNX wurden regelmäßig jeden Sonntag Sendungen des explizit antikommunistischen German-American Congress for Democracy ausgestrahlt. Zu den Mitarbeitern gehörte der spätere Vizepräsident des Bundesverfassungsgerichts, Rudolf Katz.

Mitte 1942 nahmen amerikanische Stellen die Produktion deutschsprachiger Sendungen in eigene Verantwortung. Hergestellt wurde beispielsweise eine Serie mit dem Titel «We fight back – German-American Loyalty Hour», an der Albert Bassermann, Paul Dessau, Stefan Heym, Lotte Lenya, Thomas Mann, Walter Mehring, Hans Sahl, Paul Tillich, Fritz von Unruh und Kurt Weill mitarbeiteten. Sie wurde geleitet vom Herausgeber des «Aufbau», Manfred George, und dem ehemaligen Direktor des Theaters am Schiffbauerdamm in Berlin, Ernst Josef Aufricht.

Die Sowjetunion betrieb vom September 1941 den «Deutschen Volkssender», der dem Zentralkomitee der deutschen Kommunisten unterstand. Zu den Mitarbeitern zählten neben anderen Wilhelm Pieck, Walter Ulbricht, Johannes R. Becher, Willi Bredel, Fritz Erpenbeck, Erich Weinert und Friedrich Wolf. Parallel dazu wurden der «Sender Österreich» und der «Sudetendeutsche Freiheitssender» als Organe der KPÖ beziehungsweise der KPČ betrieben.

An den Erfolg des Deutschen Freiheitssenders in Spanien versuchte man in der Sowjetunion mit dem Sender des «Nationalkomitees Freies Deutschland» anzuknüpfen: «Achtung! Hier spricht der Sender des Nationalkomitees Freies Deutschland! ... Wir sprechen im Namen des deutschen Volkes ... Wir rufen zur Rettung des Reiches! ... Wir rufen die deutsche Wehrmacht!»

Das Nationalkomitee war im Juni 1943 unter Führung deutscher

Kommunisten in der Sowjetunion gegründet worden und bezog kriegsgefangene deutsche Soldaten und Offiziere in seine Arbeit mit ein. Für kriegsgefangene Soldaten hatte der Sender besonderen Reiz, weil sie zu Hause von den nationalsozialistischen Behörden grundsätzlich für tot erklärt wurden und nun per Radio versuchen konnten, ihre Angehörigen anzusprechen.

In der Redaktion des Senders arbeiteten unter anderen die Schriftsteller Fritz Erpenbeck, Bernt von Kügelgen und Gustav von Wangenheim. Chefredakteur war Anton Ackermann. Als Studio stand der moskauer Fernsehsender zur Verfügung, der während des Krieges seinen Versuchsbetrieb eingestellt hatte. Gesendet wurde auf acht Kurz- und zwei Mittelwellen. Über den Programmbetrieb berichtet Anton Ackermann: «Besonders wirksam war die Übermittlung von Grüßen der Kriegsgefangenen in so gut wie allen unseren Sendungen. (...) Wir forderten unsere Hörer immer wieder auf, die angesprochene Familie über den Gruß zu informieren. Schon damals waren uns Fälle bekannt geworden, zum Beispiel aus Zeitungen neutraler Länder wie der Schweiz und Schwedens, daß Familien mehrere, manchmal bis zu einem Dutzend anonyme Benachrichtigungen erhalten haben. (...) Im Nachrichtendienst stand die Frontberichterstattung natürlich sehr stark im Vordergrund. Den größten Teil der Sendungen machten Kommentare der verschiedensten Art aus. (...) Bei entsprechendem Anlaß übertrug der Sender auch klassische Musik. Die Auswahl wurde davon bestimmt, das zu bringen, was in Hitlerdeutschland verfemt, verschwiegen oder unbekannt war.» (Anton Ackermann: Stimme des «Freien Deutschlands», in: Erinnerungen sozialistischer Rundfunkpioniere, Berlin [DDR] 1975, S. 207 f)

Über die Resonanz des Senders heißt es in einem internen Bericht des Nationalkomitees vom Herbst 1944: «Der Sender wird in allen Teilen des Reichs gehört. Die Zahl der regelmäßigen Hörer hat im Laufe der letzten Monate bedeutend zugenommen. Großes Interesse besteht für den Bericht über die Lage an allen Fronten. Der Hörer vergleicht meist anschließend sofort mit den Lageberichten der andren Sender. Die Frage, wo überall in Deutschland der Sender ‹Freies Deutschland› gehört wird, kann mit dem Worte ‹überall› beantwortet werden.»

Das Reichspropagandaministerium reagierte auf das Nationalkomitee mit der Behauptung, es handle sich um eine sowjetische Propagandaerfindung. Von den als Mitgliedern genannten Offizieren und Generalen sei keiner mehr am Leben. Der Sender «Freies Deutschland» antwortete im November 1943: «Aber die Stimme, Herr Goebbels, die Stimme! Der totgesagte Pfarrer zum Beispiel sitzt oft bei uns hier vor dem Mikrophon und seine Stimme wird von den Ätherwellen hinausgetragen, über tausende von Kilometern hinweg. (...) Nun treten im Sender ‹Freies Deutschland› Tag für Tag die von Goebbels totgesagten Zeugen auf. Jeder hat seine Angehörigen, seinen Bekanntenkreis, kleiner und größer. Und weil es schon Hunderte sind und bald Tausende sein werden, müssen es in Deutschland bald Zehntausende sein, die ganz genau feststellen können, Goebbels lügt: Denn Tote können nicht sprechen.»

Im antifaschistischen Widerstand innerhalb Deutschlands spielte der Rundfunk auch eine Rolle bei dem Attentat auf Hitler am 20. Juli 1944 – das heißt: er hätte sie spielen können, zumal er fest in den Händen der Attentäter war.

Die Offiziere im Wehrmachtshauptquartier, die das Attentat vorbereiteten, hatten an eine Einheit der Infanterie-Schule Döberitz den Befehl ausgegeben, das Funkhaus in der berliner Masurenallee und den Sender Tegel zu besetzen. Das Programm sollte eingestellt werden, und dann sollte die Nachricht über das Attentat hinausgehen.

Das Funkhaus wurde besetzt, Maschinengewehre und andere Infanteriewaffen wurden in den Fenstern in Stellung gebracht, und im Hof wurden Granatwerfer aufgestellt. Aber der Major, der diese Einheit befehligte, wurde vom «Reichsintendanten» Glasmeier und von einigen Technikern schlicht hinters Licht geführt. Sie erklärten dem Major, sie hätten den Funkbetrieb eingestellt, tatsächlich aber wurde weiter gesendet. Und im Funkhaus erschien keiner der in die Attentatspläne eingeweihten Offiziere aus dem Oberkommando.

Die Verschwörer hatten also die Einrichtungen des Reichssenders Berlin, der in ganz Deutschland zu hören war, und des Deutschlandsenders, der in ganz Europa empfangen werden konnte, fest in der Hand ohne sich ihrer zu bedienen; sie machten nicht einmal den Versuch, der Nachricht zuvorzukommen, die das Fehlschlagen ihres Attentats meldete. Die offizielle Meldung des Propagandaministeriums, daß Hitler den Anschlag überlebt habe, ging über den Sender, als er noch von der Einheit unter dem Befehl der Attentäter besetzt gehalten wurde.

In München besetzte am 28. April 1945 die Widerstandsorganisation «Freiheitsaktion Bayern» mit Unterstützung eines Bataillons der deutschen 17. Panzerdivision den Sender München-Erding. Angehörige der Dolmetscherkompanie VII forderten über den Sender die Wehrmacht und die Fremdarbeiter auf, sich gegen die stürzende Naziherrschaft zu erheben. Für einen Tag eroberten SS-Einheiten den Sender zurück, bevor die Stadt kampflos von den Amerikanern besetzt wurde.

Am 8. Mai 1945 kapitulierte das faschistische Deutschland. Einen Tag danach wurde auf Kreta ein deutscher Soldat standrechtlich erschossen, weil er ausländische Rundfunksendungen gehört hatte.

Irrweg Fernsehen

Fernsehen gibt es in Deutschland seit dem 20. November 1928 – da startete die Post Versuchssendungen mit stehenden Bildern, «Bildfunk» nannte sie das; oder seit Mai 1929 – da wurden stehende Bilder als Teil des Rundfunkprogramms gesendet, über den Deutschlandsender in Königswusterhausen. Bei 50 Privatpersonen, Versuchsstellen und Zeitungsredaktionen wurden Bildfunkempfänger aufgestellt – und im Dezember 1929 wurden sie wieder abgeholt, weil die Versuche eingestellt wurden.

Immerhin, man sprach über das «Fernkino», auch wenn man sich noch nicht viel darunter vorstellen konnte. Im Gespräch war beispielsweise auch das «Gleichlaufkino»; an mehreren Orten sollte ein Film gleichzeitig vorgeführt werden, und der Hörfunk sollte den Ton dazu liefern. Die weitere Entwicklung des Tonfilms überholte diese Idee.

Eine erste Fernsehgesellschaft, die «Telehor AG», wurde im Mai 1928 gegründet, 1929 eine «Fernseh AG». Auf der «Großen Funkausstellung» 1928 wurden zwei Fernsehsysteme vorgeführt – immer noch mit stehenden Bildern. 1929 gab es dort einen Fernseher zu besichtigen, der «Volksempfänger» hieß. Im Mai 1929 schrieb «Der Deutsche Rundfunk»: «Wir stehen am Beginn einer neuen großen Epoche des Rundfunks. Film und Funk, die stärksten Mächte der Massenbeeinflussung in dieser Zeit, bisher getrennt, werden sich nunmehr vereinen. Die Radiowelle wird bei uns in ganz kurzer Zeit außer dem Schall auch das bewegte Bild ins Haus tragen. Die Technik der drahtlosen Filmübertragung ist mit überraschender Schnelligkeit gefördert worden.»

Im Juni 1930 begann das Reichspost-Zentralamt, Ausschnitte aus Tonfilmen zu senden; im Februar 1930 erschien die erste Ausgabe einer Zeitschrift mit dem Titel «Fernsehen» (mit einem Aufsatz von Hans Bredow: «Das Fernsehen im Rundfunk»); in einer Werbefachzeitschrift wurde über «Neue Möglichkeiten der Reklame durch Fernsehen» nachgedacht.

Aber vorerst – und noch ziemlich lange – gab es technische Probleme. Bislang wurde noch mit einer mechanischen Bildzerlegung gearbeitet, die sich ihr Erfinder Paul Nipkow schon 1884 hatte patentieren lassen. Zwar experimentierte 1930 Manfred von Ardenne mit der Braunschen Röhre, um Bilder zu zerlegen, aber noch war es bis zu einem vollelektronischen Fernsehsystem ein weiter Weg.

1930 wurden die frühen Hoffnungen auf das Heimkino gedämpft.

Vorahnung des Fernsehens, 1894

Fernsehbild mit 30 Bildzeilen,
1930

«Das Fernsehen ist technisch weiter vervollkommnet», sagte Bredow
zur Eröffnung der Funkausstellung 1930, «die Hoffnungen auf baldige
Einführung sind jedoch verfrüht. Künstlerisch zu verantwortendes, die
Ansprüche des Publikums dauernd befriedigendes Fernsehprogramm
läßt sich zur Zeit noch nicht durchführen.» Die Intendanten der Rundfunksender erklärten, sie seien nicht in der Lage, ein Fernsehprogramm
zu erstellen, außerdem sei das Unterfangen zu teuer. Zwar setzte die
Post ihre Versuchssendungen fort, aber der Rundfunkkommissar Hans
Bredow erklärte: «Vom Rundfunkstandpunkt ist die Einführung abzu-
lehnen. Natürlich nicht für dauernd, aber im Augenblick.»

Auch auf der Funkausstellung des Jahres 1933 gab es Fernsehvorfüh-
rungen. Ein Versuchssender strahlte ununterbrochen eine Filmschleife
aus, die sich alle drei Minuten wiederholte. Inhalt: Hitler tritt auf eine
Tribüne und sagt: «Eine große Zeit ist angebrochen.»

Ab dem 22. März 1935 gab es dann in Deutschland das erste regelmäßige Fernsehprogramm der Welt – aber diese Formulierung war eine
Übertreibung der nationalsozialistischen Propaganda. Das «Programm» des Versuchssenders, der vom Reichspost-Zentralamt und der
Reichs-Rundfunk-Gesellschaft gemeinsam betrieben wurde, setzte sich
zusammen aus je einem Spielfilm und einer Wochenschau und wurde

wöchentlich zunächst dreimal, dann fünfmal ausgestrahlt. Der Haken dabei war, daß es für dieses Fernsehen keine Empfangsgeräte gab. Statt dessen wurden in Berlin fünf «Fernsehstuben» eröffnet, elektronische Kinos, in denen man die gleichen Filme sehen konnte wie in den übrigen, bloß in schlechterer Wiedergabequalität.

Warum wollen wir Nationalsozialisten in Deutschland Fernsehen?

Ist das Fernsehen vielleicht auch ein «Luxus»?

Adolf Hitler hat in Nürnberg angesichts der aufmarschierten Hunderttausenden erklärt:

«Ich wollte nur, alle Deutschen des Reiches könnten in diesem Augenblick Euch, meine deutschen Kameraden, sehen!»

Dieser Wunsch des Führers ist eine heute jederzeit realisierbare politische Wirklichkeit geworden und keine Utopie mehr!

Wenn wir wollen, können morgen alle Deutschen nach Nürnberg sehen!

Wenn wir wollen, kann die intensive Propaganda des gesprochenen Wortes morgen schon ergänzt werden durch die noch intensivere unwiderlegbare Propaganda des mit eigenen Augen Geschauten.

Adolf Hitler hat darum in Nürnberg weiter erklärt:

«Würde heute das ganze deutsche Volk Euch hier gesehen haben, ich glaube, auch die letzten Zweifler würden bekehrt werden, daß die Aufrichtung einer neuen Nation, einer neuen Gemeinschaft unseres Volkes kein Gerede, sondern eine Wirlichkeit ist.»

Darum ist Fernsehen kein Luxus, sondern eine politische Notwendigkeit der nationalsozialistischen Volksaufklärung und Propaganda.

Wenn irgendetwas noch sicherer überzeugen kann, als das gesprochene Wort, dann ist es das Sehen mit eigenen Augen!

Darum rufen wir die im Opfern und Kämpfen bewährten Nationalsozialisten und Nationalsozialistinnen des Reichsverbandes Deutscher Rundfunkteilnehmer auf:

Schließt Euch überall zusammen und bildet Fernsehgemeinschaften!

Sorgt durch Euren organisierten Willen dafür, daß diesen Empfangsgemeinschaften der praktische Apparatebau und der Senderbau auf der Stelle folgt!

Arbeitet für die Einführung des Fernsehens und ihr arbeitet damit für den endgültigen und vollkommenen Sieg der nationalsozialistischen Idee!

Tragt das Bild des Führers in alle deutschen Herzen!

Verkündet es allen jenseits der deutschen Grenzen!

Kämpft dafür, daß Deutschland das erste Land der Welt wird, in dem alle Volksgenossen fernsehen können!

Es lebe der Führer!

Es lebe unsere herrliche Bewegung!

Es lebe das erwachte und sehend gewordene Deutschland!

(Aufruf des Reichsverbandes Deutscher Rundfunkteilnehmer, in: Mitteilungen der Reichsrundfunk-Gesellschaft, September 1935)

Am 1. Mai 1935 wurde innerhalb der Reichs-Rundfunk-Kammer eine «Fernsehgemeinschaft» gegründet, der der Reichssendeleiter Eugen Hadamowsky vorstand; Goebbels sprach von der «revolutionierenden technischen Neuerung des Fernsehens», und Horst Dressler-Andress telegrafierte an Hitler und versprach, «dieses neue revolutionäre Mittel der Volksaufklärung und Propaganda mit nationalsozialistischer Tatkraft und opferfreudiger Hingabe als Ihr Instrument auszubauen».

Währenddessen arbeitete der preußische Ministerpräsident Göring daran, das Fernsehen in die Hand zu bekommen. Im Juli wurde auf sein Drängen der (geheime) «Erlaß des Führers und Reichskanzlers über die Zuständigkeit auf dem Gebiete des Fernsehwesens» erlassen. Wegen der Flugsicherung und dem Luftschutz, so wurde verfügt, besäße der Reichsminister der Luftfahrt, also Göring, die Zuständigkeit für das Fernsehen.

Goebbels, der sich aus der Verantwortung gekippt sah, protestierte, und Hitler hob seine Verfügung am 6. August wieder auf, an dem Tag, an dem der eigentlich geheime Erlaß im Reichsgesetzblatt veröffentlicht wurde. Und im Dezember unterzeichnete Hitler einen «Zweiten Erlaß», der auch das Interesse des Militärs am Fernsehen berücksichtigte, der Post die Technik zusprach und dem Propagandaminister die Zuständigkeit für «die darstellerische Gestaltung von Fernsehübertragungen für Zwecke der Volksaufklärung und Propaganda».

Eine erste, propagandistisch wirksame Demonstration der Möglichkeiten des Fernsehens gab es während der Olympiade in Berlin 1936. Der «Deutsche Fernseh-Rundfunk» sendete nun acht Stunden täglich; ein Teil der Veranstaltungen wurde bereits live übertragen. In Berlin gab es 25, in Leipzig zwei und in Potsdam eine öffentliche Fernsehstube. Während der Spiele hatten sie zusammen über 160 000 Besucher. Der Reporter bei den Spielen war übrigens der nämliche SA-Mann Wulf Bley, der schon im Radio den Fackelzug anläßlich der nationalsozialistischen Machtergreifung kommentiert hatte.

Was es nach der Olympiade an Programm gab, das lief weitgehend unter Ausschluß der Öffentlichkeit ab; es gab nur wenige Empfänger bei Funktionären der Partei und des Staates, der Post und des Rundfunks und bei einigen Journalisten. 1937 herrschte noch einmal Betrieb in den Fernsehstuben, als dort die Kolonnen vom Nürnberger Parteitag über die Bildschirme marschierten. Und für die 1940 geplanten olympischen Spiele in Helsinki (die dann abgesagt wurden) hatte die deutsche Post das alleinige Recht für die Fernsehübertragung zugesprochen erhalten.

Im Juli 1939 kündigte der Postminister Ohnesorge an, jeder Rund-

Elektronische Fernseh-Kamera bei den Olympischen Spielen, Berlin 1936

funkteilnehmer würde, «vorerst ohne Erhöhung der Gebühren, die Sendungen des Fernsehsenders Witzleben im eigenen Heim empfangen» können, und es wurde ein «Fernseh-Volksempfänger» vorgestellt, der 650 Mark kosten sollte.

Es wurde geplant und vorbereitet, aber dann, nach Beginn des Krieges, wurden nur 50 Exemplare dieses Fernsehers gebaut. Die Fernsehtechniker bekamen andere Aufgaben. Sie entwickelten die Radartechnik – und nach dem Krieg wurden Ergebnisse der Radarentwicklung wieder für das Fernsehen verwandt. Seit 1939 wurde an einem Projekt

Fernseh-«Einheitsempfänger», 1939

gearbeitet, Fernsehkameras in lenkbare Bomben einzubauen; und die Probestarts der «Wunderwaffe» V 2 wurden per Fernsehen überwacht.

Für die Mitarbeiter im Programm war das Fernsehen während des Krieges eine ruhige Etappe, in der es sich bequem überwintern ließ – beispielsweise für Arnolt Bronnen auf dem Posten eines «Fernseh-Dramaturgen». Dieser «faschistische Piccolo» (Bernd Neumann) war eine äußerst opportunistische und literarisch fragwürdige Figur. Bronnen, ein Freund von Bertolt Brecht, hatte 1922 mit dem Drama «Vatermord» debütiert, das einen Theaterskandal auslöste. Für einige Zeit galt er, und nicht Brecht, als das kommende Theatertalent – auf der Welle seines Erfolges gerierte er sich als linksradikaler Snob. 1928 kam er als Dramaturg an den berliner Rundfunk. «Äußerlich besehen», schrieb er, «hatte ich damals die größte Macht im Funkhaus, eine größere als der Intendant.»

Bronnen vergab Hörspielaufträge an linke Autoren wie Günther Weisenborn, Alfred Wolfenstein und Johannes R. Becher, räumte gleichzeitig aber auch der radikalen Rechten mehr Platz im Programm ein. Erwin Piscator und Joseph Goebbels brachte er gemeinsam vor das Mikrofon. 1929 erschien Bronnens Roman «O. S.» über die Kämpfe der Freikorps in Oberschlesien nach Ende des Ersten Weltkriegs, der endgültig seine Wende zum Faschismus deutlich machte. Kurt Tucholsky nannte das Buch eine «zutiefst gesinnungslose Pfuscherei eines als Faschisten verkleideten durchgefallenen Linken».

202

Bronnen veröffentlichte eine Goebbels-Biographie, und Goebbels protegierte ihn. Als Thomas Mann 1932 sein bürgerliches Publikum aufforderte, gemeinsam mit den Sozialdemokraten die Republik zu verteidigen, da erschien Bronnen mit einer SA-Horde im Saal und erzwang den Abbruch der Veranstaltung. Und die Uraufführung des Films «Im Westen nichts Neues» ließ er platzen, wieder zusammen mit SA-Männern, indem er im Kino weiße Mäuse laufen ließ.

Schon im September 1929 reklamierte Bronnen auf einer Tagung mit dem Thema «Dichtung und Rundfunk» die Sender für die nationalsozialistische Ideologie: «In Wirklichkeit ist der Rundfunk nicht für die Dichter da, sondern für die Nation. Ihn interessiert an den Dichtern nicht das Schaffen des einzelnen, er sieht in dem Dichter nur das Instrument der Gedanken der Nation. (...) In einer Zeit, die verworren ist bis zur letzten Schraube, in einem Land, in dem sich eine schamlose Zunft verantwortungsloser, dem eigenen Volk entfremdeter, keiner Rasse, keiner Landschaft verhafteter Literaten breitmacht, mögen Männer aufstehen, die diese Macht (des Rundfunks – P. D.) lebendig machen von innen heraus; im Dienste der Nation.»

Nach den Schauprozessen gegen die Verantwortlichen des Rundfunks der Weimarer Republik veröffentlichte Bronnen unter dem Pseudonym A. H. Schelle-Noetzel einen «Nachschlüssel-Roman» mit dem Titel «Kampf im Äther», in dem er die Angeklagten als Schieber und Scharlatane hinstellte – nach dem Krieg stilisierte er das Buch zu einer antifaschistischen Tat.

1938 wurde Arnolt Bronnen Programmchef des Fernsehsenders «Paul Nipkow». «Ich startete die ersten größeren Fernsehspiele, welche Aufsehen machten» – weitgehend unter Ausschluß der Öffentlichkeit, jedenfalls ausreichend unter Ausschluß öffentlicher Beobachtung, so daß es ihm gelang, sich nach dem Krieg wieder zum Kommunisten zu erklären. Er lebte in Ost-Berlin, wo er durch Brechts Hilfe einen Job als Theaterkritiker bekam.

Mit Beginn des Zweiten Weltkriegs bekam auch das Fernsehprogramm eine neue Aufgabe: In den berliner Lazaretten wurden Empfänger aufgestellt, und innerhalb eines täglichen Programms wurde dorthin einmal wöchentlich ein «buntes Programm» aus dem Kuppelsaal des Reichssportfeldes übertragen. Diese Lazarett-Programme wurden bis Ende 1944 produziert.

Ein zweites deutsches Fernsehen gab es 1942 bis zur Invasion in Paris. Dort war in dem ehemaligen Vergnügungs-Etablissement «Magic City» ein Studio eingerichtet worden.

Nach dem Ende des Krieges verboten die Besatzungsmächte alle Fern-

trag der Sowjetarmee fortgeführt. Bei den Rundfunkanstalten, die in den westlichen Besatzungszonen gegründet wurden, hatten nur die Verordnungen über den hamburger NWDR einen Hinweis auf ein künftiges Fernsehprogramm: «Die Rundfunksendungen sollen in Sprache und Musik (später, sobald technisch möglich, auch im Bilde) Unterhaltung, Bildung, Belehrung und Nachrichten vermitteln.»

Bereits im August 1948 beschloß der NWDR-Verwaltungsrat mit Zustimmung der britischen Militärregierung, einen Fernseh-Versuchsbetrieb aufzunehmen. Und im September 1950 demonstrierte dieser Versuch Kontinuität, indem eine Ansprache des im faschistischen wie im Nachkriegsdeutschland gleichermaßen angesehenen Publizistik-Professors Emil Dovifat vor Mitgliedern des Verwaltungsrats des NWDR übertragen wurde.

Zur Eröffnung der Deutschen Industrieausstellung in Berlin 1951 stellten 17 Firmen rund 40 Modelle von Fernsehgeräten vor; auf ihnen war bei seiner Eröffnungsrede Adenauer zu sehen. Für kulturpessimistische Skeptiker hatte man einen Spruch parat:

«Radio, immer spielbereit,
Fernsehen nur von Zeit zu Zeit.»

Im November 1950 war eine «Fernsehkommission der Rundfunkanstalten» gegründet worden – auf Antrag von Hans Bredow, der hier eine Chance sah, sein zentralistisches Reichsrundfunk-Modell auf wenigstens einem Teilgebiet noch zu verwirklichen. Die Rundfunkanstalten bevorzugten ein gemeinsames Programm mit regionalen «Fenstern» und einem Programmdirektor mit beschränkten Befugnissen. «Er kann nicht den einzelnen Stationen sagen, was sie machen sollen, sondern er muß auswählen.» Die CDU-Regierung in Bonn verfolgte hingegen eine Politik der Zentralisierung. Darin folgte ihr nur der Intendant des Südwestfunks in Stuttgart, Friedrich Bischoff, der einzige in der Rundfunkhierarchie, der schon im Weimarer Rundfunk Intendant gewesen war, und zwar, so schrieb er 1952, «weil ein künstlerisches Programm, ganz gleichgültig, welcher Art, einer einheitlichen Leitung bedarf». Im übrigen war Bischoff der Ansicht, daß man das Ganze «Funksehen» nennen solle.

Im März 1953 wurde dann der «Fernsehvertrag» der Arbeitsgemeinschaft der Rundfunkanstalten Deutschlands unterzeichnet. Darin hieß es: «Das Deutsche Fernsehprogramm setzt sich aus den Programmbeiträgen der vertragsschließenden Rundfunkanstalten zusammen (...) Es soll höchstens zwei Stunden täglich dauern. Das Deutsche Fernsehprogramm kann durch regionale Programme der Rundfunkanstalten ergänzt werden.» Am 1. November 1954 begann offiziell das

Programm der ARD. Sein Publikum hatte schon die Versuchssendungen für bare Münze genommen, es datierte den Beginn des Fernsehens spätestens auf die Übertragungen von der Krönung Elisabeths II. aus London im Juni 1953. Im Streit zwischen dem Bund und den Ländern dauerte es noch bis 1959, bis die Ministerpräsidenten zur rechtlichen Absicherung ein «Abkommen über die Koordinierung des Ersten Fernsehprogramms» abschlossen.

Das Urteil des Bundesverfassungsgerichts vom Februar 1961, das ein vom Kabinett Adenauer geplantes «Regierungsfernsehen» verhinderte, und die Gründung des ZDF, das sein Programm am 1. April 1963 begann, will ich hier nur nennen. Längst hatte das elektronische Medium den Irrweg eingeschlagen, der es irreversibel einem immer bombastischer werdenden Produktions- und Verwaltungsapparat auslieferte, der es zunehmend in politische Abhängigkeiten zwängte, es in volkstümelnder Unterhaltungssucht seiner Programme und unverbindlicher Beredsamkeit seiner Präsentatoren versanden ließ und zur Verkümmerung der Lebensgewohnheiten jedes einzelnen seiner Empfänger beitrug.

Am 1. Oktober 1957 zählte das deutsche Fernsehen die erste Million Teilnehmer; das Ende des Dampfradios schien endgültig in Sicht.

Schon bei der allerersten Mondlandung hatten sich die Grenzen gezeigt, die dem Fernsehen bei der Übertragung derartiger historischer Momente gezogen sind. Sie sind dramaturgischer Art. Das Interessante an der ersten Mondlandung waren ja bekanntlich die alten Filme, mit denen die Intervalle zwischen den Übertragungen von den verschiedenen Phasen der Landung gefüllt wurden. Das Ereignis selbst, der erste Mensch betritt den Mond, war – von seinem Schauwert her – ebensowenig sensationell wie, sagen wir, der erste Fußgänger auf der neueröffneten Brücke über den Rhein oder die Emscher. Man war dabei und darf enttäuscht sein.

Vielleicht ist es immer so gewesen. Vielleicht waren die Augenblicke, in denen Geschichte sich zur Sichtbarkeit verdichtete, für die daran Beteiligten immer etwas Selbstverständliches, ganz und gar Unsensationelles: Alltag eben. Nur diejenigen, die später die Folgen zu tragen hatten, wußten davon nichts. Und es wurde ihnen – aus verständlichen Gründen – auch niemals gesagt.

Doch was sich nun, seitdem das Fernsehen allgegenwärtig und der Fernsehzuschauer Augenzeuge geworden ist, abzeichnet oder bereits eingetreten ist, ist eine Veränderung des menschlichen Sinnes für Neuigkeiten, für Sensationen, für die Realität um ihn herum, ist zugleich eine Veränderung seiner Reaktionsweise, wenn er davon Kenntnis erhält. Den Fernseh-Augenzeugen lockt es weniger zuzusehen, wie der erste Mensch den Mars betritt, als bei einem Original-Mord in Wattenscheid zugucken zu können.

(Helmut Salzinger: Swinging Benjamin, Frankfurt/Main 1973, S. 168)

Nachkrieg:
Was haben wir denn da gefunden?

Am 13. Mai 1945, an dem Tag, an dem sich der Reichssender Flensburg der «Regierung» des Großadmirals Dönitz abschaltete, meldete sich in Berlin im Auftrag der Roten Armee der «Berliner Rundfunk»; und schon ab dem 4. Mai war in Norddeutschland zu hören: «This is Radio Hamburg, a station of the Allied Military Government».

Das Verhältnis von Befreiern und Befreiten, Besatzern und Besetzten schildert Willi A. Boelcke (Die Macht des Radios, Frankfurt/Berlin/Wien 1977, S. 525): «Während die Offiziere der Westalliierten (...) mißtrauisch in den Deutschen verkappte Nazis erblickten, während französische Offiziere, das Erleben der französischen Résistance vor Augen, mit einem deutschen Widerstand im Untergrund rechneten, sorgten im Osten – und das verblüffte – sowjetische Offiziere dafür, daß von Deutschenfeindschaft wenig zu spüren war, vielmehr eine Art ‹Druschba›-Stimmung aufkam. Wer mit ihnen zusammenarbeitete, prostete auf das deutsche Volk, auf die deutsche Zukunft, auf die großen Söhne des deutschen Volkes und feierte ‹Freundschaft›. Mißtrauen bei den Sowjets war reichlich vorhanden, was sie aber nicht hinderte, überall zur Mit- und Aufbauarbeit, wie sie sie sich vorstellten, aufzufordern, wenn nötig, Unwillige dazu zu zwingen. Ende Mai hatten die Amerikaner über den Sender München die Bildung von Parteien und das Abhalten von Versammlungen strikt verboten. Marschall Schukow ließ in seinem Machtbereich mit Befehl Nr. 2 vom 10. Juni die Tätigkeit von antifaschistischen Parteien und freien Gewerkschaften zu.»

Bei der Kapitulation hatten die Alliierten jeden deutschen Sendebetrieb verboten. Für ihre Sender brachten sie eigenes Personal mit, darunter deutsche Emigranten, und stockten es mit «unverdächtigen» deutschen Mitarbeitern auf. Von Moskau nach Berlin kam mit der «Gruppe Ulbricht» eine «Rundfunkfraktion»; das waren Hans Mahle und Matthäus Klein vom «Sender Freies Deutschland», etwas später kam Fritz Erpenbeck hinzu. Mangels anderer Nachrichten wurde in Berlin zunächst die «Prawda» übersetzt und vorgelesen; am 18. Mai wurde ein erstes Konzert mit Werken von Klassikern übertragen, die während der Naziherrschaft verboten waren, und bald gab es ein komplettes Radioprogramm. Erich Kästner notierte in seinem Tagebuch: «Pfingstsonnabend. Während die russisch dirigierten Sender Berlin und Graz laufend über Fortschritte beim Verwaltungsaufbau und bei den Aufräumungsarbeiten berichten und mitgeteilt haben, daß dreißigtausend Tonnen Weizen aus dem Osten unterwegs seien, beschränken sich die von den Amerikanern und Engländern kontrollierten Stationen auf politische Meldungen. Sie erzählen, daß man noch immer nach Himmler und Ribbentrop fahnde und daß man Rosenberg in einem Flensburger Krankenhaus gefaßt habe. Warum ist die westliche Propaganda so vornehm? Weshalb verschenkt sie ihre Chancen? Daß die Bevölkerung Konstruktives zehnmal lieber vom Westen als von den Russen hören möchte, steht außer Frage. Erst an der Elbe, dann vor Berlin und nun in der Propaganda, stets warten die Westmächte an der offenen Tür und sagen zu Stalin: ‹Bitte nach Ihnen!› Was soll die falsche Vornehmheit? Glaubt man, die Demokratie bedürfe, weil sie eine gute Sache ist, keiner Empfehlung? Hält man, Besiegten gegenüber, Wettbewerb für überflüssig? Für unfein? Das wäre ein folgenreicher und irreparabler Denkfehler.» (Notabene 45, a. a. O., S. 155 ff)

Gleich nach dem Krieg waren im Osten wie im Westen Linke die ersten deutschen Rundfunkmitarbeiter. Die erste Leiterin von «Radio im amerikanischen Sektor», RIAS, war eine Kommunistin, der KPD gehörte auch der Intendant des kölner Senders an, vier leitende Mitarbeiter des hamburger Senders (Erkennungsmelodie: «Ich hab mich ergeben mit Herz und mit Hand») bekannten sich zur «Rätedemokratie als einem Modell der neuen sozialistischen Demokratie».

Allerdings drehte sich der Wind bald. Spätestens mit der Truman-Doktrin vom März 1947 war der Kalte Krieg erklärt worden, und auch die von den Besatzungsmächten kontrollierten Rundfunkstationen hatten ihn zu vollziehen. Vom NWDR in Köln wurden Intendant Max Burghardt und die kommunistischen Redakteure Günter Cwojdrak, Karl-Georg Engel und Karl Eduard von Schnitzler hinausgeworfen.

Ein besonderes Ärgernis wurde den Westalliierten der (Ost-)«Berliner Rundfunk»; denn der produzierte und sendete mitten in Westberlin; Redaktion und Studios waren im alten «Haus des Rundfunks» in der Masurenallee untergebracht. Während der Blockade Berlins, im Dezember 1948, legten französische Pioniere die Sendemasten des Berliner Rundfunks am Rand des Flughafens Tegel um. Begründung: Die Masten störten Start und Landung der Versorgungsflugzeuge. Erst im April 1949 nahm der Berliner Rundfunk neue Sendeanlagen in Königswusterhausen in Betrieb, das Rundfunkhaus im Westen räumte er erst 1955.

Der Kalte Krieg bescherte den westlichen Besatzungszonen auch eine neue Rundfunkeinrichtung. Der amerikanische General Lucius Clay hatte die Parole ausgegeben «Take the gloves off» und war auf die Idee gekommen, ähnlich dem in Berlin existierenden RIAS einen privaten Sender zu gründen, speziell für ein östliches Publikum. So entstand Anfang 1950, unter dem Deckmantel privater Interessengruppen und mit dem ausschließlichen Ziel, hinter den Eisernen Vorhang zu funken, «Radio Free Europe». Dessen Studios waren zunächst in New York, dann wurden 22 Studios in München eingerichtet. Neun neue, starke Sender und sechs Relaisstationen verbreiteten Sendungen in den Osten.

Die Rundfunkanstalten, die nach dem Krieg auf dem Gebiet der späteren Bundesrepublik eingerichtet wurden – die übrigens die Funkhoheit erst 1955 erhielt –, waren mehr oder weniger nach dem Modell der jeweiligen Besatzungsmacht organisiert. Die späteren bundesdeutschen Landesregierungen brauchten einige Zeit, um durch diverse Änderungen der Rundfunkgesetze die Sache wieder einigermaßen einander anzugleichen und vor allem: sie in den Griff zu kriegen.

Die englische Militärregierung orientierte sich am stärksten am heimischen Modell; sie kopierte die Organisationsform der «Public Corporation» und schuf, nach dem Vorbild der BBC, eine zentrale Rundfunkgesellschaft, den kölnisch-hamburgisch-berlinischen NWDR. Die Amerikaner übertrugen zwar nicht ihr privatwirtschaftliches Modell – wahrscheinlich, weil zu diesem Zeitpunkt von der deutschen Wirtschaft nicht viel zu erwarten war –, setzten aber auf Dezentralisierung und Staatsferne, Größen, mit denen deutsche Nachkriegspolitiker ihre Schwierigkeiten hatten. Die Franzosen hatten zu Hause einen Regierungsrundfunk. Sie verzichteten zwar darauf, ihn in Deutschland zu kopieren, praktizierten aber die rigideste Zensur und schufen in ihrem Besatzungsgebiet eine zentrale Anstalt.

So entstanden Sender unterschiedlicher Verfassung, vor allem aber auch sehr verschiedener Größe. Die größte Anstalt, der Nordwestdeutsche Rundfunk der britischen Zone, hatte über fünf Millionen zahlende Teilnehmer, die kleinste, Radio Bremen in einer amerikanischen Enklave, hatte gerade 130 000.

Insgesamt entstanden in Deutschland elf Sendeanstalten unter Besatzungsrecht – abgesehen von denjenigen Stationen, die ausschließlich Programme für die alliierten Soldaten verbreiteten.

In Hamburg war das Funkhaus nicht zerstört worden, aber die technischen Einrichtungen waren von den deutschen Truppen zum großen Teil demontiert worden. Am 4. Mai 1945 begann Hamburg mit dem Sendebetrieb.

Das stark beschädigte Funkhaus in Köln wurde von den Engländern notdürftig hergerichtet, bevor ab dem 26. September 1945 wieder gesendet werden konnte. Köln wurde mit Hamburg zum NWDR zusammengeschlossen; später kam Berlin hinzu.

Radio Frankfurt sendete ab dem 4. Juni 1945 aus einem improvisierten Studio in Bad Nauheim; das frankfurter Funkhaus war von Bomben völlig zerstört worden, den Sender hatte die deutsche Wehrmacht gesprengt.

In Stuttgart begann der Sendebetrieb am 3. Juni aus dem von den Amerikanern beschlagnahmten Telegrafenbauamt. Die dortigen Studios waren zerbombt, und der Sender war von der SS gesprengt worden.

Radio München begann seine Sendungen am 12. Mai 1945 aus einem amerikanischen Übertragungswagen. Das zerstörte münchener Funkhaus wurde wieder instand gesetzt.

Der Nebensender Bremen war von britischen Truppen zerstört worden. Als die Stadt amerikanische Enklave im englischen Besatzungsgebiet wurde, besetzten die Amerikaner eine Villa und richteten darin ein «Funk-Theater» ein; als Sender diente ein fahrbarer amerikanischer Armeesender. Mit dem Programm begonnen wurde am 23. Dezember 1945.

Radio Koblenz im französischen Besatzungsgebiet begann mit seinen Sendungen am 14. Oktober 1945 und wurde dem Südwestfunk in Baden-Baden zugeschaltet, als der am 31. März 1946 seinen Programmbetrieb aufnahm. Die Studios waren in einem ehemaligen Hotel untergebracht.

Zum Südwestfunk gehörte zunächst auch Radio Saarbrücken. Am 15. September 1946 wurde der Sender im Zuge der französischen Politik, die auf einer Sonderstellung des Saarlandes beharrte, selbständig.

Das unzerstörte berliner Funkhaus lag im britischen Sektor, unterstand aber sowjetischer Kontrolle. Am 18. Mai 1945 begann der «Berliner Rundfunk» mit seinem Programm. Ab dem 7. Februar 1946 sendete RIAS – Radio im amerikanischen Sektor –, und zwar zunächst als Drahtfunk: DIAS. Am 8. Juli 1946 starteten die Briten in Berlin eine Zweigstelle des NWDR; das Programm war zunächst ebenfalls nur über Drahtfunk zu empfangen.

Den deutschen Nachkriegspolitikern erschien eine solche Organisation chaotisch; besonders unbegreiflich und nicht akzeptabel war ihnen, die sich zumeist an den Verhältnissen der Weimarer Republik orientierten, die von den Besatzungsmächten gewollte Staatsferne des Rundfunks. Hans Bausch, Intendant des Süddeutschen Rundfunks, beschreibt die damalige Situation so: «In der Tat wollten die deutschen Politiker aller

Fahrbarer Sender, 1946

Parteien in den noch nicht völlig souveränen Parlamenten der Länder
den Rundfunk als Staatsbesitz aus der Konkursmasse des Dritten Reiches retten. Hätten die Besatzungsoffiziere sie gewähren lassen, hätten
wir heute wahrscheinlich einen gouvernementalen Rundfunk nach
Weimarer Vorbild.» (Zweieinhalb Jahrzehnte Rundfunkpolitik, ARD-
Jahrbuch 1975)

210

«Was haben wir denn da gefunden, mitten in den Trümmern hier? Eine alte Vase! Sie ist wahnsinnig beschmutzt, hat auch etwas unter dem Feuer gelitten, ist aber noch erkennbar, es scheint Biedermeierstil zu sein. Es ist eine sehr schöne Vase sogar. Sagen Sie, hier wird doch bestimmt mehr von solchen schönen Sachen gefunden. Was geschieht mit diesen Dingen, kommen sie irgendwie wieder ihrem rechtmäßigen Eigentümer zugute?»

«Ja. Wir haben es bis jetzt so gehalten, daß wir diese Sachen, die wir hier gefunden haben, den Leuten wieder zur Verfügung gestellt haben.»

«Ist das irgendwie organisiert oder kommen die Leute hierher und fragen, ob Sie etwas gefunden haben?»

«Ja. Die Leute, die haben uns gebeten, diese Sachen, also falls etwas gefunden wird, den Leuten wieder zur Verfügung zu stellen. Und diese stellen wir auch den Eigentümern wieder zur Verfügung.»

«Das ist sehr schön.»

(Tonaufnahme 1946, Archiv Radio Bremen)

Die deutschen Nachkriegspolitiker kümmerten sich zunächst vor allem ums Gebührenaufkommen und versuchten, die Post in ihre alten Rundfunkrechte wieder einzusetzen. Die Post war ein staatlicher Monopolbetrieb; unter seiner Regie hätte der Rundfunk immerhin näher an den Staat heranrücken können.

Einige Finanzminister in den Ländern hätten gern eine «Rundfunksteuer» eingeführt, doch die Alliierten mochten dem nicht folgen. Aber die Post zog schon 1945 nach alter Übung durch ihre Briefträger die monatlichen zwei Mark Rundfunkgebühren ein und verteilte sie nach eigenem Schlüssel an die Sendestationen: die bekamen mal 50, mal 65, mal nur 25 Prozent; Radio Frankfurt bekam anfangs überhaupt kein Bargeld, die Post bezahlte die anfallenden Rechnungen und strich den Rest ein.

Darüber hinaus reklamierte die Post das Eigentum an den Sendeanlagen und beharrte auf ihrem Nachrichtenmonopol. In ihren Auseinandersetzungen bat sie Hans Bredow um ein unterstützendes Gutachten. «Es gibt viele Zeugnisse dafür, daß der Rundfunk-Kommissar des Reichspostministers in der Weimarer Republik am liebsten eine Art Zentralbehörde gebildet hätte, zu deren Leitung er bereit stand», schreibt Hans Bausch über Bredow. Noch aber hielt sich der zurück; er schätzte den Widerstand der Besatzungsmächte realistisch ein und antwortete am 15. März 1947: «Ich hätte Ihren Wünschen gern Folge geleistet, wenn ich meine eigenen inneren Bedenken in politischer Beziehung hätte überwinden können. Unzweifelhaft würde der Rundfunk durch eine enge betriebstechnische Verbindung mit der Post, wie ich sie 1922/23 eingerichtet habe, große Vorteile haben. Darüber ließe sich sehr viel sagen. (…) Die Alliierten wollen keine Zentralisierung des Rundfunks mehr, sondern die Bildung von völlig unabhängigen Rundfunkgesellschaften. Diese Absicht würde auf technischem Wege durchkreuzt werden, wenn die Sender in die Hand der Postverwaltung kommen würden.»

Im November 1947 entschied ein Befehl der amerikanischen Militärregierung, die Post habe lediglich im Auftrag der Landesregierungen die Gebühren einzuziehen, sie habe die Kabelverbindungen bereitzustellen und einen Entstörungsdienst zu unterhalten: «Es ist die grundlegende Politik der US Militärregierung, daß die Kontrolle über die Mittel der öffentlichen Meinung, wie Presse und Rundfunk, verteilt und von der Beherrschung durch die Regierung freigehalten werden müssen.» Aber die Sache war damit nicht ausgestanden. Die Nachkriegsgeschichte des deutschen Rundfunks ist eine ununterbrochene Folge mehr oder weniger geglückter Versuche, den Einfluß des Staates beziehungsweise der Parteien auf das Radio und das Fernsehen zu sichern und auszubauen.

Die deutsche Unfähigkeit, demokratische Freiheit wirklich zu erfassen, hat sich wohl auf keinem anderen Gebiet, außer vielleicht auf dem der Schulreform, so deutlich gezeigt. Es schien unmöglich zu sein, zu einer Gesetzgebung zu gelangen, in der die Presse der regierenden Macht nicht auf Gnade oder Ungnade ausgeliefert war. Nur in Bremen und in Württemberg-Baden wurden Gesetze erlassen, die der Pressefreiheit, wie sie in Amerika verstanden wird, ungefähr nahekamen, und auch diese beiden Gesetze befriedigten nicht restlos. Den Länderregierungen wurde mitgeteilt, wir seien zu einer Aufhebung der Lizenzierung bereit, falls sie Gesetze erließen, in denen die Freiheit der Presse ausreichend garantiert werde. Dennoch versuchten sie ständig, der Sache dadurch beizukommen, daß sie die gewohnten Einschränkungen zu legalisieren suchten. Beim Rundfunk war es fast genauso schwierig.

(Lucius D. Clay: Entscheidung in Deutschland, Frankfurt/Main 1950, S. 321)

Die Rundfunkanstalten bekamen relativ früh deutsche Intendanten – zuerst Radio Frankfurt im Juni 1946, zuletzt München im Dezember 1947 –, blieben aber Sender der jeweiligen Militärregierung. Für die deutschen Mitarbeiter waren die Arbeitsbedingungen und die Möglichkeiten, publizistisch zu wirken, an den einzelnen Sendern sehr unterschiedlich. Am günstigsten waren sie beim NWDR. Als Ziel seiner Medienpolitik nannte im Oktober 1947 der stellvertretende britische Militärgouverneur, «ein unabhängiges Rundfunkwesen zu schaffen, in dem freigesinnte Menschen ihre Ansichten zu den brennenden Tagesfragen zum Ausdruck bringen können und das als wirksames Hilfsmit-

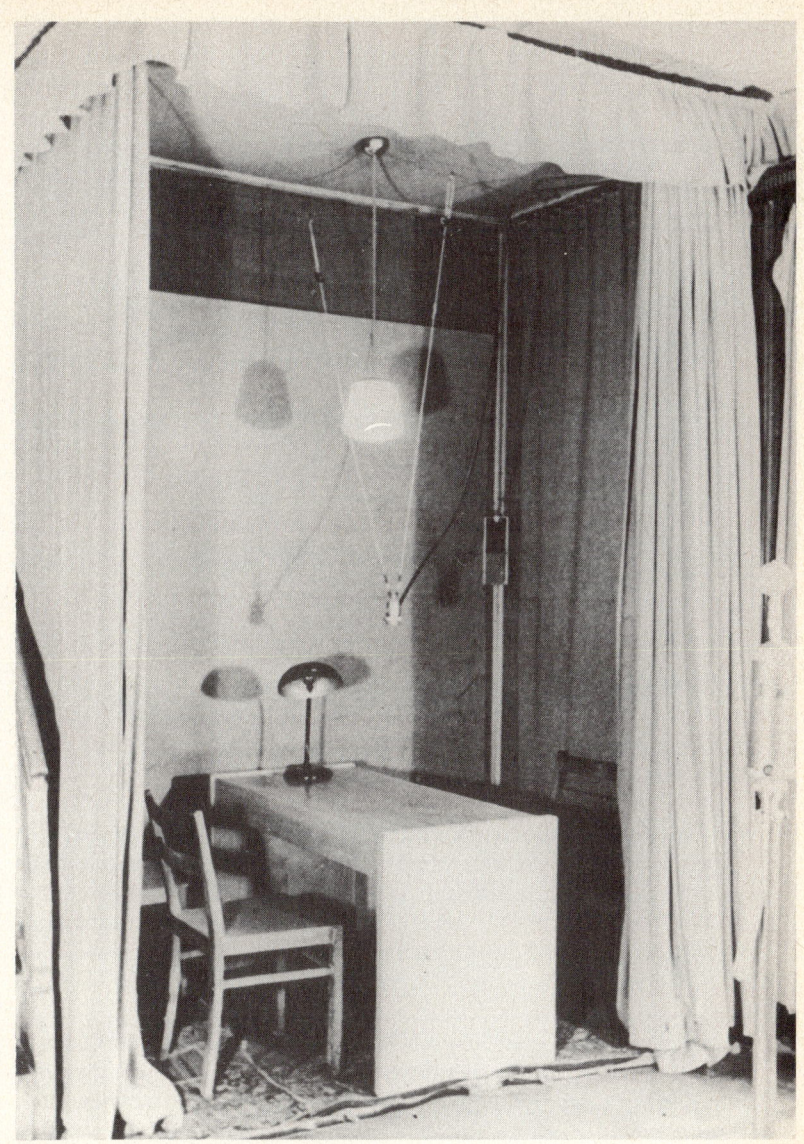

Hörspielstudio, 1946

Hörspielproduktion: rechts rauschen Meereswellen

tel eingesetzt werden kann, um bei der Bevölkerung Verständnis für den Wert der Kritik, der freien Rede und des Aufeinanderprallens verschiedener Meinungen in einer demokratischen Gesellschaft hervorzurufen».

Unter den ersten Mitarbeitern des NWDR gehörten Herbert Blank, Axel Eggebrecht, Wilhelm Heitmüller und Peter von Zahn zu den profiliertesten. «Wir am Sender arbeiten nicht mehr für Geld, sondern für unsere Wirkung, für den Weitergang des geistigen und materiellen Lebens überhaupt», notierte damals Eggebrecht. Seine euphorische Haltung wird verständlich, wenn man sich vergegenwärtigt, daß die journalistische Freiheit in diesen Jahren des Besatzungsrechts größer war, als sie es heute unter dem demokratischen Proporz ist.

Zumindest war es so beim NWDR, denn anderswo praktizierte man's anders. Die Amerikaner betrieben anfangs rigide «reeducation»; Claus Werner Caro, Leiter der Wortabteilung bei Radio Bremen, dem amerikanischen Zwerg inmitten des NWDR-Sendegebiets, erkannte bei der britisch kontrollierten Konkurrenz «eine fast krankhafte Toleranz».

Das Ende der paradiesisch anmutenden Zustände beim größten Sender im Nachkriegsdeutschland besorgten deutsche Politiker bereits, bevor der westdeutsche Staat gegründet war. Ihr eigentliches Ziel, die Zerschlagung des NWDR, konnte die CDU noch nicht erreichen, weil die Alliierten auf ihrer Funkhoheit beharrten; so arbeitete sie zunächst auf eine politische Entschärfung des Programms hin. Dazu diente ihr die Tatsache, daß der Verwaltungsrat des NWDR, dessen Vorsitzender Heinrich G. Raskop CDU-Parteigänger war, Einfluß auf das Programm ausüben konnte und daß der Generaldirektor des NWDR, Adolf Grimme, den Pressionsversuchen keinen ausreichenden Widerstand entgegensetzte.

Etwa 1948 war diese erste Domestizierung einer Rundfunkredaktion abgeschlossen; politische Kommentare sollten jetzt nach Möglichkeit gar nicht mehr gesendet werden.

~~~~~~

Die Rundfunkpolitik setzt den Staatsbürger mit seinen Organisationen gleich, liefert die Anstalten den Partei- und Verbandsoligarchien aus und übersieht das direkte Interesse des Bürgers an Hörfunk und Fernsehen. Viele Chancen, der Utopie näherzukommen, wurden vertan und auch heute ist der politische Wille, Hörern und Zuschauern individuell nutzbare Rechte am Rundfunk einzuräumen, kaum vorhanden.

Die schüchternen Versuche einiger Anstalten, Hörer und Zuschauer mehr am Programm zu beteiligen, sind gelenkt, unverbindlich und können jederzeit wieder aufgegeben werden. Seit 1945 hat sogar eine paradoxe Umkehrung stattgefunden. Damals, als das Mißtrauen in die staatsbürgerliche Reife der Deutschen berechtigt war, hatte der Rundfunk viel stärkere aufklärerische und emanzipatorische Impulse. Fast drei Jahrzehnte später hat das Programm eher affirmativen Charakter, es ist «ausgewogen». Den Bürgern wird die Fähigkeit, mit pointierten Stellungnahmen fertig zu werden, oder gar Wesentliches zum Programm beizutragen, weitgehend aberkannt, obwohl sie in ihrer großen Mehrheit durchaus als demokratisch gereift gelten. Hörer und Zuschauer sind Versorgungsempfänger oder Konsumenten geworden, das Programm ein Konsumartikel. Formale Perfektion ist wichtig, der Inhalt darf nicht stören.

(Dierk L. Schaaf: Der Nordwestdeutsche Rundfunk. Ein Rundfunkmodell scheitert, in: Winfried B. Lerg und Rolf Steininger [Hg.]: Rundfunk und Politik 1923 bis 1973, Berlin 1975, S. 295)

~~~~~~

«Auch die Väter des Grundgesetzes empfanden die öffentlich-rechtliche Rundfunkorganisation als Besatzungsdiktat», berichtet Hans Bausch. In der Hoffnung, später die Organisationsform der Sendeanstalten grundsätzlich ändern zu können, wurde der Rundfunk – und speziell dessen Verfassung – vom Parlamentarischen Rat, der das Grundgesetz vorbereitete, ausgeklammert. So garantiert das Grundgesetz zwar die «Pressefreiheit», spricht aber nur von der «Freiheit der Berichterstattung durch Rundfunk». Wer auf der Rundfunkfreiheit beharrte und sie sogar ins deutsche Grundgesetz hineininterpretierte, das waren die Alliierten Hohen Kommissare. Wenige Tage nach der Wahl des ersten deutschen Bundestags verfügten sie in ihrem Gesetz Nr. 5: «Die Freiheit der deutschen Presse, des deutschen Rundfunks und anderer deutscher Mittel der Berichterstattung sind gewährleistet, wie im Grundgesetz vorgesehen. Die Alliierte Hohe Kommission behält sich das Recht vor, jede von der Regierung auf politischem, verwaltungsmäßigem oder finanziellem Gebiet getroffene Maßnahme, die diese Freiheit bedrohen könnte, für ungültig zu erklären oder aufzuheben.» Und an anderer Stelle heißt es in demselben Gesetz: «Ohne die Genehmigung der Alliierten Hohen Kommission dürfen neue Rundfunk-, Fernseh- oder Drahtfunksender nicht eingerichtet noch Anlagen dieser Art einer anderen Verfügungsgewalt unterstellt werden.»

Die Alliierten blockierten damit ein ausdrückliches Vorhaben der ersten Regierung Adenauer. Schon im Wahlkampf hatte Adenauer sich mit dem NWDR angelegt und seine Absichten deutlich werden lassen. Auf einer Kundgebung in Hamburg ortete er als Ursache für den nach seiner Meinung unausgewogenen Zustand beim größten deutschen Sender die regierende Labour-Partei in London, die die Absicht gehabt habe, «in der britischen Zone, welche die meisten Menschen der Trizone umfaßt, fast die gesamten Instrumente der Gestaltung der öffentlichen Meinung den Sozialdemokraten in die Hände zu geben». Dabei sah er, Adenauer, im Rundfunk ein «politisches Führungsmittel der jeweiligen Bundesregierung».

Die eigentliche Absicht Adenauers, die bestehende Rundfunkorganisation radikal zu ändern oder doch zumindest den relativ unabhängigen Sendern weitere hinzuzufügen, die in der Hand entweder der Regierung oder der Wirtschaft sein sollten, diese Absicht verwirklichten erst Adenauers selbsternannte Erben nach der «Wende» des Helmut Kohl.

Bei ihrem Versuch, der Begehrlichkeit der CDU während deren erster Regierungsära zu entkommen, gerieten die Rundfunkanstalten in die Abhängigkeit der Länder und dadurch mehr und mehr in den Griff der Parteien. Das Radio in der Bundesrepublik wurde kein Regierungsrundfunk, wie Adenauer es gewollt hatte, aber es geriet unter die unbeschränkte Herrschaft des Proporzes. Es brauchte eine zweite Periode der CDU-Herrschaft, um, wenn nicht den Staatsfunk, dann doch – sozusagen als zweite Priorität – den Privatfunk durchzusetzen.

Das Bundesrundfunkgesetz, das das Kabinett Adenauer entwarf, sollte der Regierung das Recht geben, Sender zu lizenzieren, es sollte ihr die Finanzhoheit über den Rundfunk einbringen, die Sendetechnik wieder der Post übertragen und die Vertretung des Bundes in den Aufsichtsgremien der Sender gewährleisten. Außerdem sollte die Regierung die Sender zur Ausstrahlung einzelner Nachrichten und Kommentare, aber auch von Schul- und Jugendfunksendungen verpflichten können. Überhaupt sollte der Rundfunk wieder zentral mit Nachrichtenmaterial beliefert und zur Ausstrahlung dieser Nachrichten verpflichtet werden.

Um diese Ansprüche zu begründen, bedurfte es einiger interpretatorischer Anstrengungen. In einem Memorandum der Bundesgeschäftsführung der CDU vom 3. Oktober 1950, dessen Titel «Massenführung in der Bundesrepublik» frank und frei an die nationalsozialistische Tradition anknüpfte, wurde argumentiert, daß zwar nach dem Grundgesetz kulturelle Angelegenheiten Sache der Länder seien, daß aber «der Rundfunk in erster Linie zweifellos politisches Führungsmittel, in zweiter Linie Mittler von Unterhaltung und erst in letzter Linie Kulturmittler ist».

Zwar schreibe das Grundgesetz Meinungs- und Pressefreiheit vor, die CDU stellte aber schlicht fest, «daß die monopolistische Stellung der Sender in Deutschland jene Grundsätze ausschließt». Vom Austausch kontroverser Meinungen am Mikrofon und von der Ausstrahlung von Kommentaren unterschiedlicher politischer Tendenz wurde lapidar behauptet, daß das «vielleicht auf einige intellektuelle Schwerenöter reizvoll, auf die Menge der Hörer aber schlechthin verwirrend, ja verdummend wirkt».

Schließlich wurde in dem CDU-Papier damit argumentiert, daß immer noch 80 Prozent der Hörer den Rundfunk für eine amtliche Einrichtung hielten. Das sei zwar ärgerlich, man müsse dem aber Rechnung tragen, indem «wenigstens ein gewisser regierungsamtlicher Einfluß auf die Sender gewährleistet sein» müsse.

Überhaupt fand man es innerhalb der CDU und der Bundesregierung offenbar unerträglich, daß in den Sendern Journalisten das Sagen hatten. Im Februar 1951 meldeten die Zeitungen, ein Sprecher des Innenministeriums habe Maßnahmen angekündigt, die verhindern sollten, daß «sich Leute des Rundfunks bemächtigen, an denen wir kein Interesse haben». Man wolle verhindern, daß «unbekannte und uns nicht angenehme Leute» im Rundfunk sprechen könnten. Und Adenauers Staatssekretär Otto Lenz plante, das Presseamt, dem er vorstand, zu einem Informationsministerium auszubauen.

Die Rundfunkanstalten reagierten, indem sie ihrerseits an einem Entwurf für ein Bundesrundfunkgesetz bastelten. Der sah ein «Bundesrundfunkamt» vor, das dem Bundeskanzler direkt unterstehen sollte. Der Regierung ging dieser Vorschlag nicht weit genug, und nun drängte

Hans Bredow, inzwischen Gremienvorsitzender beim frankfurter Sender, der sich die Position des Chefs einer obersten Rundfunkbehörde ausrechnete, in einem Rundschreiben an die Intendanten der Sender auf Zentralisierung. Die Regierung wolle eine grundsätzliche Änderung der Rundfunkordnung, schrieb er. «Diesen Bestrebungen gegenüber befindet sich der Rundfunk in der Defensive, weil er, uneinig und zersplittert, als Verhandlungspartner kaum in Betracht kommt. Bald wird in Rundfunkkreisen erkannt werden, daß die von einigen Rundfunkleitern eingenommene autoritäre und separatistische Haltung sowie die Abneigung gegen einen der innenpolitischen Entwicklung angepaßten Rundfunkföderalismus unter einem gemeinsamen Dach den gesamten westdeutschen Rundfunk in schwere Gefahr gebracht hat.»

Aber die große Zeit des Reichsrundfunkkommissars war vorüber; innerhalb der Sender hatte Bredow nur einen Verbündeten, nämlich den einzigen Vorkriegs-Intendanten, Friedrich Bischoff, jetzt Chef des Südwestfunks in Baden-Baden. Nur diese beiden – und natürlich die Regierungspartei – konnten sich eine mit großen Vollmachten ausgestattete Dachgesellschaft analog der Reichs-Rundfunk-Gesellschaft vorstellen, die übrigen Intendanten bestanden «autoritär und separatistisch» auf ihrer relativen Selbständigkeit. Immerhin gründeten sie am 5. August 1950 die «Arbeitsgemeinschaft der Rundfunkanstalten Deutschlands», die ARD, damals ein eher loser Zusammenschluß mit nur wenigen Befugnissen, vor allem gedacht zur Abwehr des Zugriffs der Bundesregierung.

Dabei fanden die Sendeanstalten recht fragwürdige Verbündete, nämlich die Landesregierungen, die ihrerseits versuchten, ihren Einfluß auf die Sender zu verstärken. Mißtrauen erregte das vor allem beim NWDR und beim Südwestfunk, die beide nicht durch Ländergesetze gegründet waren, sondern durch Verordnungen der Militärregierungen.

Auch die Länderregierungen – der «Unterausschuß Rundfunk» der Kultusministerkonferenz – entwarfen ein Bundesrundfunkgesetz. Darin wollten sich die Kultusminister die Entscheidung über die Verwendung der Rundfunkgebühren sichern und sich vorbehalten, eine gemeinsame Anstalt auflösen zu können. Gemeint, wenn auch nicht genannt, war der NWDR.

Immer wieder stießen die neudeutschen Politiker bei ihren Versuchen, Rundfunkpolitik zu betreiben, auf den Widerstand der Alliierten. Die Hohen Kommissare erklärten, sie würden ihre Funkhoheit nur abtreten, wenn gewährleistet sei, daß weder der Bund noch die Länder Einfluß auf die Programmgestaltung erhielten.

Anfang 1952 entwickelte das Presse- und Informationsamt der Bundesregierung einen Plan, der deutlich werden ließ, daß es der CDU-Regierung in erster Linie um die Zerschlagung des bestehenden Rundfunksystems ging: Man überlegte, die Empfangsgebühren abzuschaffen und damit die Existenzgrundlage der Sender. Darüber hinaus galte es, zuzuwarten; eines Tages würde das Besatzungsrecht doch aufgehoben werden, dann trete das Fernmeldegesetz von 1928 wieder in Kraft, und der Bundespostminister könne nach Belieben neue Bundessender gründen.

Wieder ein anderer Entwurf kam im Juli aus dem Innenministerium. Danach sollte, von den Landesrundfunkanstalten finanziert, ein bundesunmittelbarer Sender mit dem Namen «Der deutsche Rundfunk» errichtet werden. Aber im Kanzleramt und im Bundespresseamt hatte man inzwischen andere Pläne. Dort hatte man sich mittlerweile ausgerechnet, daß die Regierung auf private Sender leichter Einfluß nehmen könnte; und man hatte erste Verhandlungen mit der Wirtschaft über die Gründung einer Rundfunkanstalt geführt. Außerdem begann – im Dezember 1952 – der NWDR mit einem regelmäßigen Fernsehprogramm, und nun wurde in der Bundesregierung wieder an einem neuen Gesetzentwurf gearbeitet, der nun das Fernsehen in die Hand des Bundes bringen sollte.

Während der ersten Regierungsperiode konnte keiner dieser Pläne verwirklicht werden. In der zweiten verlegte man sich auf Verhandlungen zwischen dem Bund und den Ländern.

Währenddessen wurde das Ziel der Bundesregierung, den NWDR aufzulösen, von den Landespolitikern vollstreckt. Seit 1949 schon hatte der berliner Senat einen eigenen Sender gefordert, auch um den Preis, mit den berliner NWDR-Programmteilen ein nach Westdeutschland gerichtetes Sprachrohr zu verlieren. Im Juli 1953 stimmte endlich die westliche Militärverwaltung nach langem Drängen dem Gesetz über den Sender Freies Berlin zu; im September wurden der neuen Anstalt das Funkhaus in der Masurenallee und die bis dahin vom NWDR genutzte Mittelwelle überlassen.

Im Januar 1954 beschloß die CDU-Mehrheit des nordrhein-westfälischen Landtags, ein Gesetz über den aus dem NWDR zu lösenden Westdeutschen Rundfunk. Im Februar 1955 kassierte die britische Militärregierung endlich ihre einschlägigen Verordnungen, und es entstanden der NDR in Hamburg und der WDR in Köln. Daß es dabei ausschließlich um Machtzuwachs für die Landesregierung von Nordrhein-Westfalen ging, zeigt der Umstand, daß die Hörer von der Neuregelung nichts merkten: Schon vorher hatten Köln und Hamburg zwei getrennte zweite

Programme auf UKW ausgestrahlt, und auch nachher mußten sich beide Sender für ihr gemeinsames erstes Programm die Mittelwelle teilen. Um schließlich auch die Drei-Länder-Anstalt NDR (fast) zu zerschlagen, brauchten die CDU-Politiker bis 1980.

Die Verhandlungen zwischen Bund und Ländern über die rundfunkpolitischen Vorstellungen der Bundesregierung wurden Anfang 1958 von der dritten Regierung Adenauer abgebrochen. Es ging inzwischen um die Einrichtung eines zweiten Fernsehens. Die Länder wollten es von der ARD organisieren lassen, der Bund legte wieder einen Gesetzentwurf vor. Drei öffentlich-rechtliche Anstalten des Bundes sollten gegründet werden: Ein «Deutschland-Fernsehen», die «Deutsche Welle» als Sender für das Ausland und der «Deutschlandfunk», der sich besonders an Hörer in der DDR wenden sollte. Die Gesetze über Deutsche Welle und Deutschlandfunk wurden verabschiedet; die danach eingerichteten Sender lösten Provisorien ab, die die ARD bis dahin betrieben hatte. Das Gesetz über das zweite Fernsehen blieb in den Ausschüssen stecken. Gleichwohl wurde im Dezember 1958 mit Beteiligung des Bundes eine Privatgesellschaft «Freies Fernsehen GmbH» gegründet. Im Januar 1959 beauftragte das Kabinett den Postminister, ein entsprechendes Sendernetz zu errichten und bewilligte dafür eine erste Rate von 36 Millionen Mark.

Die Freies Fernsehen GmbH begann Anfang 1960 ein Programm vorzubereiten; rechtzeitig vor den Bundestagswahlen im Herbst 1961 sollte mit den Sendungen des Regierungsfernsehens begonnen werden. Mit einem Kredit von 20 Millionen, den deutsche Banken bereitgestellt hatten, wurde in Eschborn bei Frankfurt eine Barackenstadt als Sendekomplex gebaut. Rund 500 Mitarbeiter wurden eingestellt – als Programmdirektor der Schriftsteller und Sexualwissenschaftler Ernest Borneman.

Am 25. Juli 1960 schuf Adenauer auch juristisch vollendete Tatsachen. Vor einem Notar unterzeichneten er und sein Justizminister Fritz Schäffer den Gesellschaftsvertrag und die Satzung der «Deutschland-Fernsehen-GmbH», einer privaten Gesellschaft im ausschließlichen Besitz des Bundes, die die Vorleistungen der Freies Fernsehen GmbH übernehmen sollte. Schäffer hatte die Rolle, die später für die Bundesländer vorgesehenen Geschäftsanteile zu verwalten. Zu der Zeremonie mit Kanzler und Notar war auch ein Aufnahmeteam des ARD-Fernsehens eingeladen, und so erfuhren die Ministerpräsidenten – auch die der CDU-regierten Länder, die noch mit der Bundesregierung in einschlägigen Verhandlungen standen – aus dem Fernsehen von der Gründung des Adenauer-Fernsehens.

Im August 1960 klagte der hamburger Senat, der von der SPD gestellt wurde, vor dem Bundesverfassungsgericht. Die übrigen Länder mit sozialdemokratischen Mehrheiten – Hessen, Niedersachsen und Bremen – folgten oder schlossen sich an. Das Gericht erließ im November eine einstweilige Verfügung, wonach vorerst nur das Fernsehprogramm der ARD ausgestrahlt werden durfte, und entschied am 28. Februar 1961, das inzwischen auf Hochtouren arbeitende Adenauer-Fernsehen sei verfassungswidrig.

Darüber hinaus leistete sich die Zweite Kammer des Bundesverfassungsgerichts, was sich der Parlamentarische Rat bei der Formulierung des Grundgesetzes, was sich Bundesregierung und Landesregierungen bislang aus Gründen des Taktierens versagt hatten: Sie schrieb die Verfassung des Rundfunks in der Bundesrepublik fest. Sie bestimmte die Länder als Garanten der «Rundfunkfreiheit», zementierte den öffentlich-rechtlichen Status der Sender, verfügte, daß alle «gesellschaftlich relevanten Gruppen» Einfluß in den Aufsichtsgremien der Anstalten haben müßten, und schuf das strapazierte Schlagwort vom «Mindestmaß inhaltlicher Ausgewogenheit». Die Sendeanlagen, so das Verfassungsgericht, gehörten zwar dem Bund, der dürfe aber die Anlagen und die Frequenzen den öffentlich-rechtlichen Anstalten nicht verweigern. Auf Grund dieses Urteils einigten sich die Ministerpräsidenten der Länder am 17. März 1961 auf die Gründung des «Zweiten Deutschen Fernsehens» als gemeinnützige öffentlich-rechtliche Anstalt, die mit der Konkursmasse des Adenauer-Fernsehens und mit einem Anteil von 30 Prozent des Fernsehgebühren-Aufkommens ausgestattet wurde. Hans Bausch (Zweieinhalb Jahrzehnte Rundfunkpolitik, in: ARD-Jahrbuch 1975): «Die Chefs der Exekutive der Bundesländer bildeten praktisch eine Art Legislative für den Rundfunk.» Die Länderparlamente hatten die ausgehandelten Staatsverträge lediglich formell zu bestätigen.

In der Rundfunkordnung, für die das Bundesverfassungsgericht das Copyright hält, richteten sich die öffentlich-rechtlichen Anstalten für alle Zukunft ein. Gab es kein staatliches Rundfunkmonopol, so fühlte sich jede als ihr eigener Monopolist. Daß, was die CDU-Bundesregierung nach 1950 nicht geschafft hatte, nämlich die Einrichtung eines völlig anderen, ihr genehmen Rundfunksystems, die CDU-Länderregierungen nach 1980 um so effizienter nachholen würden, traf die bundesdeutschen Rundfunkanstalten weitgehend unvorbereitet.

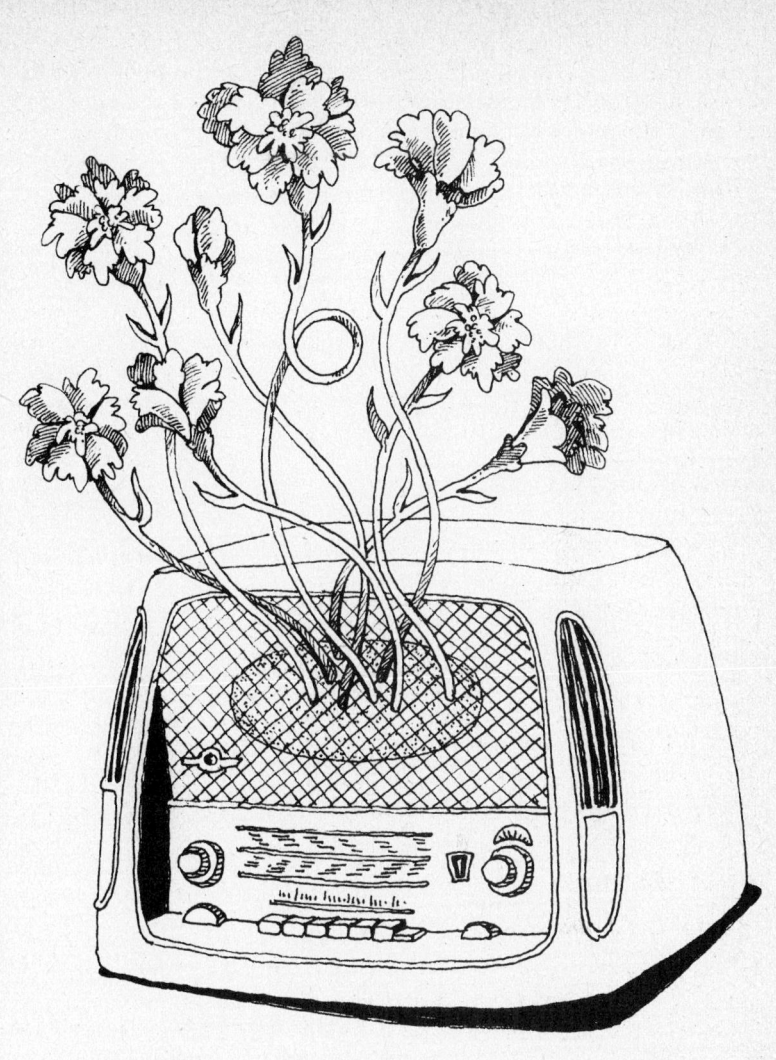

Ein leichter Druck nur ...

... auf eine kleine unscheinbare Taste, und das Radio zaubert uns die ganze Vielfalt der Welt ins Zimmer. – Selbst für abgebrühte Rundfunk-Fans immer wieder ein kleines Wunder.

Nicht minder leicht und unkompliziert ist der Gang zur Bank oder Sparkasse, der uns die Fülle der Möglichkeiten einer sicheren Geld-anlage öffnet.

Die Wirklichkeit der Anstalten

Die Wirklichkeit der Rundfunkanstalten heute ist bestimmt durch vielerlei Wunschdenken: durch das der Rundfunk-Verantwortlichen, das ihrer Aufsichtsgremien, das der Programmacher, das der Wirkungsforscher und ein kleines bißchen auch durch das der Hörer.

Demgegenüber läßt sich die Wirklichkeit des Radios am ehesten empirisch angehen. So wie die Alten durch lange Beobachtung auf die Bahnen der Gestirne gekommen sind, so kämen wir den geltenden Gesetzen des Radios auf die Spur. Allerdings erfordert solch empirisches Vorgehen gesundheitsschädigend langes Hören, so daß ein gewisses Maß an Spekulation nicht ausgeschlossen werden kann.

Gesicherte Erkenntnis ist: Es gibt in der Bundesrepublik Deutschland — abgesehen von diversen illegal betriebenen Kleinstradios und den Soldaten- und Propagandasendern der Alliierten des Zweiten Krieges — zwölf Rundfunkstationen. Das sind die neun zur ARD zusammengeschlossenen Landessender, die auch Fernsehen produzieren, und drei der Obhut des Bundes anvertraute Radios: der RIAS in Berlin, die Deutsche Welle, die über Kurzwelle die weite Welt mit deutschem Wort und deutschem Klang beliefert, und der Deutschlandfunk, der auf mittlerer Welle die ganze deutsche Nation mit den Ansichten ihres westlichen Teils versorgt – die letzten beiden regierungsnah und -abhängig in Köln angesiedelt.

Struktur, Programmauftrag, dessen Überwachung und die ethischen Maximen dieser Anstalten sind durch Landes- beziehungsweise Bundesrundfunkgesetze geregelt. Die lauten inzwischen, nachdem die bundesdeutschen Parteien die unterschiedlichen Vorgaben der Besatzungsmächte mühsam einander angeglichen haben, ziemlich ähnlich. Erster Hauptsatz: Der bundesdeutsche Rundfunk ist öffentlich-rechtlich organisiert. Unter diesem Dach geht es beschaulich-hierarchisch zu. Alleinverantwortlich für alles ist ein Intendant; der kann, darf und muß delegieren auf Delegierte, die wiederum delegieren können, dürfen und müssen ... bis es nichts mehr zu delegieren gibt und Programm hergestellt werden muß. Schon auf Grund dieser Struktur wird deutlich, daß der Vorstand einer Rundfunkanstalt mit einem Verwaltungsjuristen optimal besetzt ist.

Dem Intendanten untergeordnet sind die Direktoren. In aller Regel sind es vier: ein Programmdirektor Fernsehen, ein Programmdirektor Hörfunk, ein Verwaltungsdirektor, ein Technikdirektor. Denen unterstehen die Hauptabteilungsleiter, denen die Abteilungsleiter, denen die Redaktions- beziehungsweise Sachgruppenleiter, denen die Redakteure beziehungsweise Hauptsachbearbeiter, denen der Rest in Feinabstimmung. Freilich erzeugt das neunmal hochkomplizierte Klassifizierungssystem im Detail Interferenzen. Sie zu erklären überfordert sowohl die Darstellungskunst des Autors, die Möglichkeiten des Mediums Taschenbuch als auch die gesammelte Geduld von 10 000 Lesern.

Den Radioprogramm-Endverbraucher mag das Direktorat «Hörfunkprogramm» interessieren. Das ist hierarchisch überfein gegliedert nach allen Erscheinungsformen gesellschaftlichen oder auch bloß menschlichen Lebens. Weil die Politik am wichtigsten ist, heißt der Hauptabteilungsleiter Politik traditionellerweise «Chefredakteur». Ihm unterstehen Abteilungen wie «Nachrichten», «Feature», «Wirtschaft», «Außenpolitik», «Innenpolitik», «Landespolitik», «Regionalpolitik», «Lokalpolitik» usw. Dem Chefredakteur folgt im Ansehen gemeinhin der Hauptabteilungsleiter «Kultur», weil, wie aus der Historie zu sehen war und der Chef-Titel «Intendant» bis heute signalisiert, das Radio ein Kulturinstitut ist. Dieser koordiniert die Arbeit zweier Abteilungen; falls er halbwegs linksintellektuell eingestellt ist – für Adorno-Schüler gilt dies zwingend –, tut er es «dialektisch»: er vermittelt nämlich eine Abteilung, die den kulturellen Ereignis-Journalismus pflegt, mit der zweiten, die Vertiefung anstrebt, primäre Literatur vermittelt, mit einer, die sekundäre «Radioessays» aussendet oder tertiäre Auslotung von Kultur betreibt. Wie Wurmfortsätze gliedern sich meistens an: Studioprogramme, Wissenschaftsredaktionen, Minderheitenfünke.

Dem Kulturchef nächst in der innerbetrieblichen Hierarchie kommt der Hauptabteilungsleiter «Musik»: Denn: erstens gibt es da von Monteverdi bis John Cage Hochkultur zu pflegen, und zweitens schaufelt die Musik die meisten Programme zu. Wenn's an Wörtern nichts mehr zu senden gibt, hat die Musik immer noch einen Brahms oder die Oberkrainer.

Gegen das bisher Angeführte kann sich ein weiterer Kulturträger des Rundfunks, nämlich das Hörspiel, schwer behaupten. Zwar vermag es als zwingendes Argument die Verwaltung der einzig originär funkspezifischen Kunstform ins Feld zu führen, andererseits muß es sich vorrechnen lassen, daß der Postversand der Manuskripte an die paar tausend Interessierten billiger käme als Produktion und Sendung eines Hörspiels – oft genug wären da, betriebswirtschaftlich gerechnet, noch Bütten, Goldschnitt und Ledereinband drin. Noch obsiegt im Streit um Qualität und Quantität der Hörer jedoch das Argument, dessen sich die Verwalter der Radio-Kunst gern bedienen: Das Hörspiel hat zwar wenig Hörer, aber die haben alle Abitur.

Die Leute, die das Hörspiel verprellt, gewinnen Sport und Unterhaltung zurück; die Einschaltquoten beweisen das. Die Vielgehörten proben den Aufstand gegen das Eliten-Programm und fordern mehr Sendezeit. Dagegen revoltieren die Vertreter der Minderheitenprogramme – die Hauptabteilung Erziehung reklamiert Akzeptanz und beklagt Unterrepräsentanz im Programm mit dem Argument, daß der Schulfunk vorzugsweise von Hausfrauen gehört wird und das Jugendprogramm von Rentnern.

Schließlich sind da noch die Mundartfunker unterschiedlicher Provenienz. Die wissen das bodenständige Publikum hinter sich und neuerdings auch die alternativen Stadtflüchter, die Atomkraftgegner und die Friedensbewegten. Was hier nicht aufgezählt ist: der Frauen- und Kinderfunk, der Landwirtschaftsfunk, die Kirchen täglich und freitags die Israeliten, der Krimi am Montag – das alles gruppiert sich drumherum, nicht ohne in irgendeine mehr oder minder einsichtige Verantwortung genommen zu sein.

Im Ausgleich all dieser Interessen (versteht sich: jeweils im Namen «des Hörers») entsteht Programm. Und weil es zwischen Anspruch und Akzeptanz, zwischen Quantitäts- und Qualitätsargument (wie viele Hundertschaften von Peter-Alexander-Fans wiegen einen Arno-Schmidt-Bedürftigen auf?) kaum einen Ausgleich geben kann, ist man ARD-weit auf die genialische Idee gekommen, mindestens zwei Sorten Programm zu machen: eins für die Schlauen und eins für die Doofen, oder im Jargon von Programmsitzungen: das eine für qualifizierte Minderheiten, das andere als «Tagesbegleitprogramm».

Die notwendige Kenntnis, welcher Hörer was wann hören möchte, ziehen die Programmacher im wesentlichen aus zwei Quellen. Zum einen werden die widersprüchlichsten Daten in den Fahrstühlen aller Rundfunkhäuser axiomatisch gehandelt, zum anderen gibt es wissenschaftliche Höreranalysen. Die werden zum Teil von privaten Statistikunternehmen erstellt, denen die Landwirtschaftskammer Ostwestfalen-Lippe nicht einmal die Erhebung des Schweinebestandes anvertrauen würde. Fast die Hälfte aller erhobenen Daten bewegt sich deutlich unterhalb der Grenze der Meßbarkeit. Der Witz an der Sache ist, daß mit solchen Daten und mit ernster Miene Programm strukturiert wird.

Dies geschieht in (meist wöchentlich abgehaltenen) Programmkonferenzen, zu denen sich unter dem Vorsitz des Programmdirektors die Hauptabteilungsleiter und Abteilungsleiter versammeln. Jedes Programm hat ein Schema: morgens zu Sendebeginn Choral und Sinnspruch, danach Nachrichten und locker geplaudertes Magazin am Morgen, dann Magazin am Vormittag, dann Mittagsmagazin, danach

Magazin am Nachmittag, dann Abendmagazin, jeweils unterbrochen von Nachrichten im Stundenrhythmus.

Diese Magazine brachten eine spezielle Form des Journalismus im Rundfunk hervor, nämlich die Moderation, die Kunst also, zwischen zwei beliebigen Schlagern oder zwischen einem beliebigen Schlager und einem beliebigen Wortbeitrag einen eleganten, aktualitätsbezogenen Übergang zu schaffen. Von der innovativen Kraft dieser neuen journalistischen Form kann man sich nur ein Bild machen, wenn man sich solche Moderationen einmal Wort für Wort aufgeschrieben vorstellt.

Was Wunder, daß die Kunst des Moderators in den Rundfunkanstalten längst besser bezahlt wird als das Handwerk des journalistischen Zulieferers von Beiträgen. Die sind als Beiträge möglichst gleicher Länge aus möglichst vielen Ressorts gleichwohl das Salz eines Tagesbegleitprogramms und die Erwerbsquelle einer Gruppe von freien Mitarbeitern, die im Jargon «Beerensammler» und auf dem Honorarzettel «Kleinautoren» genannt werden.

Die eigentlichen Autoren kommen am Abend zu Wort, zwischen 20 und 23 Uhr, und senden für die qualifizierten Minderheiten, im Rundfunkjargon schlicht «für die Blindenanstalt». Diese qualifizierten Minderheiten kann man sich, da sie sich der statistischen Erfassung entziehen, am ehesten vorstellen als eine Multiplikation des jeweiligen Höreridealtyps des jeweiligen Programmachers, weshalb dieser dann von «meinen Hörern» spricht und logischerweise sein Programm mit unbeirrbarer Sicherheit nach deren Bedürfnissen und Erwartungen gestaltet. Grundsätzlich gibt es zwei Haltungen von Programmachern gegenüber «ihren Hörern»: zum einen die, den eigenen Geschmack in die Hörer hinein zu verlängern, und zum anderen die, genau zu wissen, was der Hörer objektiv braucht.

Nach 23 Uhr und den Spätnachrichten – die Intendanten verhandeln darüber, hier als Zäsur wieder die Nationalhymne einzusetzen – wechselt abrupt der Hörertyp. Denn dann wird umgeschaltet zum allnächtlichen Stumpfsinn des nach Beteiligungsschlüssel reihum produzierten, von der ganzen ARD geschlossen ausgestrahlten Nachtprogramms, das intern folgerichtig «Nachtversorgung» genannt wird. Damit wäre die Grobstruktur eines «Tagesbegleitprogramms» skizzenhaft dargestellt. Die «Minderheitenprogramme», die «Zweiten» oder «Dritten» Programme, funktionieren ein bißchen anders. Da füllt leichte Klassik, zu der auch eine bestimmte Sorte Jazz zählt, provozierend durchsetzt mit «Neuer Musik», zu der auch eine bestimmte Sorte Jazz zählt, die Magazine, die, höher im Anspruch und tiefer in der Ansprache, Verbrauchertips vom kulturellen Wochenmarkt liefern. Nachmittags

Oper und Symphonie, zur Abendbrotzeit Kulturelles, Politisches, Wissenschaftliches kurzgefaßt, passiert-notiert. Dann Rundfunkuniversität und eine bestimmte Sorte Jazz, schließlich E-Musik bis Mitternacht, wozu auch eine bestimmte Sorte Jazz zählt. Danach wird den Hörern ein Identitätsaustausch zugemutet und ebenfalls aufs ARD-gemeine «Nachtprogramm» umgeschaltet.

So oder ähnlich verlaufen die «Programmstrukturen» vertikal. Damit «der Hörer» ohne Mühe «sein» Programm auch findet, ist auch eine horizontale Struktur vonnöten: montags Heimatfunk im Abendprogramm, dienstags Feature, mittwochs Krimi, donnerstags Hörspiel, freitags Symphonie, samstags große Unterhaltung, sonntags Oper; jeden Morgen, jeden Vormittag und jede Nacht das Gleiche und Gewohnte. So ist denn alles gerecht verteilt, und jeder ist zufrieden, die Programmverwalter allemal und offensichtlich auch «der Hörer», denn der protestiert ja nicht und falls doch, dann als Querulant. Die Teilung der Radiohörer in Zielgruppen entspricht der Programmzerteilung und Ressortverschachtelung in den Funkhäusern und umgekehrt. Jedenfalls braucht das Radio Hörer, die ein Radio brauchen, wie es ist.

Ein weiterer Hauptsatz der öffentlich gehandelten Radiotheorie ist, daß das Radio der Allgemeinheit gehöre oder ihr doch zumindest diene. Um dies zu gewährleisten und zu überwachen, sind Rundfunkgesetze erlassen. Die regeln zunächst, wer Rundfunk machen darf und wer nicht. Sie schreiben Organisation, Struktur und Auftrag fest. Und sie bestimmen auch, unter welchen Maximen dieser Programmauftrag zu erfüllen ist. Aus einem für viele: «Die Sendungen dienen durch Information, Bildung und Unterhaltung der gesamten Bevölkerung. Sie sollen von kulturellem Verantwortungsbewußtsein zeugen und die künstlerische Aufgabe des Rundfunks deutlich werden lassen. Die Sendungen des Rundfunks sollen von demokratischer Gesinnung und unbestechlicher Sachlichkeit getragen sein. Der Rundfunk hat sich mit allen Kräften für Frieden, Freiheit und Gerechtigkeit, Wahrheit, Duldsamkeit und Achtung vor der einzelnen Persönlichkeit einzusetzen.»

Über die Einhaltung der Rundfunkgesetze wachen die Rundfunkräte. Die Schlüssel, nach denen sie besetzt werden, sind bei den einzelnen Anstalten unterschiedlich. Mal liegt das Gewicht mehr bei den «gesellschaftlich relevanten Gruppen», mal mehr bei den Vertretern von Parteien und Landesregierungen. Eins ist aber überall dasselbe: Die Parteien rangeln um eine Besetzung, die ihren Leuten die Mehrheit verschafft. Auch ohne das kommt unterm Strich überall eine sichere Mehrheit für die herrschende(n) Partei(en) heraus. So wird also im

Konfliktfall das Gebot der Objektivität jeweils relativ christlich, relativ liberal oder relativ sozialdemokratisch an- und ausgelegt werden.

Zur Wahrung der gesetzlich geforderten Staatsferne des Rundfunks obliegt es dem Rundfunkrat weiterhin, den Intendanten zu wählen und die Direktoren, ein gehöriges Wörtchen mitzureden bei der Bestellung des Chefredakteurs und der übrigen Hauptabteilungsleiter und Abteilungsleiter. Mittlerweile hat man daran so viel Spaß gewonnen, daß im Aufsichtsgremium Rundfunkrat auch über die Besetzung von Vakanzen auf niedrigerer Ebene heftig und gern gestritten wird. So gilt denn, auch wenn allerseits behauptet wird, alles sei komplexer und komplizierter, die Faustregel, daß in einem christdemokratisch regierten Land dem CDU-Intendanten ein SPD-Programmdirektor folgt, diesem ein demokratischer Christ als Chefredakteur, während die Kultur von einem Sozi verwaltet wird, der Sport von einem Liberalen und man auf den niederen Rängen die Mehrheit, die man hat, gespiegelt sehen möchte. Für SPD-regierte Länder gilt die Entsprechung, und für satte Mehrheiten (wie Bayern und Bremen) gilt sattes Hausrecht mit vorsichtigsten Zugeständnissen an den Grundkonsens, daß freiheitliche Demokraten von allem ein bißchen teilen.

Für programmlich engagierte Rundfunkräte gibt es darüber hinaus die Einrichtung von Fachausschüssen, in denen Programmbeiträge beredet, bewertet und mit Zensuren versehen werden, am liebsten vor der Sendung und am allerliebsten nach dem Motto des Rundfunkrats A. T., Bürgermeister einer kleineren norddeutschen Großstadt: «Wenn ich hier nix verhindern kann, macht mir das auch keinen Spaß.»

Nach dem Intendanten und dem Rundfunkrat ist der Verwaltungsrat das dritte gesetzlich verankerte Organ der öffentlich-rechtlichen Anstalten. Er darf sich ausschließlich mit dem Geschäftsgebaren des Senders befassen und ausdrücklich keinen Einfluß auf das Programm nehmen, weshalb einige besonders fortschrittliche Rundfunkgesetze inzwischen dazu übergegangen sind, die Teilnahme einzelner Belegschaftsmitglieder zu gestatten.

So wäre die Rundfunkwelt in Ordnung, gäbe es nicht den Schwur des niedersächsischen Ministerpräsidenten, dem sich seine Parteifreunde angeschlossen haben und für den der Postminister eifrig Kabel zieht, das öffentlich-rechtliche Monopol zu brechen. Auf den Einbruch in ihren Hühnerhof reagieren die zuständigen Vordenker panisch. Überall werden Frequenzen besetzt, dritte, vierte und fünfte Programme nach den Mustern der ersten, zweiten und dritten Programme konzipiert, damit möglichst keine Wellen zur Verteilung an die künftigen Konkurrenten übrigbleiben. Gleichzeitig wird vorweggenommen, was man angeblich so sehr bekämpft: Programme, die sich zuerst als redaktionelles Umfeld für die neue Camelia-Slipeinlage und das Sonderangebot aus dem Supermarkt bewähren müssen und dann erst bei den zwangsweise zur Gebührenzahlung veranlagten Hörern. Dabei haben die öffentlich-rechtlichen Anstalten gegenüber der privatwirtschaftlich/christdemokratischen Konkurrenz ein wesentliches Handikap: Die privaten können an Mitarbeitern einkaufen, wen immer sie für fähig und fügsam halten; die öffentlich-rechtlichen müssen weitermachen mit einem Personal, in dem es Mitarbeiter gibt, die als Journalisten eingestellt wurden und Extra-Bezahlung verlangen, wenn sie einmal im Jahr journalistisch arbeiten; außerdem solche, die von ihrer Art, an den Bedürfnissen der Hörer vorbeizuproduzieren, unbelehrbar überzeugt sind; und schließlich gibt es auch noch ein paar – und auch einige von denen sind schon unkündbar –, die ihre bisher angesammelten Erfahrungen in den Auseinandersetzungen gegen den Abbau demokratischer Strukturen und Programminhalte auch in einem neuen Medienkonzept nicht zurückhalten werden. – Und dieser letzte Satz kann gleichermaßen gelesen werden als ein Schulterklopfen für die braven Linken wie auch als Anspielung auf die nimmermüden Durchhalte-Gestalten mit dem moralischen Anspruch.

Ernüchterung und Utopie:

Günther Anders,
Hans Magnus Enzensberger,
Oskar Negt, Alexander Kluge

Nach dem Zweiten Weltkrieg hatten medientheoretische Überlegungen weder bei den Sendern noch bei den Programmverbrauchern Konjunktur. Das Radio war ein Ersatzmedium. Zunächst war es Ersatz für die Zeitungen, die aus Mangel an Papier nur ein- oder zweimal in der Woche erschienen, und man erwartete Nachrichten über Lebensmittelzuteilungen oder Verfügungen der Besatzungsmächte, und noch auf Jahre hinaus war der Suchdienst des Roten Kreuzes ein wichtiger Organisator des sozialen Lebens im Nachkriegsdeutschland.

Ein paar Jahre später war das Radio dann Ersatz für das gesellschaftliche Treiben, das erst langsam wieder in Schwung kam. Die Fünfziger waren die große Zeit der unterhaltenden Abende (Schwerpunkt: Quiz), der Rundfunkkabaretts (Schwerpunkt: Antikommunismus) und – für gehobene Ansprüche – des Hörspiels. Die Überlegungen der Programmmacher richteten sich vor allem aufs Technisch-Formale. Die Tonbandgeräte, die während des Zweiten Weltkriegs entwickelt wurden und erst jetzt in ausreichender Menge zur Verfügung standen, ermöglichten Montagen, flotte Schnittfolgen, akustische Effekte – und das wurde in allen Programmsparten ausgespielt.

Schließlich, während der Einführung des Fernsehens, schien das «Dampfradio» kaum mehr einer ernsthaften Überlegung wert. Und das Fernsehen auch nicht, das hatte jetzt den Überraschungseffekt des technisch Neuen auf seiner Seite.

Ein Buch, das zum erstenmal 1956 erschien, wurde damals kaum wahrgenommen: Günther Anders' «Die Antiquiertheit des Menschen». Die Medienkritik, die es enthält, paßte sowenig zum Positivismus der herrschenden Medienpraxis, wie Anders' Thesen überhaupt in die Zeit der Restauration und des «Wirtschaftwunders» paßten. «... daß wir der Perfektion unserer Produkte nicht gewachsen sind; daß wir mehr herstellen, als wir vorstellen und verantworten können; und daß wir glauben, das, was wir können, auch zu dürfen, nein: zu sollen, nein: zu müssen» (Neuauflage, München 1980, S. VII), solche

Feststellungen waren Verstöße wider den Zeitgeist des technisch-materiellen Fortschritts.

Günther Anders' Positionen waren zu dieser Zeit aus noch einem anderen Grund nur schwer zu konsumieren: Sie brachen mit der Übung der meisten literarischen und philosophischen Hervorbringungen, an Traditionen aus der Zeit der Weimarer Republik anzuknüpfen. Wo Brecht und Benjamin auf die Veränderung der Apparate (der Institutionen) setzten, zielt die Medienkritik Anders' (die im wesentlichen in dem Kapitel «Die Welt als Phantom und Matrize» enthalten ist) auf deren prinzipielle Unveränderbarkeit: «Unser von Technik erfülltes Dasein zerfällt nicht in einzelne, säuberlich gegeneinander abgegrenzte, Wegstücke, von denen sich die einen durch das Straßenschild ‹Mittel›, die anderen durch das ‹Zwecke› ausweisen.» (Die Antiquiertheit des Menschen, a. a. O., S. 99 f)

Radio und Fernsehen grenzt Anders aus dem von Walter Benjamin analysierten Begriff der Massenkommunikation aus. In den Kinos, so Anders, hätten die Menschen eine in Massen hergestellte Ware noch als Masse konsumiert, «ehe man die Kulturwasserhähne der Radios in jeder ihrer Wohnungen installiert hatte» (a. a. O., S. 101).

Der massenhafte Konsum von Radio und Fernsehen erst produziere den eigentlichen Massenmenschen, den «Massen-Eremiten». «Jedermann ist gewissermaßen als *Heimarbeiter* angestellt und beschäftigt. Freilich als ein Heimarbeiter höchst ungewöhnlicher Art. Denn er leistet ja seine Arbeit: die Verwandlung seiner selbst in einen Massenmenschen, durch seinen Konsum der Massenware, also durch *Muße*. (…) Er zahlt also dafür, daß er sich selbst verkauft; selbst seine Unfreiheit, sogar die, die er mitherstellt, muß er, da auch diese zur Ware geworden ist, käuflich erwerben.» (A. a. O., S. 103)

Wo Benjamin konstatiert, daß der massenweisen Reproduktion die Reproduktion von Massen im Sinne des Faschismus entgegenkommt, sieht Anders die – scheinbar demokratische – widerstandslose Herstellung von Untertanen: «Massenregie im Stile Hitlers erübrigt sich: Will man den Menschen zu einem Niemand machen (sogar stolz darauf, ein Niemand zu sein), dann braucht man ihn nicht mehr in Massenfluten zu ertränken; nicht mehr in einen, aus Masse massiv hergestellten, Bau einzubetonieren. Keine Entprägung, keine Entmachtung des Menschen als Menschen ist erfolgreicher als diejenige, die die Freiheit der Persönlichkeit und das Recht der Individualität scheinbar wahrt. Findet die Prozedur des ‹conditioning› bei jedermann gesondert statt: im Gehäuse des Einzelnen, in der Einsamkeit, in den Millionen Einsamkeiten, dann gelingt sie noch einmal so gut.» (A. a. O., S. 104)

Die Herstellung des Untertanen geschieht, indem vom Menschen das

Menschliche amputiert wird, die Privatheit, die Gefühle, die Phantasie, die Erfahrung und, durch die Sprechmaschine Radio, eben auch die Sprache. «*Da uns die Geräte das Sprechen abnehmen, nehmen sie uns auch die Sprache fort*; berauben sie uns unserer Ausdrucksfähigkeit, unserer Sprachgelegenheit, ja unserer Sprachlust – genauso, wie uns Grammophon- und Radiomusik unserer Hausmusik beraubt» (a. a. O., S. 107). Für die Radiohörer sind Worte «nicht mehr etwas, was man spricht, sondern etwas, was man nur hört; Sprechen ist für sie nicht mehr etwas, was man tut, sondern etwas, was man erhält. (...) Weil nicht nur gilt, daß die Sprache der Ausdruck des Menschen ist, sondern auch, daß der Mensch das Produkt seines Sprechens ist; kurz: weil *der Mensch so artikuliert ist, wie er selbst artikuliert; und so unartikuliert wird, wie er nicht artikuliert*» (a. a. O., S. 109f) – als hätte Anders schon diejenigen gekannt, die sich «einfach irgendwie gut» fühlen.

Die elektronischen Medien, behauptet Anders, liefern nicht Informationen über die Wirklichkeit, sondern die Wirklichkeit selbst. Das klingt überzogen, aber wir erleben es jährlich mindestens einmal, wenn wir nämlich auf der Urlaubsreise die Welt «erfahren» und nachher feststellen, daß wir nach Hause zurückkommen müssen, um zu erfahren, was in der Welt wirklich geschieht. Dabei wird die Ware, die vorgibt, das Ereignis selbst zu sein, verändert, «verbiedert», nach dem Maß des Konsumenten zugeschnitten: «Jede Ware tendiert, so zu sein, daß sie bei Verwendung handlich, auf Bedürfnis, Lebensstil und -Standard zugeschnitten, mund- oder augengerecht ist. Ihr Qualitätsgrad ist durch den Grad dieser ihrer Angemessenheit definiert; negativ ausgedrückt: er hängt davon ab, wie gering der Widerstand ist, den sie ihrem Verwendetwerden entgegensetzt; und wie wenig unverarbeitbare Fremdreste ihr Genuß übrigläßt. Da nun auch die Sendung eine Ware ist, muß auch sie in augen- oder ohrengerechtem, in einem optimal genußbereiten, entfremdeten, entkernten, assimilierbaren Zustande serviert werden; also so, daß sie uns als unser *Simile*, nach unserem Maße Zugeschnittenes, als *unsereins* anspricht.» (A. a. O., S. 122)

Bis schließlich die endgültige Verwechselbarkeit und Verwechslung von Sendung und Wirklichkeit, von Schein und Sein eintritt, der nun auch die künstlichen Hervorbringungen und die Kunst im elektronischen Medium unterliegen, die zur Wirklichkeit werden, wie die Wirklichkeit künstlich wird: «Die Zweideutigkeit von Ernst und Scherz wird vollends eklatant in Hör- und Fernseh-Spielen, also dort, wo man den aus der Theatertradition stammenden Begriff des ‹Scheins› doch noch weiter zu verwenden versucht. Dann geschieht es nämlich dialektischerweise, daß die als ‹fiction› gemeinten Vorgänge (da sie eben durch die gleiche Technik, die wirkliche Vorgänge phantomhaft macht, vermittelt werden) so wirken, als wären sie wirklich. So wie, wo das Leben als Traum gilt, Träume als Leben gelten, so wirkt nun, da jede Realität als Phantom auftritt, jedes Phantom real. Wo jedem wirklichen Vorgang durch dessen Übertragung etwas Scheinhaftes verliehen wird, muß das *Scheingeschehen* (der erfundenen dramatischen Szene) in der Übertragung seinen *spezifisch ästhetischen Scheincharakter einbüßen.* (...) Vor allem denke ich da an Orson Welles ‹Der Krieg der Welten›, an jenes Hörspiel, das als Sujet die Erdinvasion behandelte (1938). (...) Jedenfalls erreichte uns der scheinbare Schein teils als wirkliches Geschehen, teils als, zu diesem Geschehen gehörende, wirkliche Meldung über dies Geschehen und rief dadurch wirkliche Panik hervor. Übrigens die erste ‹solistische Massenpanik›, denn jede brach ohne Tuchfühlung mit der des Nachbarn, zwischen vier Wänden aus. Und dies hatte mit ‹ästhetischer Attitüde› etwa soviel gemein wie die Schreckensrufe bei einer Feuersbrunst mit dem Jubel über ein Feuerwerk.» (A. a. O., S. 143 f)

Daß es, wie Anders schreibt, positive Absicht der elektronischen Medien sei, «unernsten Ernst» zu erzeugen und «ernsten Unernst», das läßt sich an der öffentlichen Reaktion auf Programme deutlich ablesen. Die allgemeine Betroffenheit, die die TV-Reihe «Holocaust» auslöste, war sicherlich nicht geheuchelt; das schnelle Tempo, mit dem diese Betroffenheit verebbte, die Ermüdungen, die sich bei der Wiederholung einstellten, charakterisieren die allgemeinen Reaktionen als «unernsten Ernst». Andererseits wird niemand «Dallas» oder «Denver-Clan» für wirklich halten; daß aber solche Serien öffentlich nicht weniger ausführlich und nicht weniger engagiert behandelt werden wie seinerzeit «Holocaust», bestätigt die Berechtigung des Begriffs vom «ernsten Unernst».

Hier deutet sich ein grundsätzliches und allgemeines Vertauschen der Wirklichkeit mit ihren Abbildern und den Abbildungen ihrer Abbilder an und die Wandlung der Menschen in Konsumenten und schließlich Teilhaber dieser Abbilder; Bewohner einer Welt, die zum «Reizmodell» geworden ist. Je mehr dieses Reizmodell funktioniert, desto ferner wird die Welt, die von ihren eigenen Bildern verstellt wird; und das Reizmodell verbirgt die Welt gründlicher als jede Ideologie.

~~~~~~~~~~~~~~~~~~~~

Gewiß sind wir außerstande, uns eine Atomexplosion vorzustellen. Aber ebenso gewiß ist es, daß die scheiternde Phantasie oder die Verzweiflung über deren Scheitern, der Maßlosigkeit dieses Ereignisses ungleich näher kommt und angemessener ist, als die scheinbar augenzeugenhafte Wahrnehmung des TV-

Bildes, das, weil es übersichtlich ist, das Unabsehbare verfälscht; und weil es uns überhaupt ins Bild setzt, uns betrügt.
(Günther Anders: Die Antiquiertheit des Menschen, Band I, a. a. O., S. 154)

In manchem stand die «Manipulationsthese» der Studentenbewegung der späten sechziger Jahre den Überlegungen Anders' nahe, wenn auch oft nur in dem undifferenzierten Gefühl, sich gegen einen übermächtigen Apparat zur Wehr setzen zu sollen, der den Blick auf die Wirklichkeit versperrte. Und dieser Apparat erhielt den Namen Axel Cäsar Springer.

In dieser Situation erschien, so sehr zum rechten Zeitpunkt, als wäre der Verfasser Wettergott und Laubfrosch gleichzeitig, ein Aufsatz, der mit der linken Berührungsangst gegenüber den Medien aufräumen sollte: «(...) die Berührungsangst vor der Scheiße ist ein Luxus, den sich beispielsweise ein Kanalisationsarbeiter nicht ohne weiteres leisten kann.» (Hans-Magnus Enzensberger: Baukasten zu einer Theorie der Medien, in: Kursbuch 20, hg. von Hans Magnus Enzensberger, Frankfurt/Main, März 1970, S. 164)

Im Bemühen, Berührungsängste abzubauen, fällt Enzensberger weit hinter ältere Positionen zurück, auch hinter die von Brecht und Benjamin, die er doch ausführlich zitiert. Für ihn sind die Medien grundsätzlich wertneutral; er unterscheidet zwischen «repressivem» und «emanzipatorischem» Mediengebrauch: «Das offenbare Geheimnis der elektronischen Medien, das entscheidende politische Moment, das bis heute unterdrückt oder verstümmelt auf seine Stunde wartet, ist ihre mobilisierende Kraft.» (A. a. O., S. 160) Die bezieht Enzensberger aber weniger auf die gesellschaftlichen Zustände, auf die die Medien treffen, als auf die Entwicklung der Technik. Und die ist, weil jeder ein Transistorradio besitzt, längst sozialisiert. «Es ist falsch, Mediengeräte als bloße Konsumtionsmittel zu betrachten. Sie sind im Prinzip immer zugleich Produktionsmittel, und zwar, da sie sich in den Händen der Massen befinden, sozialisierte Produktionsmittel.» (A. a. O., S. 167 f)

Die Tatsache, daß damals, 1970, die «Neuen Medien» weder von der Wirtschaft noch vom Staat umfassend genutzt wurden, schien Enzensberger ein «Widerspruch zwischen Produktivkräften und Produktionsverhältnissen». Sie schienen ihm brachzuliegen, dem Zugriff einer entschlossenen Linken offen. Inzwischen hat sich gezeigt, daß Wirtschaft und Staat nur gut zehn Jahre zugewartet haben, bis diese Neuen Medien ausreichend entwickelt waren, um daraus den umfassenden Kabel-Käfig zu bauen.

Geblieben, in Ansätzen auch verwirklicht, ist Enzensbergers Forderung nach der Errichtung «netzartiger Kommunikationsmodelle».

Und eine weitere Forderung wird mittlerweile in vielen Nachbarländern zu realisieren versucht – warum hat man in der Bundesrepublik nicht auf Enzensberger gehört?: «Die sozialistischen Bewegungen werden den Kampf um eigene Frequenzen aufnehmen und in absehbarer Zeit eigene Sender und Relais-Stationen aufbauen müssen.» (A. a. O., S. 168)

Repressiver Mediengebrauch	Emanzipatorischer Mediengebrauch
Zentral gesteuertes Programm	Dezentralisierte Programme
Ein Sender, viele Empfänger	Jeder Empfänger ein potentieller Sender
Immobilisierung isolierter Individuen	Mobilisierung der Massen
Passive Konsumentenhaltung	Interaktion der Teilnehmer, feedback
Entpolitisierungsprozeß	Politischer Lernprozeß
Produktion durch Spezialisten	Kollektive Produktion
Kontrolle durch Eigentümer oder Bürokraten	Gesellschaftliche Kontrolle durch Selbstorganisation

H. M. Enzensberger: Baukasten zu einer Theorie der Medien, a. a. O., S. 173)

Ein Buch, das die medientheoretische Diskussion in den späten siebziger Jahren wesentlich beeinflußte, obwohl es nicht eigentlich ein medienkritisches Werk ist, ist «Öffentlichkeit und Erfahrung» von Oskar Negt und Alexander Kluge (Zur Organisationsanalyse von bürgerlicher und proletarischer Öffentlichkeit, Frankfurt/Main 1972). Im Gegensatzpaar von «bürgerlicher» und «proletarischer» Öffentlichkeit besetzen die elektronischen Medien (bei Negt/Kluge: das Fernsehen) eine mittlere, sozusagen unentschiedene Position. «Rundfunk und Fernsehen besitzen keine Tradition, die auf die bürgerliche Revolution zurückgreift», sind somit nicht genuiner Bestandteil der bürgerlichen Öffentlichkeit, andererseits sind sie als Massenmedien Teil des Herrschaftsapparates. «Gerade die öffentlich-rechtliche Struktur des Fernsehens führt zu einer schwankenden Beziehung des Fernsehens zu den Bedürfnissen der Zuschauer: einerseits überdeckt das Fernsehen – obwohl es hierzu die ökonomischen Möglichkeiten hätte – den Ausdruck dieser Bedürfnisse nicht durch bloße eigene Propaganda; vielmehr macht es immer wieder Versuche, Teile dieser Bedürfnisse neu aufzunehmen. Andererseits ist das Fernsehen tatsächlich ein Medium der Bewußtseinsindustrie, für das das (nach Dieter Prokop zitierte – P. D.) Tauschgesetz gilt: ‹Die Produzentenseite gibt dem Konsumenten, pluralistische› kulturelle Inhalte, während die Konsumenten den Produzenten allgemeine ‚Rezeptivität‘ geben.›» (A. a. O., S. 211f)

235

Kritik an den elektronischen Medien, so Negt und Kluge, «könnte sich aber nur durch die Produktion von Alternativen durchsetzen». Das verweist auf ihren Begriff der «proletarischen Öffentlichkeit», die sich in der «bürgerlichen» nur gleichsam gebremst entfalten kann, besonders deutlich aber an Bruchstellen der historischen Entwicklung auftritt, in Krisen, Revolten, Revolutionen, und deren zentrales Kennzeichen die Erfahrung ist; aber auch die «proletarische Erfahrung» ist innerhalb der bürgerlichen Öffentlichkeit in ihrer Entfaltung gehindert, ist «eingeschränkte» Erfahrung. Und die Einschätzung von Negt und Kluge, Erfahrung sei «Rohstoff für Klassenbewußtsein» und dazu notwendig sei «Erfahrung in der Herstellung von Erfahrung», hat in der Folge auch die Praxis der linken Medienarbeiter, die bei Enzensberger ihre Berührungsangst verlernt hatten, beeinflußt, vor allem aber die Bildungsarbeit.

Von der «proletarischen Öffentlichkeit» als Utopie schlagen Negt und Kluge eine Brücke zu den Kompromissen und Versuchen der Gegenwart, indem sie «Gegenöffentlichkeit als Vorform von proletarischer Öffentlichkeit» bezeichnen. Das ermöglicht den zahllosen Alternativblättern, Videogruppen, Schmalfilmfreaks, Tonjägern und Piratensendern, sich auf Negt und Kluge zu beziehen; denen ermöglicht es, ihre medientheoretischen Ansätze in der Verbindung zu den alternativen (oft nicht gerade theoriefreundlichen) Medienpraktikern zu überprüfen und zu entwickeln.

Am 27. Mai 1983 erschien in der berliner «tageszeitung» ein Aufsatz von Oskar Negt, den er anläßlich eines Treffens der «Assoziation Freier Radios» in Erlangen verfaßt hatte.

Auch hier kennzeichnet Negt das bestehende Mediensystem als «eine Zwischenebene der Meinungsbildung»: *Die freien Radios gewinnen für sich überhaupt nichts dadurch, daß das öffentlich-rechtliche System überwunden wird.* Ich halte es deshalb für notwendig, die Poren und Nischen dieses Systems für kritische Bewußtseinsbildung auszunutzen, soweit das irgend möglich ist, es jedenfalls nicht *rechts* liegen zu lassen.» Freie Radios haben für Negt eine Funktion in der auch von ihm geforderten «Vernetzung» alternativer Medien, in einem «linken Medienverbund für eine Entspezialisierung der Sinne», in dem freie Radios «in einem kulturellen Milieu, in dem wir es zunehmend in einer durch Sprechen und Hören vermittelten Kommunikation zu tun haben», gleichwohl eine spezielle Rolle besetzen können: «Sie müssen *kritische* Medien in einem sehr anspruchsvolleren Sinne sein, so nämlich, daß die an diesen Bewegungen Beteiligten selber zu Wort kommen, daß sie *sprechend* gemacht werden. Ich betone dieses *Sprechend-Machen*, zur Sprache bringen, was für das Radio charakteristisch ist, denn jemanden aufzufordern, einen Artikel zu schreiben oder ein Buch zu lesen, um sich mit ihm zu verständigen, hat viel stärkere Blockierungen, als ihn in ein Gespräch einzubeziehen, das nicht privat bleibt, sondern einem anderen mitgeteilt wird.»

Die Entwicklung «*eigensinniger*, alternativer Technologien», die Negt von den freien Radios erwartet, setzt er in Beziehung zu seiner und Alexander Kluges These von der Erfahrung als «Rohstoff für Klassenbewußtsein»: «Sinnlich faßbare Solidarität bedarf der Stabilisierung, wenn aus *individueller Betroffenheit* gesellschaftliche Erfahrung werden soll.»

Die berechtigte Abwehr und Kritik von Abstraktionen und Verallgemeinerungen hat dazu geführt, daß Erfahrungen und Interessen sehr stark auf das bezogen sind, was *mich betrifft*, was meine unaustauschbaren Gefühle und Gedanken sind. Diese Haltung hat den Prozeß der Vereinzelung von Interessen und Erfahrungen innerhalb der Linken soweit geprägt, daß Verallgemeinerungen häufig mit Stellvertreterpolitik, mit bloßer Repräsentation gleichgesetzt werden. Wenn solche Auffassungen zu kollektiven Handlungen werden, ziehen sich die Menschen in ihre überschaubaren Kleinbereiche zurück, verkapseln sich in Näheverhältnissen, aber ihre Bedürfnisse gehen doch auf die Wiedererkennung ihrer Interessen in einem allgemeineren Zusammenhang. Mit einem Wort: Freie Radios können dazu beitragen, daß aus der berechtigten Kritik am Abstrakt-Allgemeinen eine positive Einstellung zum *Konkret-Allgemeinen* wird. Sie bilden Möglichkeiten eines verständigungsorientierten Handelns wie sonst kein anderes Medium.

(Oskar Negt: Frequenzbesetzer klagen die verdrängte Utopie des Radios ein, in: tageszeitung, 27. Mai 1983)

(Medientheoretische, die spezifischen Ausprägungen eines Printmediums gegenüber dem beschworenen, befreiten Radio ebenso wie die Unterschiede des etablierten zum alternativen Betrieb reflektierende Fußnote des «taz»-Setzers: «Der Sätzer bedankt sich bei der Sekretärin von Professor Negt für die ausgezeichnete Manuskript-Vorlage.»)

Das Ende der Geschichte
oder: Wem gehört das Radio?–
Teil III

Dieses Buch hat die Geschichte des Rundfunks in Deutschland in groben Zügen erzählt. Man könnte jetzt eine Liste der Auslassungen aufstellen: Programmgeschichte, Technikgeschichte, Wirkungsgeschichte – Auslassungen, die im Umfang eines Taschenbuches und im Vermögen des Verfassers ihren Grund haben.

In einem aber ist dieses Buch vollständig, und das ist wiederum kein Verdienst des Verfassers: Es erzählt die Geschichte des Rundfunks in Deutschland *von Anfang bis Ende*.

Die neuen Technologien, die Hörfunk und Fernsehen ablösen werden, stehen bereit; zur Zeit wird für sie – nach deutscher Tradition – der juristische und administrative Rahmen geschaffen.

Die neuen Technologien werden Hörfunk und Fernsehen nicht etwa erweitern oder gar befreien; sie werden sie aufheben. Natürlich werden wir auch in Zukunft noch Radio hören und Fernsehen gucken. Bloß: Das bekannte Alte und das bereitstehende Neue haben so viel miteinander gemein wie Pferdekutsche und Automobil. Beides hat Räder, mit beidem kann man fahren, aber das Auto gehört in (und hat mitgeschaffen) eine andere Welt mit anderen Menschen.

In einem ist es die alte Geschichte: «Es ist immer dasselbe. Eine neue Technologie wird erfunden und diktiert fortan das Denken und Handeln der Menschen. Denn weil es sie gibt, muß sie auch eingesetzt werden, ganz gleich, ob es den Menschen mehr nützt oder mehr schadet.» (Claus Eurich, Das verkabelte Leben, Reinbek 1980). Es ist die alte Geschichte, daß für ein neues Produkt ein Bedürfnis geschaffen werden muß. Aber für die Befriedigung dieses Bedürfnisses verkaufen die Konsumenten mehr als ihre Haut. Das umfassende Kabelnetz verändert ihre Welterfahrung, indem der Bildschirm ihre Erlebnisse monopolisiert; es löst die Kommunikation zwischen Menschen durch den Dialog mit der Maschine ab; es perfektioniert die Erfassung nicht nur der persönlichen Daten, sondern der ganzen Person; und es wird die Arbeitswelt jedes einzelnen verändern. Und das nicht nur, indem es die Arbeitsabläufe verändert, nicht nur, indem es die Fremdheit gegenüber Arbeitszusammenhängen steigert, sondern es wird auch die neue Teilung der Gesellschaft zementieren in Menschen, die Arbeit haben, und solche, die nie welche haben werden.

Daß das Beharren auf der öffentlich-rechtlichen Organisation des Rundfunks nichts bewirken kann, wo es um etwas ganz anderes geht, liegt auf der Hand. Auch im «alten» Sinn als publizistisches Medium haben die öffentlich-rechtlichen Anstalten viele Argumente auf ihrer Seite verspielt. Dem staatlichen Zugriff haben sie sich längst selbst ausgeliefert; ihr Publikum sieht sie nicht als Transporteur, geschweige denn als Vertreter seiner Interessen, sondern nimmt sie als das, wozu sie sich gemacht haben: als Lieferanten einer schönen Scheinwelt.

Gegen die möglichen Alternativen, gegen Bürgerradios, Regionalfernsehen, Gesellschaftsfunk und gegen die Freien Radios, die bei uns noch als illegale Piratensender existieren müssen, spricht, daß auch sie nur technische Kommunikation anzubieten haben, wo menschliche Kommunikation ein seltenes Gut zu werden droht. Für die Versuche eines bürgernahen Rundfunks spricht, daß sie dem Größenwahn, der bereit ist, sich jeder greifbaren Technologie zu bemächtigen, ein menschliches Maß entgegensetzen können.

Die Freien Radios werden 1984 nicht aufhalten können. In der Bundesrepublik stehen sie unter der besonderen Kuratel des Überwachungsstaates. In der Illegalität, beim Versuch, mit fünfminütigen gesendeten Flugblättern der Verfolgung durch die Peilwagen der Post und die Einsatzwagen der Polizei zu entgehen, kann sich weder eine Utopie verdeutlichen noch eine Tradition entwickeln. Die Verfolger hingegen berufen sich durchaus auf Traditionen. Wenn beispielsweise ein erlanger Staatsanwalt öffentlich verbreiten läßt, das Hören Freier Radios sei verboten und führe zum Einzug der Empfangsgeräte, dann bezieht er sich dabei auf kein in der Bundesrepublik existierendes Gesetz, sondern auf das Abhörverbot für Feindsender der Nationalsozialisten.

So sind die Freien Radios in Deutschland, wo auch der Rundfunk keine demokratische Tradition besitzt, auf die Phantasie ihrer künftigen Hörer angewiesen – ihr artikuliertes Bedürfnis nach einem anderen Rundfunk kann helfen, die juristischen Hindernisse wegzuräumen, für die es längst keine sachliche Begründung mehr gibt und die in den meisten anderen europäischen Ländern zugunsten eines experimentellen Umgangs mit dem Radio inzwischen beiseite geschafft worden sind.

Um der Phantasie des künftigen Hörers aufzuhelfen, sind im folgenden 20 Thesen für ein anderes Radio abgedruckt, die im Umfeld der (noch legalen) «Freundeskreise bundesdeutscher Freier Radios» entstanden sind.

1. Die Sendungen, die die «Freien Radios» in der BRD heute ausstrahlen, sind *kein* FREIES RADIO.

Aus der ihnen aufgezwungenen Illegalität heraus vermitteln sie allenfalls in Ausnahmefällen, was FREIES RADIO sein könnte:
- unmittelbare, parteiliche Berichterstattung von unten
- Emotionalität und Subjektivität statt scheinbarer Objektivität
- Mitmach-Medium und Offenes Mikrofon.

FREIES RADIO ist *noch* UTOPIE.

2. FREIES RADIO ist Gesellschaftsfunk.

Es unterliegt in seiner jeweiligen Region unmittelbarer Kontrolle durch seine aktiven Hörerinnen und Hörer. Es ist öffentlich ohne Aufsichtsrat, Programmbeirat, «gesellschaftlich relevante» Gruppen und Parteien. Es arbeitet ohne Zugangsbeschränkungen:

FREIES RADIO ist ein Bestandteil direkter Demokratie.

Die Aufhebung des öffentlich-rechtlichen Sendemonopols bedeutet deshalb nicht zwangsläufig eine Kommerzialisierung, eine Ent-Staatlichung des Rundfunks nicht zwangsläufig einen Rundfunk in privatwirtschaftlicher Ausrichtung.

3. FREIES RADIO ist Lokalradio.

Das Sendegebiet ist lokal/regional begrenzt. Damit ist die Einrichtung vieler unabhängiger Sender möglich. FREIE RADIOS berichten überwiegend über und von politischen, sozialen und kulturellen Ereignissen im überschaubaren und im wahrsten Sinne des Wortes erfahr-baren lokalen/regionalen Bereich. Das Radio nimmt diese Vorgänge so auf, daß sich Betroffene unverfälscht und direkt zu ihnen äußern können.

FREIES RADIO wird damit zu einem Brennpunkt gesellschaftlicher Aktivitäten. Es ermöglicht darüber hinaus, technische Kommunikation (übers Radio) durch direkte, unmittelbare, persönliche Kommunikation zu ergänzen.

FREIES RADIO ist nicht nur radio-aktiv.

4. FREIES RADIO ist Hörerradio.

Die aktiven Hörerinnen und Hörer im Sendegebiet nehmen soweit möglich ihr Radio selbst in die Hand: FREIES RADIO ist Radio zum Selbermachen.

Programmstruktur, Technik und Produktionsweise des FREIEN RADIOS müssen deshalb so flexibel sein, daß prinzipiell jederzeit Hörerinnen und Hörer per Telefon oder persönlich im Studio unmittelbaren Einfluß auf Sendungen nehmen können.

5. Die Programmstruktur eines FREIEN RADIOS muß sich an den folgenden Erfordernissen orientieren:
- das Programmschema muß zugunsten von aktuellen Beiträgen und Diskussionen durchbrochen werden können.
- die Auswahlkriterien für Themen und Beiträge müssen öffentlich bekannt, benennbar und durch Hörerinnen und Hörer überprüfbar sein.
- Der Anteil von Live-Sendungen, Offenem Mikrofon usw. unter direkter Hörer/innenbeteiligung sollte möglichst hoch sein.

- Lebendiges Radio setzt Kontroversen, das Zulassen und Diskutieren unterschiedlicher Meinungen voraus. (Platte) Propaganda ist deshalb das Gegenteil von FREIEM RADIO.
- Auseinandersetzungen mit anderen Meinungen bedeutet auch, daß die Radiomacher/innen ihre Ansichten äußern können. Die Hauptaufgabe der Macher/innen besteht zwar darin, die Betroffenen zum Sprechen, zur Artikulation ihrer Meinung zu bringen und bei der mediengerechten Umsetzung zu helfen, das bedeutet aber nicht, daß sie nur als Sprachrohr der «Basis» agieren.
- Musik- und «Unterhaltungs»-Sendungen sind für FREIE RADIOS nicht Konsum-, sondern Kulturgegenstand. Statt eines beliebig zusammengestellten Potpourris werden lebendige, auch kontrastreiche Musiken als Ausdruck ihrer Lebenszusammenhänge präsentiert.

6. FREIES RADIO ist kein Bestandteil einer großtechnischen und zentralistischen Struktur. Die technische Seite des Radios – die Summe von Transistoren, Widerständen, Dioden usw. – ist nicht an den überdimensionierten Apparat gebunden, den uns heute die öffentlich-rechtlichen Anstalten vorspielen. Gute und die für FREIE RADIOS erforderliche Sendeleistung kann auch durch eine kleine und billige Technik (low-budget-Technik) gewährleistet werden.
Auch sendefähige Tonaufnahmen sind unkompliziert herzustellen. Unter Berücksichtigung auch eines höheren Anspruchs an die Ton-Technik gilt: jeder Cassettenrecorder ist potentiell ein Produktionsmittel.

7. Aus dem Satz «Jeder Cassettenrecorder ist potentiell ein Produktionsmittel», folgt nicht, daß jede Recorderaufnahme ein sendefähiger Beitrag ist.
Ein sendefähiger Beitrag muß in zweifacher Hinsicht hörbar sein:
- Man muß hören können, was Sache ist. Der Umgang mit Recorder, Mikro und Geräuschen muß entsprechend erlernt sein.
- Die Sendungen müssen so «aufbereitet» sein, daß beim Hörer/in auch Interesse entstehen kann.
Das Vermitteln dieser beiden Fähigkeiten ist Aufgabe der FREIEN RADIOS.
FREIES RADIO arbeitet deshalb so professionell wie nötig und so basisbezogen wie irgendmöglich. FREIES RADIO ist ein Beitrag zu Entprofessionalisierung von Kulturarbeit.

8. FREIES RADIO ist kein Propagandaradio.
Lebendiges Radio machen heißt auch, sich auf unterschiedliche Meinungen einzulassen und sie ohne Zensur zur Diskussion zu stellen.
- Im Zweifel dürfen technische Mängel nicht ausschlaggebend für das Streichen eines Beitrages sein.
- Bloße Protestresolutionen sind nicht gefragt. Entscheidend ist das Aufdecken von gesellschaftlichen Zusammenhängen und Hintergründen.

9. Die Organisationsformen des FREIEN RADIOS vermitteln in jeder Beziehung direkte Demokratie.

Die Gesellschaftsmodelle, Stiftungen, Genossenschaften und Vereine müssen die private Verfügung über das Radio ausschließen und eine möglichst offene, direkte Kontrolle durch die Hörerinnen und Hörer ermöglichen. Radio-Machen oder besser: das Herstellen lokaler und regionaler Informationen und Kommunikation ist zu wichtig, als daß man es den «Machern» überlassen könnte.

Das Problem zwischen den Anforderungen einer kontinuierlichen und qualitativen Radio-Arbeit und eventuell wechselnden (zufälligen) Mehrheiten muß in diesem Rahmen gelöst werden.

10. Ein FREIES RADIO arbeitet nicht gewinnorientiert. Es ist frei von Werbeinteressen und ihrem Diktat der Einschaltquoten. «Local Radio – The International Advertising Media» (Lokales Radio – das internationale Werbemedium) – der Slogan englischer kommerzieller Lokalradios – zeigt, wohin die Zulassung von Werbung in elektronischen Medien, gleich welcher Art, führt.

FREIES RADIO finanziert sich deshalb frei von Werbung aus gesellschaftlichen Mitteln wie Umlage der Rundfunkgebühren, Mitgliedsbeiträgen/Abonnements, Veranstaltungen, Spenden usw.

11. Die FREIEN RADIO-Gruppen haben nicht gewartet, sondern schon mal angefangen. Im Herbst 1981 verabschiedeten sie ihre *Freiburger Thesen*.

Erklärung der Freien Radios

● Wir fordern, daß alle Personen und Gruppen die Möglichkeit haben, über Probleme und Auseinandersetzungen, die sie betreffen, Sendungen in Freien Radios zu machen und auszustrahlen. Dies soll ohne Ermächtigung, Kontrolle oder Zensur durch Staat, Parteien, Verbände oder Kommerz geschehen. Vorrang haben dabei solche Personen und Gruppen, die normalerweise in den Medien kaum oder nicht zu Wort kommen.

● Freie Radios sind kein Privateigentum, sondern unterliegen der Verfügung aller aktiven Hörer/innen (z. B. Hörer/innen-Versammlung), wodurch eine direkte gesellschaftliche Kontrolle gewährleistet ist. Parteien und Verbände können daher kein Freies Radio betreiben.

● Freie Radios wenden sich gegen jede kommerzielle Werbung oder Parteipropaganda sowie gegen jede Art der Vermarktung von Nachrichten oder Handel mit Programmen.

● Freie Radios haben ihren Wirkungsbereich im lokalen und regionalen Raum. Ihre Sendeleistung ist entsprechend begrenzt. Das ermöglicht die Einrichtung von vielen unabhängigen lokalen und regionalen Sendern mit direktem Zugriff durch die Hörer/innen.

● Die Freien Radios erarbeiten die technischen und organisatorischen Regeln ihrer störungsfreien Zusammenarbeit selbst, einschließlich der Verteilung von Frequenzen, Sendeleistungen und Sendezeiten.

● Die Freien Radios können aufzeigen, was im öffentlich-rechtlichen Rundfunk schon alles durch Anpassung an Staat, Parteien und Kommerzialisierung abgeschnitten worden ist. Insoweit können Freie Radios die Mitarbeiter/innen in den Anstalten unterstützen, die sich den aufrechten Gang bewahrt haben.

● Wir warten nicht darauf, daß irgend jemand unsere Wünsche erfüllt, wir haben schon mal angefangen.

Freiburg im Herbst 1981

12. Angefangen haben auch andere.

Auf das Bedürfnis nach mehr lokaler und regionaler Information und Kommunikation reagieren auch die öffentlich-rechtlichen Anstalten.

«Förderung sozialen Zusammenhalts», «lokale Übertragungen» wollen auch die vorgesehenen Regionalisierungspläne erreichen. Was die öffentlich-rechtlichen Anstalten freilich schreckt, ist die mögliche «spontane Mobilisierung des Widerstands», die Artikulation und Umsetzung unmittelbarer Interessen.

Deshalb bedeutet ein regionalisiertes öffentlich-rechtliches Radio auch nicht ein FREIES RADIO. Es ist nichts weiter als der Versuch, das etablierte System der Anstalten bis ins letzte Dorf zu schieben: bürokratische Verwaltungs- und Entscheidungsstrukturen, gesicherte Hierarchien, repräsentative *Mit*-Bestimmungsgremien, Kompetenzen von oben nach unten.

Die Basis bleibt Konsument, auch regional.

13. Das Ende der Vereinzelung in unseren Städten, die Aufhebung der Isolation in den Wohnghettos, mehr Demokratie und Mitbestimmung vom Lehnstuhl aus, ja bequemeren Konsum verheißen uns die Befürworter der «Neuen Medien» für den «mündigen Bürger». Was mit den «alten Medien», wie Fernsehen und Radio nicht möglich gewesen sein soll, soll die Verkabelung der Neuen Medien erreichen: mehr Kommunikation, mehr Mitmachen der bisherigen Nur-Konsumenten.

Die Neuen Medien sollen angeblich der Passivität der Medienkonsumenten ein Ende bereiten.

14. Eine Geschichte:

Als die Polizei 1881 in Chikago das Telefon als Mittel der Verbrechensbekämpfung entdeckte, sagte die Technikzeitschrift «Scientific American» wegen dieser technischen Neuerung jubelnd das Ende des organisierten Verbrechens voraus. Wir wissen heute: die beste Zeit der Mafia kam noch.

15. Die elektrotechnische Industrie – zuständig für die Verkabelung – ist die zweitgrößte Branche der BRD.

Sie fertigt nicht nur Fernseh- und Radiogeräte, Kabel und Kabelzubehör, sondern auch Atomkraftwerke, Kampfflugzeuge, Kriegsschiffe.

Ihr Interesse gilt neben der Massenproduktion vor allem der großtechnischen Ausstattung.

Der lokale/regionale Raum – das Zielgebiet der Verkabelung – ist für sie nur interessant, wenn er in eine großtechnische zentralistische Struktur integriert werden kann.

Dieser Gigantismus hat seine materiellen Ursachen: nur wenn die ganze Welt verkabelt und zentral mit dem überall gleichen «lokalen» Programm beliefert wird, lohnt sich das Geschäft.

16. Die öffentlich-rechtlichen Anstalten versuchen, dem Kommerzfunk zuvorzukommen, indem sie sich seinen Standarts unterwerfen. Sie geben die Prinzipien der Kommerz-, Staats- und Parteifreiheit auf, unter denen sie angetre-

ten sind und die Verteidigungsbereitschaft für das «Monopol» wecken könnten.

FREIE RADIOS sind Instandbesetzer dieser Prinzipien: Statt Parteienproporz gelebte Ausgewogenheit, statt formalisiertem Staatskonsens vielfältiges, kontroverses Bürgerforum. So kommen die gesellschaftlich relevanten Kräfte wieder in den Besitz und zur Kontrolle «ihres» Rundfunks. So werden Themen und Sendeformen hörbar, die in den Anstalten zunehmend ausgemerzt werden.

17. FREIE RADIOS sind Grundeinheiten eines Gesellschaftsrundfunks, die den öffentlich-rechtlichen Funk wieder scharf stellen können auf gesellschaftliche Bedürfnisse, so daß er seine Aufgabe als großräumige Versammlung partikularer und unterschiedlicher Interessen wahrnehmen kann.

Weil die FREIEN RADIOS grundsätzlich anders gebaut sind und sich nicht den zantralistischen, bürokratischen Zwängen des öffentlich-rechtlichen Dachs unterwerfen müssen, bieten sie einen Anstoß zur Erneuerung des Rundfunks, zu der der große Apparat aus sich heraus nicht mehr fähig scheint.

18. FREIE RADIOS stärken den Leuten in den Anstalten den Rücken, die den aufrechten Gang und die Prinzipien des öffentlich-rechtlichen Gesellschaftsfunks beibehalten wollen.

Wenn die FREIEN RADIOS jemandem in den Rücken fallen, dann den Anstaltsoberen bei deren Versuch, den Rundfunk zu entsaften und per Servicewelle einen gesonderten Kommerzfunk überflüssig zu machen.

FREIE RADIOS und öffentlich-rechtlicher Rundfunk sind wie David und Goliath: So verschieden und doch aufeinander angewiesen, wenn die Geschichte weitergehen soll und beide nicht unter den Ladentischen des Kommerzfunks verschwinden wollen.

19. FREIES RADIO ist nur durchsetzbar gegen die Neuen Medien.

FREIES RADIO ist nur durchsetzbar als ein Konzept von GEGENÖFFENTLICHKEIT, das sich orientiert an den Interessen von unten, an der Verbreitung von unterdrückten Nachrichten, an den Geschehnissen im lokalen/regionalen Raum.

Erst als Bestandteil eines regionalen Medienverbundes wäre eine optimale Wirkung erreicht. Das hieße eine bewußte und konkurrenzfreie Zusammenarbeit mit Videogruppen und den kritischen Druckmedien, wobei die jeweiligen medienspezifischen Vorteile zu nutzen wären.

20. Das FREIE RADIO allein kann die großen Gespräche über das Plastik in unserem Alltag, über wachsende Arbeitslosigkeit und Preise und über die Fehler der lokalen Politik veranstalten. Sollten Sie dies für utopisch halten, so bitte ich Sie, darüber nachzudenken, warum es utopisch ist.

Wolfgang Hippe, Köln
Christoph Busch, Münster
Michael Hadamczik, Münster
Wolfgang Ernst, Braunschweig

Zeittafel

1850   Die Kabeltelegrafie ist verwendungsreif.

1888   Heinrich Hertz (1857–1894) erzeugt elektromagnetische Wellen durch Funkenentladung.

1892   «Gesetz betreffend das Telegraphenwesen des deutschen Reiches». Darin heißt es: «Das Recht, Telegraphenanlagen für die Vermittlung von Nachrichten zu errichten und zu betreiben, steht ausschließlich dem Reich zu.»

1894   Die Allgemeine Electricitäts-Gesellschaft (AEG) führt im Auftrag des Reichs-Marineamts Versuche mit drahtloser Telegrafie durch und erreicht eine Verständigung auf 4,5 km.

1897   Guglielmo Marconi (1874–1937) erzielt mit seinem Funktelegrafen eine Reichweite von 16 km.

1903   AEG und Siemens & Halske gründen gemeinsam die «Gesellschaft für drahtlose Telegraphie mbH, System Telefunken».

1906   Telefunken nimmt die Großfunkstation Nauen bei Berlin mit einem hundert Meter hohen Antennenmast in Betrieb.

25.12.1906 Die erste Rundfunksendung: Ein Sender in Massachusetts/USA sendet ein viertelstündiges Programm.

7.3.1908 Novelle zum Reichstelegraphengesetz: «Elektrische Telegraphenanlagen, welche ohne metallische Leitungen Nachrichten vermitteln, dürfen nur mit Genehmigung des Reiches errichtet oder betrieben werden.»

Juli 1912 Telefunken veranstaltet die erste Funkausstellung der Welt.

22.2.1913 Drahtlose Musikübertragung in New York.

1917   Im Auftrag des Chefs der Feldtelegraphie unternehmen Hans Bredow und Alexander Meissner an der deutschen Westfront drahtlose Telefonieversuche, bei denen auch Musik und Vorlesungen aus Zeitungen und Büchern übertragen werden.

7.11.1917 Ein Funkspruch des russischen Kreuzers «Aurora» meldet den Erfolg der Oktoberrevolution. Am 12.11. verkündet Lenins Funkspruch «An Alle!» die Annahme der Friedensbedingungen durch den Sowjetkongreß.

16.1.1918 Telefunken gründet die Betriebsgesellschaft «Drahtloser Überseeverkehr AG» (Transradio).

9.11.1918 Revolutionäre Arbeiter und Soldaten besetzen das

Wolff'sche Telegraphenbureau (WTB) in Berlin. Soldaten der Nachrichtentruppen bilden eine «Zentralfunkleitung» zur Koordinierung der 40 über Deutschland verstreuten Funkstationen und unterstellen sie dem Vollzugsrat der Arbeiter- und Soldatenräte.

9.4.1919 Durch Erlaß der Reichsregierung wird das Reichspostministerium zur Zentralstelle für das gesamte Funkwesen erklärt, nachdem am 1.3. Hans Bredow (1879–1959), bisher vorsitzender Direktor bei Telefunken, Ministerialdirektor im Postministerium und Leiter der (im Januar gegründeten) Reichsfunkbetriebsverwaltung geworden ist.

16.11.1919 Bredow hält in Berlin vor Journalisten einen Experimentalvortrag über die Möglichkeiten des öffentlichen Rundfunks.

2.11.1920 Ein Sender in Pittsburgh/USA nimmt ein regelmäßiges Rundfunkprogramm mit Nachrichten und Berichten über die Präsidentschaftswahl auf.

22.12.1920 Der Sender Königswusterhausen sendet versuchsweise ein Instrumentalkonzert.

17.6.1921 Über öffentlich aufgestellte Lautsprecher werden in einigen sowjetischen Städten täglich Rundfunknachrichten übertragen.

5.9.1921 In den USA werden erste Lizenzen für private Rundfunkstationen ausgegeben.

1.9.1922 In Deutschland beginnt der «Wirtschaftsrundspruchdienst» mit der Sendung von Wirtschafts- und Börsennachrichten. Der Empfängerkreis ist begrenzt.

6.4.1923 Gründung des «Deutschen Radio-Clubs» in Berlin, der ersten deutschen Vereinigung von Rundfunkamateuren. Ab August erscheint seine Zeitschrift «Der Radio-Amateur».

11.4.1923 Gründung des «Verbandes der Funkindustrie» in Berlin.

29.10.1923 Öffentlicher Rundfunk in Deutschland. Die «Deutsche Stunde» beginnt aus dem Dachgeschoß der Schallplattenfirma Vox in Berlin mit regelmäßigen Sendungen. (Ab 10.12.1923 «Radio-Stunde AG», ab 29.3.1924 «Funk-Stunde AG»).

29.10.1923 Die Inflation in Deutschland ist auf dem Höhepunkt: Ein Dollar kostet 4,2 Billionen Mark. Mehr als 60 Prozent der Arbeitenden sind arbeitslos oder auf Kurzarbeit gesetzt.

14.10.1923	Die erste deutsche Programmzeitschrift, «Der Deutsche Rundfunk», erscheint.
9.11.1923	Erster politischer Nachrichtendienst der «Deutschen Stunde».
10.4.1924	Gründungsversammlung des «Arbeiter-Radio-Klubs Deutschland» im berliner Gewerkschaftshaus. Ab März 1927 «Arbeiter-Radio-Bund». Im August 1924 erscheint (für zwei Ausgaben) als dessen Organ der «Arbeiterfunk»; ab April 1926 «Der neue Rundfunk», der im Januar 1928 in «Arbeiterfunk» umbenannt wird.
4.4.1925	Gründung des Weltfunkvereins in Genf.
15.5.1925	Gründung der Reichs-Rundfunk-Gesellschaft mbH (RRG). Am 1.6. wird Hans Bredow ihr Leiter.
1.1.1926	Eine Million Rundfunkteilnehmer in Deutschland.
7.1.1926	Gründung der «Deutsche Welle GmbH» als Zentralsender.
24.7.1926	Die «Drahtlose Dienst AG» wird staatliche Nachrichtenstelle für den deutschen Rundfunk.
2.9.1927	Gründung der «Arbeiter-Radio-Internationale» in Berlin durch Delegierte der holländischen, dänischen, tschechoslowakischen und deutschen Arbeiter-Radio-Organisationen.
Sept. 1928	Vorführung der ersten Fernseh-Versuchssendungen auf der 5. Großen Deutschen Funkausstellung in Berlin. Tägliche Versuchssendungen ab März 1929.
28.8.1929	Eröffnung des ersten deutschen Kurzwellensenders in Königswusterhausen.
11.9.1929	Als Abspaltung vom Arbeiter-Radio-Bund konstituiert sich der (kommunistische) «Freie Radio-Bund Deutschlands».
12.8.1930	Gründung des «Reichsverbandes Deutscher Rundfunkteilnehmer für Kultur, Beruf und Volkstum» (RDR) durch DNVP und Stahlhelm. Der RDR wird später von der NSDAP übernommen.
Ende 1930	Die NSDAP zieht ein Netz von Gau-, Kreis- und Ortsfunkwarten auf.
Mai 1931	Gründung der «Zentralen Kommission der Rundfunk-Hörervereinigungen bei der Reichs-Rundfunkgesellschaft» unter Ausschluß der Radio-Organisationen von KPD und NSDAP.
30.9.1931	Notverordnungen erhalten durch Verlesung im Rundfunk Gesetzeskraft.

7.6.1932	Reichsinnenminister von Gayl gibt den Rundfunk für NS-Redner frei. (Diese Entscheidung wird am 15.11. vorübergehend wieder aufgehoben.)
10.6.1932	Einführung einer täglichen «Stunde der Reichsregierung».
27.6.1932	«Bereitstellung des Rundfunks für die politischen Parteien im Wahlkampf» – mit Ausnahme der KPD.
Juli 1932	«Neuordnung des Rundfunks»: völlige Verstaatlichung der Sendegesellschaften, bevollmächtigte Staatskommissare, Zentralisation, neue Programmrichtlinien und Überwachungsorgane.
12.8.1932	Politischer Rundfunkkommissar des Reichsinnenministers wird Erich Scholz, NSDAP.
19.11.1932	Hans Fritzsche, NSDAP, wird Chefredakteur des «Drahtlosen Dienstes».
30.1.1933	Hitler ist Reichskanzler. Eine Reportage vom Fackelzug seiner Anhänger nimmt die künftige Dramaturgie der Übertragungen von Großveranstaltungen im Rundfunk vorweg.
15.2.1933	Reichsrundfunkkommissar Bredow wird entlassen.
26.2.1933	Der Freie Radio-Bund wird verboten.
27.2.1933	Der Reichstag brennt.
28.2.1933	Die «Verordnung zum Schutz von Volk und Staat» verbietet einen Teil der SPD- und die gesamte KPD-Presse.
19.3.1933	Der Vorsitzende des «Reichsverbandes Deutscher Rundfunkteilnehmer», Eugen Hadamovsky, wird Direktor des Deutschlandsenders, bald darauf auch «Reichssendeleiter».
13.5.1933	Einrichtung des «Reichsministeriums für Volksaufklärung und Propaganda» unter Paul Joseph Goebbels.
22.6.1933	Der Arbeiter-Radio-Bund wird verboten.
18.8.1933	Der «Volksempfänger» wird vorgestellt. Bereits am ersten Tag werden 100 000 Stück verkauft.
10.11.1933	Erster offiziell angeordneter «Gemeinschaftsempfang» in deutschen Betrieben: Hitler spricht aus den berliner Siemenswerken.
1.1.1934	Fünf Millionen Rundfunkteilnehmer in Deutschland.
1.4.1934	Die regionalen Rundfunkgesellschaften werden zu «Reichssendern».
28.3.1935	Regelmäßige Fernsehsendungen des Senders Witzleben, zunächst an drei Tagen in der Woche.
12.10.1935	Verbot des Jazz im deutschen Rundfunk.

19.12.1935	Der Reichsverband Deutscher Rundfunkteilnehmer wird aufgelöst.
1.1.1936	Über acht Millionen Rundfunkteilnehmer in Deutschland. Der Werbefunk wird eingestellt.
11.1.1937	Der «Deutsche Freiheitssender 29,8» in Spanien beginnt seine Sendungen.
1.1.1938	Über neun Millionen Rundfunkteilnehmer in Deutschland.
1.1.1939	Über zehn Millionen Rundfunkteilnehmer.
18.6.1939	Radio Prag in der besetzten Tschechoslowakei wird zum «Reichssender Böhmen» erklärt.
30.8.1939	«Verordnung über außerordentliche Rundfunkmaßnahmen»; Verbot, ausländische Sender zu hören.
31.8.1939	Fingierter Überfall auf den polnischen Sender Gleiwitz. In polnische Uniformen gesteckte KZ-Häftlinge werden am Ort des Überfalls erschossen zurückgelassen: propagandistischer Vorwand für den Überfall auf Polen; Beginn des Zweiten Weltkriegs.
7.9.1939	Die gesamte Auslandspropaganda über den Rundfunk wird dem Auswärtigen Amt unterstellt. Ab Februar 1940 steigt hier wieder der Einfluß des Propagandaministeriums.
Okt. 1939	«Wunschkonzert» zur moralischen Stärkung der Wehrmacht. «Wer sucht wen?», Radio-Suchdienst für die aus den deutschen Grenzgebieten abgezogene Bevölkerung.
9.6.1940	Beginn eines Einheitsprogramms auf allen deutschen Sendern. Nur vormittags beschränkte regionale Programme.
April 1940	Der deutsche Rundfunk verstärkt seine Auslandspropaganda. Das Propagandaministerium gründet die «Radio Union GmbH», das Auswärtige Amt die «Interradio AG», die beide Einfluß auf ausländische Sender zu gewinnen versuchen. Am 21.4. werden auf Anordnung von Goebbels die «Deutschen Europasender» gegründet.
1.6.1941	Alle deutschen Rundfunkzeitschriften werden eingestellt.
17.9.1941	Erste Todesurteile wegen «Abhörens von Feindsendern».
März 1943	In den Konzentrationslagern Buchenwald und Sachsenhausen sind illegale Empfangsgeräte in Betrieb; in Buchenwald bauen Häftlinge einen Kurzwellensender.
8.5.1945	Bedingungslose Kapitulation der Nazi-Wehrmacht. Am

30. 4. hatten sowjetische Soldaten den berliner, am 3. 5. britische Soldaten den hamburger Sender erobert. Der Sender Flensburg sendet bis zum 13. 5. als Sprachrohr der «Reichsregierung Dönitz».

ab Mai 1945 Die deutschen Rundfunksender nehmen als Sender der Militärregierungen ihre Programme auf: Hamburg am 4. Mai, München am 12. Mai, Berlin am 13. Mai, Frankfurt am 1. Juni, Stuttgart am 3. Juni, Köln am 26. September.

23. 12. 1945 RIAS Berlin beginnt mit seinem Sendebetrieb.

10. 8. 1948 Der Bayerische Rundfunk wird als Anstalt des öffentlichen Rechts konstituiert. Es folgen der Hessische Rundfunk am 2. 10. 1948, der Nordwestdeutsche Rundfunk am 1. 10. 1948, Radio Bremen am 22. 11. 1948, der Südwestfunk am 30. 10. 1948 und der Süddeutsche Rundfunk am 6. 4. 1949.

5. 8. 1950 Die Arbeitsgemeinschaft der Rundfunkanstalten Deutschlands wird gegründet.

27. 3. 1953 Die Landesrundfunkanstalten schließen einen Vertrag über ein gemeinsames Fernsehprogramm.

12. 11. 1953 Der Sender Freies Berlin wird gegründet.

25. 5. 1954 Der Westdeutsche Rundfunk wird gegründet und aus dem NWDR herausgelöst.

28. 7. 1960 Adenauer unterzeichnet den Gesellschaftsvertrag und die Satzung der «Deutschland-Fernsehen-GmbH».

29. 11. 1960 Das «Gesetz über die Errichtung von Rundfunkanstalten des Bundesrechts» konstituiert die «Deutsche Welle» und den «Deutschlandfunk».

28. 2. 1961 Das Bundesverfassungsgericht stellt die Verfassungswidrigkeit des «Adenauer-Fernsehens» fest.

1. 12. 1961 Der Staatsvertrag der Ministerpräsidenten über die Gründung des «Zweiten Deutschen Fernsehens» tritt in Kraft.

Lese-Hinweise

Spiess, Volker: Bibliographie zu Rundfunk und Fernsehen. Hamburg
(Hans-Bredow-Institut) 1966
Umfangreiche, leider nicht mehr taufrische Zusammenstellung von
Literatur zum Thema.

Geschichte des Rundfunks

Bausch, Hans (Hg.): Rundfunk in Deutschland (5 Bände), München
1980 (dtv)
Die umfangreichste Darstellung der Geschichte des deutschen Rundfunks; die einzelnen Bände sind, was das Verhältnis von Analyse und
Faktenbesessenheit angeht, von recht unterschiedlicher Qualität.

Bredow, Hans: Im Banne der Ätherwellen (2 Bände), Stuttgart 1954
und 1956 (Mundus-Verlag)
Eine Fundgrube an Materialien und Anekdoten, die aber in erster
Linie der Selbststilisierung des Autors dienen.

Boelcke, Willi A.: Die Macht des Radios. Weltpolitik und Auslandsrundfunk 1924 bis 1976, Frankfurt/Berlin/Wien 1977 (Ullstein)
Umfang- und materialreiche, aber auch sehr gut lesbare Darstellung
des Radios als Mittel der deutschen Außenpolitik, besonders der nationalsozialistischen Kriegführung.

Dahl, Peter: Arbeitersender und Volksempfänger. Proletarische Radio-
Bewegung und bürgerlicher Rundfunk bis 1945. Frankfurt/Main
1978 (Syndikat)
Darstellung der Arbeiter-Radio-Bewegung in der Weimarer Republik mit dokumentarischem Anhang.

Lerg, Winfried B.: Die Entstehung des Rundfunks in Deutschland.
Herkunft und Entwicklung eines publizistischen Mediums. Beiträge
zur Geschichte des deutschen Rundfunks. Band I. Frankfurt/Main
1965 (Verlag J. Knecht)
Standardwerk zur Organisationsgeschichte.

Lerg, Winfried B., und Rolf Steininger (Hg.): Rundfunk und Politik
1923 bis 1973. Rundfunkforschung Band III, hg. vom Studienkreis
Rundfunk und Geschichte e. V. durch Professor Winfried B. Lerg,
Berlin 1975 (Verlag Volker Spiess)
Eine Sammlung sehr unterschiedlicher Spezialdarstellungen, bei-
spielsweise über das Verhältnis von Rundfunk und Literatur und die
Rundfunkpolitik der ersten Nachkriegsjahre.

Ohse, Robert: Chronik vom wirtschaftlichen Aufbau des deutschen
Rundfunks, hg. von der historischen Kommission der ARD, o. O.
(Frankfurt/Main) 1971

Hält, was der Titel verspricht; der Autor war ehemals Prokurist der Reichs-Rundfunk-Gesellschaft.

Rundfunk im Nationalsozialismus

Eckert, Gerhard: Der Rundfunk als Führungsmittel, Heidelberg 1940 (Vowinkel)

Goebbels, Joseph: Nationalsozialistischer Rundfunk, München 1935 (Verlag Eher)

Hadamovsky, Eugen: Dein Rundfunk. Das Rundfunkbuch für alle Volksgenossen, München 1934 (Verlag Eher)

Schnabel, Reimund: Mißbrauchte Mikrophone. Deutsche Rundfunkpropaganda im Zweiten Weltkrieg. Eine Dokumentation, Wien 1967 (Europa-Verlag)
Unkommentierte Materialsammlung.

Wulf, Joseph: Presse und Funk im Dritten Reich. Eine Dokumentation. Gütersloh 1964 (Mohn)
Dieses wichtige Werk, das manchen Mittäter und Mitläufer entlarvt, liegt jetzt auch (bei Ullstein) als Taschenbuch vor.

Radiotheorien

Anders, Günther: Die Antiquiertheit des Menschen. 2 Bde., München 1956, Neuauflage 1980 (C. H. Beck)

Benjamin, Walter: Das Kunstwerk im Zeitalter seiner technischen Reproduzierbarkeit. Und: Der Autor als Produzent. Beides in: Gesammelte Schriften, Band I, 2, Frankfurt/Main 1974 (Suhrkamp)

Brecht, Bertolt: Radiotheorie. In: Gesammelte Werke, Band 18 (Schriften zur Literatur und Kunst 1), Frankfurt/Main 1975 (Suhrkamp)

Enzensberger, Hans-Magnus: Baukasten zu einer Theorie der Medien, in: Kursbuch 20, Frankfurt/M. 1970 (Suhrkamp)

Groth, Peter, und Manfred Voigts: Die Entwicklung der Brechtschen Radiotheorie 1920 bis 1932, in: Brecht-Jahrbuch 1976, hg. von John Fuegi, Reinhold Grimm und Jost Hermand, Frankfurt/Main 1976 (Suhrkamp)
Auf die Radiopraxis Brechts bezogene Darstellung der Bedingungen und der Entstehung der Radiotheorie.

Hay, Gerhard (Hg.): Literatur und Rundfunk 1923 bis 1933, Hildesheim 1975 (H. A. Gerstenberg)
Die medienpraktische Seite der Radiotheorien vor dem Zweiten Weltkrieg. Enthält zahlreiche Aufsätze und Äußerungen von Literaten und Radiopraktikern der Weimarer Zeit.

Knilli, Friedrich: Deutsche Lautsprecher. Versuche zu einer Semiotik des Radios, Stuttgart 1972 (Metzler)

Feuilletonistische Verknüpfung von Geschichte, Praxis und Theorie des Rundfunks.

Negt, Oskar, und Alexander Kluge: Öffentlichkeit und Erfahrung. Zur Organisationsanalyse von bürgerlicher und proletarischer Öffentlichkeit, Frankfurt/Main 1972 (Suhrkamp)

Verkabelte Zukunft oder Freie Radios

Busch, Christoph (Hg.): Was Sie schon immer über Freie Radios wissen wollten, aber nie zu fragen wagten! Münster 1981 (Freundeskreis Freie Radios Münster). Erhältlich über Verlag 2001, Frankfurt/Main.

Reichliche und unkonventionelle Informationen und Dokumente über bundesdeutsche Ätherpiraten und die Entwicklung Freier Radios im Ausland.

Eurich, Claus: Das verkabelte Leben. Wem schaden und wem nützen die Neuen Medien? Reinbek 1980 (rororo aktuell)

Zukunftsbild des Kabel-Wahns.

Network Medien-Cooperative und Freundeskreis Freie Radios Münster: Frequenzbesetzer. Arbeitsbuch für ein anderes Radio, Reinbek 1983 (rororo Medien subversiv)

Gegenüber der verkabelten Zukunft entwirft das Buch die Utopie einer demokratischen, kleinräumigen Kommunikation.

Thomas, Michael Wolf (Hg.): Die Verteidigung der Rundfunkfreiheit. Reinbek 1979 (rororo aktuell)

Die öffentlich-rechtlichen Anstalten, die Aktivitäten ihrer Herausforderer und die Pläne ihrer politischen Gegner.

Thomas, Michael Wolf (Hg.): Die lokale Betäubung oder Der Bürger und seine Medien, Berlin/Bonn 1981 (Dietz)

Berichte und Spekulationen über die Entwicklung der elektronischen Medien.

Quellennachweis der Abbildungen

S. 6: Sende-Spiele, Berlin 1928, Heft 18/S. 14: Jahrbuch der Reichs-Rundfunk-Gesellschaft 1929/S. 19: Deutsches Rundfunkarchiv, Frankfurt/S. 20: Norag-Jahrbuch 1926, S. 15/S. 29: Archiv Radio Bremen/S. 32: Deutsches Volkstum, 1924, © Karl Arnold-Erben/S. 35 links: Norag-Jahrbuch 1926, S. 53/S. 35 rechts: Norag-Jahrbuch 1926, S. 8/S. 39: Die Norag. 3. Jahrbuch, Hamburg [o. J.], S. 64/S. 42: Peter Dahl, Bremen/S. 45: Die Norag. 3. Jahrbuch, Hamburg [o. J.], S. 64/S. 47: Bremer Rundfunkmuseum und Funkverein 1. CBC e..V., Bremen/S. 49: Archiv Radio Bremen/S. 51: Aus: «Ich möcht' einmal am Sender stehn», material 43, September 1981, Fachbereich Visuelle Kommunikation der Hochschule für bildende Künste, Hamburg/S. 52: Nationalgalerie der Staatlichen Museen zu Berlin, Hauptstadt der DDR/S. 65: Peter Dahl, Bremen/S. 69: Aus: Die Norag., 1925/S. 72: Jahrbuch der Reichs-Rundfunk-Gesellschaft 1929/S. 76: Archiv Radio Bremen/S. 78: Archiv Radio Bremen/S. 88, S. 93: Aus: «Ich möcht' einmal am Sender stehn», material 43, September 1981, Fachbereich Visuelle Kommunikation der Hochschule für bildende Künste, Hamburg/S. 111: Das Norag-Magazin, 1924–1925, S. 30/S. 115, S. 116: Bremer Rundfunkmuseum und Funkverein 1. CBC e. V., Bremen/S. 117: Archiv Radio Bremen/S. 125: Bertolt Brecht: Versuche, 1–4, Frankfurt 1977, bei S.16, Suhrkamp, © Bertolt Brecht-Erben, Berlin (DDR)/S. 138: Berliner Illustrirte Zeitung, Nov. 1923/S. 140 oben: Archiv Radio Bremen/S. 140 unten: Bremer Rundfunkmuseum und Funkverein 1. CBC e. V., Bremen/S. 141 oben: Ludwig Levien, Hamburg/S. 141 unten: Archiv Radio Bremen/S. 142 oben: Bremer Rundfunkmuseum und Funkverein 1. CBC e. V., Bremen/S. 142 unten: Archiv Radio Bremen, telefunkenbild/S. 143 oben: Norag-Jahrbuch 1926, S. 54/S. 143 unten: Archiv Radio Bremen, telefunkenbild/S. 144 oben: Deutsches Rundfunk-Museum, Berlin; Katalog S. A20/S. 144 unten: Peter Dahl, Bremen/S. 145: dpa/S. 147 oben: Funkstunde 1933, Nr. 12/S. 147 unten: Ullstein-Bilderdienst, Berlin/S. 153: Der Deutsche Sender 1933, Nr. 34, S. 3/S. 164: Dieter Holtschmidt, Hagen/S. 168: Archiv Radio Bremen/S. 175: Peter Dahl, Bremen/S. 183: Aus: Klaus Dobrisch: Widerstand in Buchenwald, Dietz Verlag, Berlin (DDR) 1978/S. 185: Volksillustrierte Nr. 16 vom 21. 4. 1937, © Gertrud Herzfelde, Berlin (DDR)/S. 197, S. 198: Archiv Sender Freies Berlin/S. 201: Ullstein-Bilderdienst, Berlin/S. 202: Archiv Sender Freies Berlin/S. 210, S. 213, S. 214: Archiv Radio Bremen/S. 221: Funkschau 1952, H. 10.